KB168566

문식성이란 무엇인가

문식성이란 무엇인가

한국어교육에서 문화와 문학

초판 1쇄 발행 2021년 8월 27일

지은이 | 윤여탁
펴낸곳 | (주)태학사
등록 | 제406-2020-000008호
주소 | 경기도 파주시 광인사길 217
전화 | 031-955-7580
전송 | 031-955-0910
전자우편 | thspub@daum.net
홈페이지 | www.thaehaksa.com

편집 | 조윤형 여미숙 김선정
디자인 | 한지아 이보아
마케팅 | 김일신
경영지원 | 정충만
인쇄·제책 | 영신사

값 15,000원

ISBN 979-11-90727-75-4 93710

책임편집 | 조윤형
표지디자인 | 이윤경
본문디자인 | 최형필

문식성이란 무엇인가

윤여탁 지음

태학사

머리말

지금 다시, 부담스러운 글쓰기를 하고 있다.

글을 쓰면서 많은 생각들이 스쳐 지나가서 자꾸 나를 다시 바라보게 하는 것이 책의 머리말이기 때문이다.

더구나 이 책은 나의 40여 년 학문 인생, 대학교수로서의 31년의 삶을 정리하는 의미가 있기에 더욱 그렇다.

1974년 철부지 까까머리로 대학에 들어와 1980년 10월 7일(광주민주항쟁으로 계엄령 상황에서 수업일수를 억지로 계산한 날)에 졸업하였고, 1981년 엉겁결에 대학원에 진학해서 1990년 8월에 박사학위를 받았다. 그 사이 한 2년 동안 시간강사를 하면서 '등처가(고인이 되신 일모(一茅) 정한모(鄭漢模) 선생님께서, 세배를 갔을 때 마누라 덕을 보고 있는 몇 사람에게 붙여 준 별칭인데 사전에도 등재되어 있음)' 생활을 했다. 1990년 9월에 안정된 직장이자 연구자의 터전이 되어 준 대학에 취직하여, 2021년 8월에 정년퇴직을 하게 되었다. 이러한 시점에 책을 출간하게 되니 여러 생각들이 글쓰기에 발목을 잡고 있다.

새삼스럽게 나의 학문적 여정을 뒤돌아보니, 그동안 나의 학문 연구는 오랫동안 연구마저도 금지되었던 한국 근 · 현대 리얼리즘 시를 찾아 읽고 그 내용과 형식을 정리하는 현대시 연구라는 인문학으로 시작하여, 한국 현대시 교육, 외국어로서의 한국문학 교육, 문화교육 등 교육학으로 그 영역을 넓혀 왔다. 그 연장선상에서 그동안 나이 든 늦깎이 서생(書生)의 게으른 공부의 결과들을 '문식성이란 무엇인가: 한국어교육에서 문화와 문학'이라는 제목의 책으로 엮었다. 그리고 정년퇴직이라는 하나의 마침

표를 찍는 시점에서 학문 연구자로서 나의 자취를 이 책으로 정리하고자 하였다.

이 책에 수록된 글들은 몇 년 사이에 여러 학회지에 발표하였던 문식성 관련 글들을 선택하여 다시 고쳤으며, 국어교육, 외국어로서의 한국어교육, 문학교육으로 묶어 3부로 나누어 수록하였다. 좀 거칠고 일관성이 없어서 부끄러움도 없지 않지만, 모처럼 이 주제에 한동안 집중해서 매달릴 수 있었다는 자기만족감으로 그 부끄러움을 대체하고자 한다. 어떻든지 내 학문의 마지막 매듭을, 최근 우리 학계에서 활발하게 이야기되고 있는 '문식성 또는 문해력'이라는 주제에 대한 거친 공부의 결과로 정리할 수 있었다는 자아 성취감이 이 글을 쓸 수 있는 용기를 북돋워 주었다.

나는 현재 인생 2막의 출발점이자 인생 1막을 정리하는 시점에 서 있다. 이 순간, 살아오는 동안 내가 신세를 진, 그리고 내게 은혜를 베푼 진실로 고마운 사람들의 얼굴이 주마등처럼 스쳐 지나간다. 마땅히 모두 자리를 같이해야 하는데, 전 세계를 휩쓸고 있는 재난 때문에 만날 수 없기에 더욱 안타깝다.

나와 같은 길을 걷고 있는 국내외의 학문적 동반자들,

나를 선생으로 삼아 같은 길을 가고 있는 제자들,

나의 삶 속에 들어와 같이 살아 준 가족들(처음으로 이런 글에 가족을 떠올리네요……),

그동안 여러 권의 책을 출간해 준 출판사 관계자들…….

모두 고맙고 감사합니다.

잊지 않겠습니다.

2021년 8월 한여름에
삼성산이 보이는 관악산 연구실에서
놀뫼 윤여탁

차례

머리말 4

1부

국어교육에서 문식성의 개념과 지향

1. 반성으로서 기능적 문식성의 지양 13
2. 대안으로서 문화적cultural 문식성 17
3. 확장으로서 매체media 문식성 21
4. 전망으로서 비판적critical 문식성 25
5. 통합으로서 문식성의 생태학 29

국어교육의 융복합적 특성과 문식성

1. 융복합 교과로서의 국어교육 35
2. 국어교육의 본질과 융복합적 특성 37
3. 국어교육에서 신문식성과 문학 문식성 40
4. 국어교육과 4차 산업혁명 48

언어 생태계의 변화와 (한)국어교육

1. 지구 언어 생태계의 변화 53
2. 문식성 측면에서 본 (한)국어교육의 생태계 55
3. 변화하는 언어 생태계에서 (한)국어교육의 확장 60
4. (한)국어교육의 미래를 위하여 67

2부

한국어교육에서 다문화교육과 문식성

1. 문화, 다문화, 다문화교육 75
2. 다문화사회와 다문화교육 78
3. 다문화 문식성과 다문화교육 86
4. 다문화교육으로서의 한국어교육 99
5. 다문화교육의 실천과 지원을 위하여 107

다중언어문화 한국어 학습자의 문식성

1. 다중언어문화 환경과 문식성 115
2. 다중언어문화 문식성/다중문식성의 본질 117
3. 다중언어문화 문식성과 한국어교육 122
4. 다중언어문화 한국어 학습자의 문식성 교육 128

포스트 휴먼 시대의 한국어교육

1. 현대사회에 대한 인식 136
2. 포스트 휴먼 시대의 학문 139
3. 포스트 휴먼 시대의 한국어교육 144
4. 한국어교육의 지향 150

3부

문학 문식성의 본질과 특성

1. 문식성과 문화, 창의성, 정의 157
2. 문학 읽기와 쓰기 능력으로서의 문식성 159
3. 문학 문식성의 본질 164
4. 문학 문식성을 위하여 173

시 교육에서 학습 독자의 경험과 정의

1. 시의 이해와 감상 178
2. 시 교육에서 학습 독자의 경험과 정의 180
3. 시 교육에서 경험과 정의의 교수-학습 187
4. 학습 독자의 경험과 정의 197

시 감상에서 독자의 해석과 정서

1. 대화로서의 시 감상 201
2. 시 감상에서 독자의 해석 능력 202
3. 시 감상에서 시적 화자와 독자의 정서 208
4. 시 감상에서 독자의 상상력 214

근대 시인들의 근대성 실천과 체험

1. 근대성이란 무엇인가? 218
2. 이야기로 서술된 민중 현실: 임화 220
3. 시적 언어로 표현된 민족: 정지용 226
4. 개인적인 체험과 정서의 표현: 백석 231
5. 민족문학으로서의 근대문학 236

수록한 글의 출전 239
찾아보기 241

1부

국어교육에서 문식성의 개념과 지향

1. 반성으로서 기능적 문식성의 지향

문식성(文識性, literacy)이라는 개념은 1980년대 후반에 한국 교육계에, 1990년대 초반에 국어교육계에 본격적으로 소개(서울대학교 교육연구소 편, 1999, 1183-1188; 서울대학교 국어교육연구소, 1999, 280-281: 서울대학교 국어교육연구소 편, 2013, 1064-1066)되었으며, '문해(文解)', '문해력', '문변력(文辨力)', '문자 해독 능력' 등으로 번역되어 사용되고 있다. 이러한 문식성의 개념은 기본적으로 '문자를 읽고 쓰는 능력'(축자적 의미), '직업적, 시민적, 공동체와 개인적 필요에 의해 요구되는, 문자를 다루는 복잡한 기능 세트'(UNESCO), '문자 언어를 매개로 한 필자와 독자와의 만남'(노명완, 2008, 18)으로 정의되기도 한다.

그리고 이 문식성이라는 용어는 현대사회에서 '문화'와 같은 다른 단어와 결합하여 다양한 개념의 합성어[1]를 만들어 내고 있다. 특히 인간을 대

---

1 문식성 교육 관련 문헌들에서 빈번하게 등장하는 용어들의 범주를 정혜승은 다음과 같이 정리하고 있다.

㉠ 문화적 문식성(cultural literacy), 정치적 문식성(political literacy), 경제적 문식성

상으로 하는 교육이 지향하여 목표로 하는 모든 능력들을 '○○ 문식성'으로 정의하여 설명할 수 있을 정도로, 문식성은 활성도가 아주 높은 개념어이다. 이러한 특징은 문식성의 개념 범주가 넓고 효용성이 높다는 점을 짐작하게 하는 동시에, 아직도 학문적, 교육적 차원에서 새로운 의미를 생성하고 있는 젊은(?) 학문 영역이라는 사실도 확인해 준다.

어떻든지 문식성은 문자를 기본으로 하는 인간의 의사소통 능력이라고 할 수 있으며, 이 용어는 '일상생활에 필요한 문장을 읽거나 쓰지 못하는 상태'인 문맹(文盲, illiteracy)에 상대되는 개념이다. 문식성의 개념은 이와 같은 기본적인 개념으로부터 논의되기 시작해서 이후 일상생활에 필요한 수학적인 능력이나 사회·문화적 맥락에 맞는 담화 능력으로까지 확대되기에 이른다. 예를 들면 "문식성은 다양한 문맥과 관련한 인쇄된 자료를 확인하고, 이해하고, 해석하고, 생산하고, 의사소통하고, 계산할 수 있는 능력을 말한다. 문식성은 개인이 자신의 목표를 성취하고 지식이나 잠재력을 개발하고, 좀 더 넓은 사회에 충분히 참여할 수 있게 해 주는 학습의 연속성을 포함하고 있다."[2](UNESCO Education Sector, 2004, 13)거나 "문식성은 담화와 그 활동에 대한 비판적, 사회·문화적 관점에서 상황 의존적이면서 실제적인 학습과 문화적 체험을 강조하는 '상황 의존적, 사회적

(economic literacy), 민주적 문식성(democratic literacy)

㉡ 컴퓨터 문식성(computer literacy), 디지털 문식성(digital literacy), 기술 문식성(tech-noliteracy), 복합양식 문식성(multimodal literacy), 수 문식성(numerical literacy)

㉢ 기능적 문식성(functional literacy), 비판적 문식성(critical literacy), 감정적 문식성(emotional literacy)

㉣ 잠재적 문식성(emergent literacy), 강력한 문식성(powerful literacy), 삼차원 모델 문식성(three-dimensional literacy)(정혜승, 2008a, 162)

2 Literacy is the ability to identify, understand, interpret, create, communicate and compute, using printed and written materials associated with varying contexts. Literacy involves a continuum of learning in enabling individuals to achieve their goals, to develop their knowledge and potential, and to participate fully in their community and wider society.

활동 모형(situated social practice model)'을 지향한다."(C. Durang & B. Green, 2001) 라는 관점이 대표적이다.

그리고 비교적 이른 시기에 랭크셔(C. Lankshear)는 『변화하는 문식성(*Changing Literacy*)』이라는 책에서, 현대사회에서 문식성 개념의 변화를 '문식성에 대한 비판적, 문화적 전망', '문식성과 사회정의', '문식성, 새로운 기술과 과거의 패턴들'(C. Lankshear, 1997)이라는 관점에서 설명하였다. 이후 랭크셔와 노벨(M. Knobel)은 문식성의 범주와 개념을 재검토하게 된 계기로, 1960년대 후반과 1970년대 초반 교육 운동에 끼친 프레이리(P. Freire)의 비판교육 이론의 영향, 1970년대 초반 미국에서 실시되었던 대규모 문식성 검사 결과 밝혀진 극적인 발견인 광범위한 성인 문맹에 대한 부정적인 결과, 1980~90년대 언어와 사회과학 연구에서 사회문화적 전망에 대한 기대와 인기의 증대[3](C. Lankshear & M. Knobel, 2006, 9-11)를 지적하고 있다.[4]

이처럼 문식성의 개념과 문식성 교육의 관점은 초창기 논의에서 중시했던 '기능적 문식성'에 대한 비판과 지양을 통해서 문화적 문식성, 비판적 문식성, 매체 문식성 등으로 그 영역을 확대하였다. 한국의 국어교육

---

3 One was the rise to prominence of Paulo Freire's work within the larger context of the radical education movement of the late 1960s and early 1970s.(……) A second factor in the development of 'literacy' as a widely used concept in education was the dramatic discovery — although many called it an *invention* — of widespread illiteracy among adults in the US during the early 1970s.(……) A third factor was the increasing development and popularity of a *sociocultural* perspective within studies of language and the social sciences.

4 랭크셔와 노벨은 비슷한 맥락에서 미국 학교교육의 위기라는 관점에서 2001년에 제정된 '낙제 학생 방지법(No Child Left Behind Act)' 이후 학교교육에서 문식성은 중요한 쟁점으로 부각되었다고 진단하였으며, 그 양상을 다음과 같이 다섯 가지로 정리해서 설명하고 있다.
① 'literacy' replaced 'reading' and 'writing' in educational language, ② literacy became a considerable industry, ③ literacy assumed a loftier stats in eyes of educationists, ④ 'literacy' came to apply to an ever increasing variety of practices, ⑤ literacy is now being defined with the word 'new'.(C. Lankshear & M. Knobel, 2006, 11-28)

학계 역시 이러한 문식성 개념과 문식성 교육의 관점을 받아들였지만, 문식성 수용의 짧은 역사 때문에 여러 관점들이 혼란스럽게 공존하는 양상도 보여 주었다. 이러한 사실은 비슷한 시기에 국어 교과의 목표를 두고 전개되었던 '사용'으로서의 국어교육과 '문화'로서의 국어교육 논쟁(윤여탁, 2008, 531-539)에서도 확인할 수 있다. 그리고 이 논쟁은 국어교육에서 문식성 개념을 재검토하는 계기로도 작용하였다.

2000년 이후 미국이나 영국에서 있었던 문식성에 대한 논의들이 본격적으로 소개되면서 국내의 국어교육에서도 문식성 교육에 대한 반성과 재검토 작업(정혜승, 2008a; 정혜승, 2008b)이 시작되었다. 특히 문식성 개념을 국어교육계에 소개했던 노명완과 문식성 개념에 대한 재검토(박영목, 2003, 1-14)를 시작했던 박영목, 이 두 사람의 회갑을 기념해서 2008년에 간행된『문식성 교육 연구』(한국문화사)는 한국에서의 문식성 개념 혼재(混在) 양상과 문식성 교육의 변화 징후와 흐름을 잘 보여 주고 있다. 이러한 맥락에서 2008년은 한국 국어교육에서 문식성 교육의 중요한 전환점이라고 할 수 있다.

이러한 국어교육학계 문식성 교육관의 변화는 문식성을 세 가지 측면에서 설명하는 박영목의 글에서 확인할 수 있다. 그는 문식성을 수행적 측면(문자의 결합 방식에 대한 이해, 문자소와 음소의 대응 방식과 대응 정도에 대한 이해, 표기 규칙의 적용 방식에 대한 이해, 글씨 쓰기와 컴퓨터 자판 이용하기 등), 문화적 측면(문식 활동과 문식 학습이 단순히 언어와 기술 체계를 작용 가능한 것으로 만드는 일 이상의 것), 비판적 측면(맥락과 역사와 힘에 대한 명시적 고려가 중시됨)으로 설명하여, 기능적 문식성을 넘어 문화적 문식성, 비판적 문식성 개념을 도입할 수 있는 기반을 마련하였다(박영목, 2008, 48-50).

이처럼 한국의 국어교육은 문식성 교육에 대한 반성을 통해서 기능적 문식성을 지양하고 극복하려는 경향을 보여 주었다. 이와 같은 맥락에서 이 글은 한국에서의 문식성 교육 논의 과정을 반성과 대안, 확대, 전망, 통합이라는 핵심어에 초점을 맞추어 살필 것이며, 아울러 한국에서의 문식성 교육 변화의 흐름에 영향을 준 문식성 교육의 국제적인 경향, 한국에서의 문식성 교육의 쟁점에 대해서도 간단히 짚어 보고자 한다.

2. 대안으로서 문화적cultural 문식성

20세기 후반 세계 유일의 초강대국이 된 미국 사회에는 어두운 그림자도 같이 드리워지고 있었다. 이민자의 증가, 후기산업사회의 자유방임주의 등의 영향으로 성인 문식성이 매우 낮아졌다는 조사 결과가 나왔고, 이에 따라 미국의 학교교육을 개혁해야 한다는 목소리가 커지기 시작하였다. 이러한 자기반성을 통해서 미국의 보수적인 교육학자들은 시민 교육의 맥락에서 미국인이 기본적으로 공유해야 할 문화적 지식, 즉 역사, 문학(화), 전통 등의 공유된 지식(shared knowledge)을 알아야 한다는 문화적 문식성 개념을 제안하였다. 구체적으로 이들은 미국인이 알아야 할 5,000여 개의 문화 지식 항목을 제시하였다(E. D. Hirsch Jr., 1988).

이러한 관점에서 허쉬(E. D. Hirsch Jr.)는 경제적 번영뿐만 아니라 사회정의(social justice)와 효과적인 민주주의를 성취하기 위해 높은 단계의 문식성에 도달하는 것을 목표로 해야 하며, 문화적 문식성은 일종의 세계 지식 또는 배경 정보 등을 가리키는, 기본적인 읽고 쓰는 기술적 능력을 넘어서서 한 사회가 공유하고 있는 사회 · 문화적 정보와 지식, 맥락 등을 습득하는 것[5](E. D. Hirsch Jr., 1988, 1-2)이라고 정의하였다. 이러한 문식성 개념

5 Ultimately our aim should be attain universal literacy at a high level, to achieve not only greater economic prosperity but also greater social justice and more effective democracy. (……) What she(Professor Jeanne S. Chall - 필자 주) calls world knowledge I call cultural literacy, namely, the network of information that all competent readers possess. It is background informations,

은 개인이 사회 · 문화적 소통을 하는 데 기본적으로 필요한 문화 지식으로, ① 개인의 전통에 대한 인식, ② 문화적 유산(cultural heritage)과 그 가치에 대한 인식, ③ 어떤 문화의 장단점을 이해할 수 있는 능력(A. C. Purves 외, 1994) 등으로 구체화되었다.

이처럼 학교교육에서 문화적 문식성이 강조되는 흐름에는 영국과 미국 문화 연구(cultural studies)의 성과와 지향(指向)도 작용하였다. 특히 비판적 문화론의 관점에서 확대된 문화 개념과 문화 소통론을 강조한 영국 버밍엄 학파는 전통문화뿐만 아니라 대중문화를 교육의 장(場)으로 끌어들였다(윤여탁, 2007, 71-83). 또 20세기 후반기 텔레비전 등 대중매체의 발달에 따른 대중문화의 영향력 증대는 문화교육에 대한 보호주의적 관점을 넘어 대중문화가 학교교육의 중요한 내용으로 자리 잡게 하였다. 그리고 이러한 비판적 문화론과 매체언어 교육론은 각각 후술하게 될 비판적 문식성과 매체 문식성으로 연결된다.

이러한 대외적 변화에 발맞추어 한국에서의 문화적 문식성 논의는 수직적 맥락에서 전통으로 작용하는 문화뿐만 아니라 수평적 맥락에서 일상생활의 소통에 작용하는 문화, 즉 전통문화와 현실문화를 동시에 고려해야 한다는 문제 제기로부터 시작되었다. 박인기는 문화적 문식성을 전통이라는 수직적 범주의 문화와 일상의 현재적인 소통이라는 수평적 범주의 문화가 교섭하는 것으로 보았으며, 고정형이라기보다는 유동적 진행성을 특징으로 하는 역동적인 것(박인기, 2002, 27-28)이라고 규정하였다. 그리고 이 개념을 문화의 존재 양태(문식성의 내용 범주로, 통시적인 전통문화 공간인지, 공시적인 당대 문화 공간인지를 밝힌 것), 문화 인지의 효과(문식성의 작용 효과로, 기능적 소통 효과와 비판적 소통 효과가 있음), 문식성의 활용 차원

---

stored in their minds, that enables them to take up a newspaper and read it with an adequate level of comprehension, getting the point, grasping the implications, relating what they read to the unstated context which alone gives meaning to what they read.

(지식 차원 활용과 전략 차원 활용으로 개념화할 수 있음)에서 재개념화(박인기, 2002, 34-39)하였다.

이와 같은 문화적 문식성에 대한 논의는 『문식성 교육 연구』에서 박영목과 박인기에 의해 정리되었다. 이 책에서는 문식력과 기술 정보 학습에 있어서 문화적 측면이 중시되어야 한다(박영목, 2008, 50)거나 문식성과 문화의 관계를 '지식'으로서의 문식성과 문화, '기능'으로서의 문식성과 문화, '소통적 실천'으로서의 문식성과 문화, '사회 · 문화적 작용'으로서의 문식성과 문화(박인기, 2008, 87-94)로 구체화하여 설명하였다. 한국의 국어교육도 문화적 문식성이 필요하다는 차원의 문제 제기를 넘어 이러한 문화교육의 관점과 문화적 문식성에 대한 교육이 실천적인 교수-학습 내용과 방법으로 학교교육에 적용되기에 이른다.

특히 국어교육에서 문화적 문식성에 관한 논의는 고전문학 교육 분야에서 고전문학 작품의 창조적 변용에 대한 연구를 기반으로 문화적 문식성의 개념을 재개념화하여 교육 내용을 제안하게 되며, 21세기 초반 우리 사회와 교육에서 중요 쟁점으로 등장하였던 다문화교육의 맥락에서 다문화 문식성의 개념과 교육 내용을 체계화하는 작업으로 발전하였다. 전자의 경우 박인기의 논의를 원용하여 "수직적 범주의 문화와 수평적 범주의 문화가 서로 교섭하는 교집합적 부분이 문화적 문식성 교육이 주목해야 할 지점"(황혜진, 2005, 375-376), "고전과 현대의 문화를 통합적으로 바라볼 수 있는 능력이 문화적 문식성"(서유경, 2009, 173), "문화의 '전통'이라는 수직적 범주와 '현재적 소통'이라는 수평적 범주는 별개로 분리된 것이 아니다. 수직적 범주로서 전통의 가치는 현재적 소통이라는 수평적 범주를 통해 끊임없이 재생산된다."(서보영, 2014, 77), "단일한 역사 공동체의 공유된 지식을 활용하는 것(수용 모델)에서 학습자 집단이 타 집단과 자신들의 지식을 공유해 나가는 과정에 작용하는 언어활동(공유 모델)을 포괄"(박은진, 2015, 152) 등의 제안을 하고 있다.

그리고 후자의 경우에는 성, 사회계층, 인종, 민족, 문화, 종교, 언어 등 문화적 다양성을 인정하여 교육의 장에 적용하고 실천하는 다문화교육의 논의(A. Banks & C. A. M. Banks, 2007, 1-2)를 수용하여, 다언어 사회에서의 문식성을 '다문화 문식성'이라고 명명하고, "일반적인 문식성 개념에 민족 또는 인종의 차이, 성별의 차이, 개인의 차이, 계층의 차이 등 다문화적 요소를 고려한 사회 · 문화적 맥락에서의 문식성"(김혜영, 2010, 36-46)이라는 논의로 이어졌다. 이 외에도 허쉬의 문식성 개념을 원용하여 "타인과 그를 둘러싼 사회의 정체성에 대해 인식하고 이를 바탕으로 하여 언어를 습득하고 이해하고 표현하는 행위로 (……) 다문화적 경험을 지향하고 '평등'과 '사회정의(social justice)' 그리고 '민주주의'에 관한 내용에 대해서 비판적으로 사고하는 것을 포함하는 것"(최숙기, 2007, 295)으로 확대되었다.

필자 역시 다문화 문식성을 다문화사회에서 상호 이해와 협력을 바탕으로 평화롭게 살아갈 수 있는 능력으로, 언어에 대한 이해뿐만 아니라 그 언어와 문화를 실천적으로 수행하는 능력이라고 정의하고, 이러한 언어능력을 사회 · 문화적 맥락에서 수행하는 능력과 비판적으로 사고하고 실천하는 능력(윤여탁, 2013, 7-21)이라고 정의하였다. 아울러 이러한 다문화 문식성은 태생적으로 평등, 사회정의, 민주주의 등과 같은 비판적 문식성의 본질을 포함하고 있어서, 이 둘을 분리해서 논의하기 어렵다는 점을 확인해 두고자 한다. 특히 다문화 문식성은 국어교육, 사회교육 등의 교과에서 교수-학습의 내용과 방법으로 다양하게 실현되어 실질적인 교육적 실천과 연구가 활발하게 진행되고 있다.

아울러 문화적 문식성은 수직적 범주로서의 전통문화와 수평적 범주로서의 현실문화로 각각의 측면에서 문학교육[6]과 만나게 되며, 이러한 문

6 문식성과 문학교육의 관계를 '자발적 문식성', '기능적 문식성', '문화적 문식성', '비판적 문식성'으로 나누어서 설명한 논의(이재기, 2009, 125-140)도 있다.

학교육에서 추구하는 문학 능력은 '문학 문식성'이라는 개념으로 정립될 수 있을 것이다. 또 기능적 문식성이나 문화적 문식성 등 문식성에 대한 기존 논의에서 언급된 개념들이 다분히 학습자의 인지적(認知的) 능력과 관련된 인지적 문식성의 영역을 중요시했던 것과는 달리, 문학 문식성은 학습자의 정의적(情意的) 능력, 정의적 문식성이라는 관점이 중요하게 작용할 것이다. 즉 문화적 문식성의 본질과 영역을 문학 문식성, 정의적 문식성의 측면으로까지 확장할 필요가 있을 것이다.

어떻든지 문화적 문식성 논의는 기능적 문식성을 지양하는 맥락에서 대안으로 선택되었으며, 문화의 개념이나 범주가 다양하고 광범위하다는 본질적인 특성 때문에 비판적 문식성이나 매체 문식성과 연관되어 그 영역을 확장하였다. 그리고 이러한 이유로 그 독창성이나 정체성은 흔들릴 수 있지만, 문학 문식성이나 정의적 문식성과 연관시켜 논의를 진전시킨다면 독창성과 정체성을 확보할 수 있을 것이다.

3. 확장으로서 매체media 문식성

앞의 장에서 문화 연구를 이야기하면서 언급한 것처럼 현대사회 기술 문명의 발달은 매체의 발달이라고 할 수 있으며, 이러한 매체의 발달에 따라 소통의 수단이나 방법도 변화할 수밖에 없게 되었다. 이와 같은 소통 방식의 변화에 따라 기존의 문식성 개념은 전통적인 인쇄물을 읽고 쓰는 능력으로부터, 현대사회의 주도적 소통 방식인 신매체(new media)의 특징인 디지털, 복합양식(multimodal)을 읽고 쓰는 능력으로 바뀌게 된다. 이에 따라 디지털 문식성(digital literacy)이 문식성 논의의 쟁점으로 부상하게 된다(C. Lankshear & M. Knobel, 2006, 21).

이러한 논의는 영국의 비판적 문화 연구에서도 확인할 수 있으며, 랭크셔(C. Lankshear)와 노벨(M. Knobel)은 이러한 문식성을 신문식성(New Literacy)이라고 명명하고, 그 개념을 현대사회 기술의 발달에 따른 인식 방식(Recognized ways), 의미 있는 내용(Meaningful content), 코드화된 텍스트(Encoded text), 대화에의 참여[Participation in (or as members of) Discourses](C. Lankshear & M. Knobel, 2006, 61-93)의 맥락에서 설명하고 있다. 아울러 신문식성의 신(new)을 신기술[New technical stuff: 디지털 등]과 새로운 기풍(New ethos stuff: 블로그나 팬픽 등)의 실천(C. Lankshear & M. Knobel, 2006, 73-93)이라는 맥락에서 상세화해서 제시하였다.

한국에서의 매체 문식성에 대한 논의는 이와 같은 국외적 추세의 영향을 받아 대략 두 개의 맥락에서 논의가 진행되었다.[7] 즉 그 하나는 정현선이 영국의 사례를 바탕으로 매체 교육에 대한 문화교육의 시각을 소개하면서 매체 교육과 비판적 문식성 교육의 다양한 현상을 설명하였다(정현선, 2007). 그리고 다른 하나의 경우에는 옥현진이 과학기술의 발달에 따라 급속도로 변화하는 의사소통 환경인 탈인쇄 매체(post typographic) 환경에서 이루어지는 문식 활동의 맥락에서 논의를 전개하였다. 그는 매체 문식성을 '존재론적으로 전혀 새로운 텍스트의 생산, 분배, 수용 방식'(옥현진, 2008, 228)으로 재개념화하였으며, 정혜승은 랭크셔와 노벨의 신문식성(New literacy)[8]이라는 개념을 '언어를 중심으로 다양한 기호체계를 이해하고 조작하며, 기호 작용에 대한 인식을 바탕으로 텍스트를 비판하고, 디자인하며 유통하는 실천적인 힘'이라고 정리하고, 이 신문식성은 의사소통 방식과 텍스

7 한국의 국어과 교육과정에서 매체언어는 7차 교육과정(1997)부터 도입되었으며, 2007 교육과정에서 '매체언어'라는 교과목으로 독립하였지만 교과서로 실현되지는 못했다. 2009와 2011 교육과정에서는 국어과 각 교과의 성취 기준(내용)이나 제재로 자리를 잡았으며, 2015년 교육과정에서는 '언어와 매체'라는 교과목으로 재진입하였다.

8 이순영은 "디지털 기술을 바탕으로 하는 '매체 환경의 변화'", "'학교 밖 문식 활동'의 강화", "'청소년 문식성'의 부각" 등의 영향으로 신문식성의 시대가 되었다고 진단하고 있다(이순영, 2010, 88-92).

트의 변화를 반영하였고, '사회적 실천(practice)'을 강조한 개념(정혜승b, 2008, 156-157)이라고 설명하고 있다.

그리고 이러한 한국에서의 '매체언어' 교육에서 문식성에 대한 논의는 2008년『매체언어와 국어교육』에서 정리되었으며, 이 책에서는 매체 문식성의 세 층위를 다음과 같이 설명하고 있다.

- 언어(복합양식 리터러시): 문자, 음성, 시각, 소리, 영상 등이 어우러진 복합양식의 언어/복합 양식 리터러시의 개념/어린이의 복합양식 소통
- 문화(문화적 리터러시): 문화적 가치와 전통, 대중문화/선호된 해석, 교섭된 해석, 저항적 해석/미디어 리터러시에서 읽기와 쓰기의 균형/매체를 문화 생산의 차원에서 바라보는 관점
- 성찰(비판적 리터러시): 인터넷 매체의 기술적 특성이 소통에 미치는 영향/인터넷 매체의 기술적 특성에 대한 이해가 필요한 이유(윤여탁 외, 2008, 24-44)

특히 이 책은 매체의 복합양식이라는 특성에 주목하였으며, 매체의 발달로 인해 일어난 읽기 · 쓰기의 변화를 중심으로 국어교육적 함의(含意)와 구체적인 교수-학습 내용을 제시하고 있다.[9] 정현선은 매체 문식성을 복합양식 문식성[10]이라고 규정하고, 국어 수업에서 복합양식 문식성 교육은 매체로 인해 읽기 · 쓰기에 일어난 변화를 제재 및 읽기 · 쓰기 활동

9 이러한 점은 책의 목차인 '국어교육에서 매체를 바라보는 관점', '국어교육과 매체언어 교육', '매체의 발달에 따른 읽기 · 쓰기 방식의 변화', '뉴스와 광고의 비판적 수용과 생산', '디지털 시대 문학 · 예술의 지향과 향유', '시 텍스트의 변화와 교육', '서사 텍스트의 매체 변화와 교육', '디지털 전자의 언어 윤리 및 태도와 가치관', '미디어와 청소년 문화'에서도 확인할 수 있다.

10 서로 다른 양식에 대한 이해를 바탕으로 이들을 서로 결합하여 의미를 구성할 수 있는 능력, 즉 복합양식 텍스트를 구성할 수 있는 능력(정현선, 2014, 67)을 의미한다.

의 내용에 반영하는 방식이라고 설명하고 있다. 예를 들면 뉴스나 광고와 같은 대중매체의 장르를 국어 수업의 새로운 제재로 포함시키는 것만이 아니라, 문식 활동의 주체로서 시각적 이미지를 포함한 텍스트의 의미 구성 방식을 이해하도록 하는 읽기 교육, 그리고 자신의 글을 읽을 독자와의 소통을 위해 필요할 경우 시각적 이미지를 적절히 포함하고 배치할 수 있는 텍스트 생산 능력을 지니도록 하는 쓰기 교육이 필요(정현선, 2014, 64)하다고 주장하였다.

아울러 문식 활동의 공간으로서의 복합양식 텍스트인 매체의 교육 방법을 세 가지 활동으로 구체화하여 제안하고 있다. 이는 ① 학생들 스스로 문식 활동에 대해 되돌아보는 성찰을 위해, 문식 활동 일지 작성, ② 지면 공간을 기반으로 한 복합양식 텍스트인 그림책에 대해 행동 유도성에 초점을 두어 독자로서 반응하고 감상하는 읽기 활동, ③ 사진을 찍거나 그림을 그리는 등 학생이 직접 시각적 이미지를 생성하고, 이를 바탕으로 복합양식 텍스트를 표현하고 소통하는 활동(정현선, 2014, 65-88)으로 제시되었다.

이처럼 국어교육에서 매체 문식성에 대한 논의는 전통적인 문식 활동의 대상인 인쇄물을 넘어 복합양식인 새로운 매체로 그 대상을 확장했을 뿐만 아니라, 문식 활동도 복합양식을 생산(표현)하고 소비(소통)하는 것으로 확대하고 있다. 아울러 매체 문식성은 한국의 문식성 교육 논의에서 가장 활발한 연구를 바탕으로 교육적 실천상을 보여 주고 있는 분야이다. 특히 학교교육에서 교육과정, 교재라는 하드웨어(hardware) 차원뿐만 아니라 소프트웨어(software) 차원인 다양한 교수-학습 내용과 방법으로 구체적으로 적용 · 실천되고 있다.

4. 전망으로서 비판적critical 문식성

미국의 보수적인 교육학자들이 문화적 문식성을 내세워 미국의 선도성을 유지하려고 했던 것에 비하여, 미국의 진보적인 교육학자들은 비판적인 맥락에서 미국의 사회, 문화, 교육을 바라보는 비판적 문식성 개념을 도입하였다. 특히 브라질 빈민가 출신의 교육학자인 프레이리(P. Freire)는 교육 운동에서 이러한 비판교육의 이론적 기틀을 마련해 주었다. 아울러 그람시(A. Gramsci)의 헤게모니(hegemony)론 등의 영향을 받은 프레이리와 지루(H. Giroux) 등 진보적인 교육학자들은 이러한 맥락에서 비판적 읽기와 비판적 담론을 기를 수 있는 비판적 문식성 신장을 교육의 핵심으로 하는 비판교육이라는 교육의 정치학을 주장하였다.

프레이리는 교육의 궁극적인 목적은 인간 해방이며, 굶주리고 고통 받는 민중을 해방하는 교육이 될 수 있도록 민중 스스로가 정치적 · 사회적으로 자각할 수 있게 도와야 한다고 주장하였다. 이를 위해서 기존의 질서에 순응(順應)하도록 가르치고 '침묵의 문화'에 빠지도록 가르치는 '은행저금식' 교육이 아닌 '문제제기식' 교육 방법을 제안하였다. 즉 민중은 대화와 같은 문제제기식 교육을 통해서 자신들이 세계 속에서 존재하는 방식을 비판적으로 인식하게 되며, 세계와 더불어, 세계 속에서 살아가는 자신의 참 모습을 발견하게 된다는 것이다. 이러한 문제제기식 교육은 인간주의적이고 해방적인 프락시스(praxis)를 지향하므로, 지배에 종속된 민중이 해방을 위한 싸움에 나서도록 자극(P. Freire, 1970, 97-104)할 수 있다고 보았다.

1960년대 후반과 1970년대 초 프레이리의 비판교육 이론에 기초한 비판적 문식성은 텍스트의 표면에 대한 이해를 넘어서서 텍스트의 목적, 필자의 의도, 관점을 분석한 후, 텍스트와 필자 너머에 있는 실제 세상(real world)을 읽어 내고, 텍스트를 통해 작동하는 힘과 불평등의 관계를 비판적으로 성찰하고, 사회정의를 위해 행동하는 '해방 문해'에 근거(P. Freire & D. Macedo, 1987, 140-162; J. P. Gee, 1996, 150-155)를 두고 있다. 또한 비판적 문식성은 텍스트 내용의 수동적인 수용자를 넘어 독자와 작가 사이의 권력 관계 등에 초점을 맞추는 독서를 수행할 수 있는 능동적인 독자에 의해 수행된다[11](P. Freire, 1970; M. McLaughlin & G. L. DeVoogd, 2004, 14)고 보았다.

프레이리와 더불어 대표적인 비판교육 이론가인 지루(H. Giroux)는 "기법의 숙달이라는 점에서 문해를 규정하지 말고, 우리가 경험한 것이든 아니든 비판적으로 그리고 개념적으로 읽는 능력, 또 읽을 수 있는 능력이라는 의미로 문해의 개념을 넓혀 가야 한다. (……) 진정한 문해는 위에서 아래로 내리먹이는 식의 권위적 구조가 사라진 사회관계와 대화를 포함한다. 지금 이 역사적 순간에서, 읽기는 문해를 비판적 의식이자 사회활동을 위한 기초 발판으로 보는 진보적 접근법을 개발할 기회를 제공"(H. Giroux, 1988, 179-180)해야 한다고 하였다. 이러한 맥락에서 비판적 문식성은 그 정의와 목적, 실천, 정책의 측면에서, 다른 사람의 과거와 현재 경험을 인식함으로써 참여자 자신들의 의식을 성찰하게 하는 것과 참여자들이 직면한 사회적 불평등을 해체하는 행동으로 나아갈 수 있게 하는 것[12](H. Giroux, 1993, 367-377)이어야 한다.

이와 같은 비판적 문식성에 대한 관심은 미국의 경우 보수적인 교육학자들의 논의에 대한 비판이라는 측면이 강했으며, 이러한 점은 문화적 문식성을 주창한 허쉬(E. D. Hirsch Jr.)의 책제목을 비판적으로 채택하고 있

---

11 Critical literacy views readers as active participants in the reading process and invites them to move beyond passively accepting the text's message to question, examine, or dispute the power relations that between readers and authors. It focuses on issues of power and promoters reflection, transformation, and action.

12 Henry Giroux explained that critical literacy involves raising participants' consciousness by making them aware of others' experiences(current and past), causing them to take action to confront and dismantle inequity in literacy definitions, purposes, practices, and policies.

는 프로벤조(E. F. Provenzo Jr.)의 저서(*Critical Literacy: What Every American Ought to Know*, 2005)에서도 확인할 수 있다. 어떻든지 문식성 논의에서 비판적 문식성은 사고, 문제 해결, 의사소통 등의 모든 형식 안에서의 언어 사용 능력을 의미하였다. 이는 단지 읽고 쓰는 능력뿐만 아니라 권력과 지배 사이의 관계를 이해하기 위해 텍스트를 평가하는 능력(T. L. Harris & R. E. Hodges, 2005, 49)을 포함한다.

그리고 이러한 비판적 문식성에 대한 한국에서의 논의는 진보적인 비판교육 이론의 도입 이전에는 '비판적 읽기', '비판적 사고' 등의 개념으로 국어교육에 적용되었으며, 비판교육 이론의 도입과 더불어 한국의 문식성 교육 논의에서 본격적으로 논의되었지만, 여전히 문제 제기 단계를 넘어서지는 못하였다. 이후 한국에서의 비판적 문식성 논의는 초기 박사학위 논문이라는 학술 담론에서 많이 이루어졌다. 먼저 이재기는 문식성 담론에 대한 비판을 통해 비판적 문식성 교육의 필요성과 비판적 문식성 교육 내용을 제시하고 있으며, 구체적인 방법으로 '이데올로기 읽기', '해체적 읽기', '상이한 장르 생성하기' 등을 제안하고 있다(이재기, 2005). 또 이재형은 비판적 문식성을 인지적 문제해결 전략으로서의 비판적 문식성, 사회 · 문화적 맥락을 고려하는 행위로서의 비판적 문식성, 실천적 · 해방적 주체를 지향하는 비판적 문식성(이재형, 2012)이라는 범주로 나누어 설명하고 있다.

그리고 비교적 최근에 이루어진 논의에서 김유미는 비판적 문식성 논의의 배경으로, 한국 사회가 민주주의의 발전과 함께 이념적인 측면에서 표현의 자유가 신장되었고 이데올로기에 대한 경직되고 부정적인 인식이 많이 희석되었으며, 과학기술의 발달로 인해 대중매체의 영향력이 커지면서 텍스트 속에 담겨 있는 여러 가지 숨겨진 메시지를 읽고 그에 대하여 비판할 수 있는 능력을 갖는 것이 매우 중요하게 인식(김유미, 2014, 36)되고 있음을 들었다. 그럼에도 불구하고 비판적 문식성을 비판적 읽기의 하위 개념으로 설정[13]함으로써, 여전히 비판적 문식성으로 확장하지 못하고, 비판적 읽기의 교육적 의의와 비판적 읽기 교육 내용과 방법을 제안하는 수준을 넘어서지 못하고 있다.

이상과 같은 비판적 문식성 논의를 종합하고 있는 천경록의 논의 역시 여기서 크게 벗어나지 못하고 있다. 그는 비판적 문식성에 대해 "독서를 개인적 활동을 넘어서 사회적 활동으로 인식하며, 독서의 궁극적 목적을 사회를 발전시키고 사회정의를 구현하는 데 두고 있다. 비판적 자세로 텍스트를 대하고, 필자의 잠복된 의도 파악, 성찰, 프락시스(실천) 등을 중요시한다. 프락시스란 이론과 성찰을 통해 행동하는 것을 말한다."(천경록, 2014, 19-20)라고 설명하였다. 즉 독서교육에서 "비판적 문식성은 비판적 자세로 텍스트의 생산과 유통을 둘러싼 저자, 독자, 사회문화적 맥락 등을 고려하여 텍스트의 '깊은 지점'을 읽어 내는 독서 능력"(천경록, 2014, 31-32)이라는 원론적인 언급으로 논의를 마무리하고 있다.

이처럼 한국의 국어교육에서 비판적 문식성 논의는 실천, 주체성을 강조하는 방향에서 이루어지고 있지만, 여전히 비판적 읽기나 비판적 사고로부터 멀리 진전시키지 못하고 있다. 그 이유는 비판적 문식성이 다분히 정치적이고 이데올로기적임에도 불구하고, 국어교육의 이해와 표현 활동에서 이런 정치성이나 이념성이 제한(制限)되고, 언어의 중립성이 강조되고 있기 때문이다. 특히 비판적 문식성 교육 논의가 주로 비교적 수동적인 활동 위주인 읽기(독서교육)나 듣기(화법교육) 영역에서 이루어진 점도 이러한 한계를 벗어나기 어렵게 했다.

---

13 이에 비하여 이순영은 "비판적 문식성(critical literacy)은 기본적으로 모든 언어 행위나 문식 활동을 힘이나 권력의 구현 양상(practice of power)으로 해석한다. 비판적 문식성은 Paulo Freire나 Pierre Bourdieu의 이론에 근거하여 사회 구성원들의 언어활동, 문식 환경, 나 자신과 타인의 인식 속에 숨어 있는 권력 · 이데올로기 · 부조리 · 억압 · 불평등의 문제에 주목한다."라고 정리했으며, 비판적 읽기를 비판적 문식성의 하위 개념으로 설정하고 있다(이순영, 2010, 100-101).

이처럼 그동안 한국에서의 비판적 문식성 교육에 대한 논의가 실천을 강조하고 있음에도 불구하고 문제 제기만 무성할 뿐 비판적 문식성 교육이 실천적으로 지향해야 할 방향이나 전망은 불투명한 상태이다. (비판적 문식성 교육에서 실천을 중요하게 강조하고 있음에도 불구하고 말이다.) 이제 이러한 문제 제기를 넘어 구체적인 교수-학습 방안을 마련하는 노력을 보여주어야 할 것이다. 즉 문식성 교육의 내용 측면에서는 새로운 매체에 대한 읽기와 쓰기와 같은 새로운 문식성 신장을, 문식 활동의 측면에서는 쓰기나 말하기와 같은 표현교육 활동을 통해서 비판적 문식성을 능동적으로 신장시킬 수 있는 방법을 실천적으로 모색해야 한다.

5. 통합으로서 문식성의 생태학

이 글은 한국에서의 문식성 교육을 반성과 전망이라는 맥락에서 논의하기 위해서 국외에서의 문식성 교육 논의, 한국 국어교육에서의 문식성 교육 논의와 문식성 교육의 쟁점에 대해서 검토하였다. 그리고 이러한 논의 경과 과정을, 반성으로서 기능적 문식성의 지양, 대안으로서 문화적 문식성, 확장으로서 매체 문식성, 전망으로서 비판적 문식성이라는 항목으로 정리하였다. 이제 한국에서의 문식성 교육에 대한 논의를 정리하면서, 문식성 교육에 대한 문제 제기를 넘어 통합으로서의 문식성 교육을 지향할 것을 제안하고자 한다.

먼저 통합으로서의 문식성 교육의 지향은 기능적 문식성, 문화적 문식성, 비판적 문식성, 매체 문식성 등을 통합적으로 재구성해야 함을 말한다. 예를 들면 매체를 활용해서 기능적, 문화적, 비판적 문식성을 추구함으로써 매체 문식성을 실천할 수 있어야 한다. 아울러 이들 문식성을 학교급별, 학년별 위계를 고려해서 재구조화해야 하며, 이를 바탕으로 각 단계에 부합하는 교육적 실천상을 제시해야 한다.

다음으로 통합으로서의 문식성 교육에는 문식성의 생태학(ecology)적 접근을 고려할 수 있다. 이러한 측면에서 "학교와 다른 교육 기관은 문식성에 대한 생태학적 관점을 고려해야 하며, 이러한 생태학적 관점은 전 세계적으로 개발도상국과 선진화된 국가 모두에게 적용된다."(D. Barton, 2007, 317-329)라는 점을 유념해야 한다. 생태학이 유기체(有機體)라는 특성에 기초를 둔 학문 용어임을 고려한다면, 문식성의 생태학이라는 개념은 문식성 교육의 통합적 방향성을 설명하기에 적절하다. 또 이러한 생태학적 관점은 교육의 보편적인 방향인 동시에 전 인류적 평등을 지향하는 궁극적인 목표라는 점도 기억할 필요가 있다.

끝으로 통합으로서의 문식성은 학교를 넘어 전 사회, 전 세계적으로 그 적용 영역을 넓혀야 한다. 그리고 이러한 맥락에서 "학교에서 가르치는 읽기나 쓰기의 기능이나 전략으로 한정하는 관점에서 벗어나 문식성을 이해하기 위해서는 문식성 자체뿐만 아니라 이를 둘러싼 사회 · 문화적, 역사적 배경 등을 고려해야 한다."(D. Barton, 2007, 17)라는 지적은 타당하다. 아울러 이러한 관점에서 청소년 등 학습자를 대상으로 하는 문식성에 대한 관심이나 연구를 넘어 성인이나 노인을 대상으로 하는 성인 문식성(adult's literacy)(옥현진, 2013, 101-129)에 대해서도 관심을 가져야 한다는 문식성 연구 경향을 참고할 수 있다.

한국에서의 문식성 교육은 짧은 역사에도 불구하고 활발한 논의를 진행해 왔으며, 이러한 논의를 통해서 한국에서의 문식성 교육에 대한 반성과 전망을 확인할 수 있었다. 이제 이를 바탕으로 통합적인 문식성 교육의 실천으로 이어져야 한다는 점을 강조하고자 한다.

참고문헌

김유미(2014), 「비판적 담화분석을 활용한 읽기 교육 연구」, 서울대 박사학위 논문.

김혜영(2010), 「다문화 문식성의 교육 내용 체계화 연구」, 부산대 박사학위 논문.

노명완 · 이차숙(2002), 『문식성 연구』, 박이정.

노명완 외(2008), 『문식성 교육 연구』, 한국문화사.

박영목(2003), 「21세기의 새로운 문식성과 국어교육의 과제」, 『국어교육』 110, 한국국어교육연구학회.

박영목(2008), 「21세기 문식성의 특성과 문식성 교육의 문제」, 노명완 외, 『문식성 교육 연구』, 한국문화사.

박은진(2015), 「국어교육의 목표로서 '문화적 문식성' 개념에 대한 고찰: 핵심 개념소로서 '공유된 지식'의 성격에 주목한 논의를 중심으로」, 『국어교육연구』 57집.

박인기(2002), 「문화적 문식성의 국어교육적 재개념화」, 『국어교육학연구』 15, 국어교육학회.

박인기(2008), 「문화와 문식성(文識性)의 관계 맺기」, 노명완 외, 『문식성 교육 연구』, 한국문화사.

서보영(2014), 「고전소설 변용을 통한 문화적 문식성 교육 연구: 학습자의 〈춘향전〉 변용 양상을 중심으로」, 『국어교육연구』 33, 서울대 국어교육연구소.

서울대학교 교육연구소 편(1999), 『교육학 대백과사전』, 하우동설.

서울대학교 국어교육연구소(1999), 『국어교육학사전』, 대교출판.

서울대학교 국어교육연구소 편(2013), 『한국어교육학사전』, 도서출판 하우.

서유경(2009), 「판소리를 통한 문화적 문식성 교육 연구: 이청준의 〈남도사람〉 연작을 중심으로」, 『판소리 연구』 28, 판소리학회.

옥현진(2008), 「다중모드 문식성」, 노명완 외, 『문식성 교육 연구』, 한국문화사.

옥현진(2013), 「성인 문식성 연구 동향 분석」, 『작문연구』 19, 한국작문학회.

윤여탁(2007), 「비판적 문화 연구와 현대시 연구 방법」, 『한국시학연구』 18, 한국시학회.

윤여탁(2008), 「국어교육의 본질과 교과서」, 『선청어문』 36, 서울대 국어교육과.
윤여탁 외(2008), 『매체언어와 국어교육』, 서울대 출판부.
윤여탁(2013), 「다문화 사회의 문식성 신장을 위한 한국어교육의 전략: 문학교육의 관점을 중심으로」, 『새국어교육』 94, 한국국어교육학회.
이순영(2010), 「디지털 시대의 청소년 독자의 비판적 읽기」, 『독서연구』 24, 한국독서학회.
이재기(2005), 「문식성 교육 담론과 주체 형성에 관한 연구」, 한국교원대 박사학위 논문.
이재기(2009), 「문학교육과 문식성 신장」, 『독서연구』 22, 한국독서학회.
이재형(2012), 「비판적 문식성 신장을 위한 읽기 교육 연구」, 한국교원대 박사학위 논문.
정현선(2007), 『미디어 교육과 비판적 리터러시: 미디어 분석과 자아 표현 기능 훈련의 사례 연구』, 커뮤니케이션북스.
정현선(2014), 「복합양식 문식성 교육의 의의와 방법」, 『우리말 교육 현장 연구』 8-2, 우리말교육현장학회.
정혜승(2008a), 「문식성(Literacy) 교육의 쟁점 탐구」, 『교육과정평가연구』 11-1. 한국교육과정평가원.
정혜승(2008b), 「문식성(Literacy)의 변화와 기호학적 관점의 국어과 교육과정 모델」, 『교육과정연구』 26 4. 한국교육과정학회.
천경록(2014), 「사회적 독서와 비판적 문식성에 대한 고찰」, 『새국어교육』 101호, 한국국어교육학회, 2014.
최숙기(2007), 「국어 교과서 다문화 제재 선정에 관한 연구: 민족과 문화 다양성에 대한 이해를 중심으로」, 『독서연구』 18, 한국독서학회.
황혜진(2005), 「문화적 문식성 교육을 위한 고전소설과 영상변용물의 비교 연구: 〈장화홍련전〉과 영화 〈장화, 홍련〉을 대상으로」, 『국어교육』 116, 한국어교육학회.

Banks A. & Banks C. A. M(ed)(2007), *Multicultural Education: Issues and Perspectives*, John Wiley & Sons Inc.

Barton D.(2006), *Literacy: An Introduction to the Ecology of Written Language*, Blackwell Publishing, 김영란 외 옮김(2014), 『문식성: 문자 언어 생태학 개론』, 연세대학교 대학출판문화원.

Durant C. & Green B.(2001), "Literacy and the New Technologies in School Education", Fehring H. & Green P.(ed), *Critical Literacy: A Collection of Articles from the Australian Literacy Educators' Association*, Intrados Group.

Freire P.(1970), *Pedagogy of the oppressed*, Continuum, 남경태 옮김(2002), 『페다고지』, 그린비.

Freire P. & Macedo D.(1987), *Literacy: Reading the Word and the World*, Praeger, 허준 옮김(2014), 『문해교육: 파울로 프레이리의 글 읽기와 세계 읽기』, 학이시습.

Garcia G. E.(2003), "Introduction: Giving Voice to Multicultural Literacy Research and Practice", Willis A. I. et al(ed), *Multicultural Issues in Literacy Research and Practice*, Lawrence Erlbaum Associates Inc, 1–11.

Gee J. P.(1996), "Literacy and the Literacy Myth: From Plato to Freire", *Social Linguistics and Literacies: Ideology in Discourses*(2nd ed), Taylor & Francis, 오선영 옮김(2010), 「문식성 신화: 플라톤에서 프레이리까지」, 『사고와 표현』 3-2, 한국사고와표현학회.

Giroux H.(1988), *Teachers as Intellectuals: Toward a Critical Pedagogy of Learning*, Bergin & Gravy, 이경숙 옮김(2001), 『교사는 지성인이다』, 아침이슬.

Giroux H.(1993), "Literacy and the politics of difference", C. Lankshear & P. L. McLaren(ed)(Foreword by Maxine Greene), *Critical Literacy: politics, praxis, and the postmodern*, State University of New York Press.

Harris T. L. & Hodges R. E.(2005), *The Literacy Dictionary*, International Reading Association.

Hirsch Jr. E. D.,(1988), *Cultural Literacy: What Every American Needs to Know*, Random House Inc.

Lankshear C. & McLaren P. L.(ed)(Foreword by Maxine Greene)(1993), *Critical Literacy: politics, praxis, and the postmodern*, State University of New York Press.

Lankshear C.(with Gee J. P., Knobel M. and Searle C.)(1997), *Changing Literacy*, Open University Press.

Lankshear C. & Knobel M.,(2006), *New Literacies: Everyday Practices and Classroom Learning*(2nd ed.), Open University Press.

McLaughlin M. & DeVoogd G. L.(2004), *Critical Literacy: Enhancing Students' Comprehension of Text*, Scholastic.

Provenzo Jr. E. F.,(Foreword by Michael W. Apple)(2005), *Critical Literacy: What Every American Ought to Know*, Paradigm Publishers.

Purves Allan C., Papa Linda, Jordan Sarah(ed)(1994), *Encyclopedia of English Studies and Language Arts*(vol 1), Scholastic.

Ward Irene(1994), *Literacy, Ideology, and Dialogue: Towards a Dialogic Pedagogy*, State University of New York Press, 박태호 외 옮김(2015), 『이데올로기와 대화 그리고 작문교육의 새로운 패러다임』, 아카데미프레스.

Weil D. K.,(1998), *Towards a Critical Multicultural Literacy: Theory and Practices for Education for Liberation*, Peter Lang.

Willis A. I. et al(ed)(2003), *Multicultural Issues in Literacy Research and Practice*, Lawrence Erlbaum Associates Inc.

UNESCO Education Sector(2004), *The Plurality of Literacy and its Implications for Policies and Programmes*. (http://unesdoc.unesco.org/images/0013/001362/136246e.pdf)

국어교육의 융복합적 특성과 문식성

1. 융복합 교과로서의 국어교육

인간이라는 단어는 생물의 종(種)만을 의미하지 않아서, 사람 인(人)과 사이 간(間), 즉 '사람들 사이', '사람 됨됨이'라는 의미를 지닌다. 즉 사람 사이의 관계와 사람다움(인간다움)이라는 뜻을 포함하고 있다. 그리고 다른 동물과 달리 이런 뜻을 가진 인간이라는 종족만이 할 수 있는 것은 무엇인가에 대한 논의도 다양하였다. 그 답은 대체로 인간은 불을 사용한다거나, 언어를 사용할 수 있다는 것이다. 특히 인간은 말이나 글로 자신의 생각이나 느낌을 표현하거나 의사소통을 했고, 이 언어를 활용해서 그들의 역사와 문명을 새롭게 개척해 왔다.

그리고 인간이 만들어 낸 이와 같은 창조물들은 인간에 의한, 인간을 위한, 인간의 것이었다. 그렇기 때문에 그 인간의 창조물들은 인간 능력을 뛰어넘을 수도 없었으며, 인간의 일을 방해하지 않는 것이어야 했다. 그런데 최근 '인공지능(AI, artificial intelligence)'으로 대표되는 '4차 산업혁명(The Fourth Industrial Revolution)'[1]이라는 기획들은 인간의 고유한 삶과 사람다움의 가치에 부정적인 영향을 끼치고 있다는 우려를 낳고 있다. 실제로 현대사회의 이러한 과학적 기획들은 과거 인간들만이 할 수 있었던 고유한 영역을 침범하고 있으며, 인간들이 차지하고 있던 자리와 역할을 위협하고 있다는 진단도 있다.

이 글은 4차 산업혁명의 시대라고 일컬어지는 현대사회에서 인간의 언어를 다루는 국어교육의 과제에 대해서 살펴보고자 한다. 특히 인간의 의사소통의 수단이자 사고의 출발점이기도 한 언어에 주목하는 국어교육의 인문학적 특성에 주목하고자 한다. 아울러 국어교육 역시 4차 산업혁명의 핵심 기술이라고 할 수 있는 인터넷 등 새로운 미디어(new media)와 같은 정보산업 기술의 영향으로 사유와 소통 방식의 전환이 요구되는 시대를 맞이하고 있음에 주목하여, 이러한 현대사회에서 인간의 삶에 절대적인 영향을 미치고 있는 언어와 언어를 통한 소통을 중점적으로 다루고 있는 국어교육의 대응 방안을 모색하려고 한다.

이 글에서는 융복합 교과로서의 특성에 초점을 맞추어 국어교육의 본질을 설명할 것이다. 그리고 말이나 문자로 소통되던 방식뿐만 아니라 미디어가 중요한 소통방식이 된 현대사회에서 요구되는 '신문식성(new

---

1 '4차 산업혁명'이라는 화두는 2016년 스위스 다보스(Davos)에서 열린 세계경제포럼(World Economic Forum)에서 제기되었다. 이 용어는 다가오는 정보 통신 기술(ICT) 기반의 새로운 산업화 시대를 일컫는 개념으로, 인공지능, 사물 인터넷(IoT, internet of things), 빅 데이터(big data), 모바일(mobile) 등 첨단 정보 통신 기술이 경제와 사회 전반에 융합되어 나타난 차세대 산업혁명을 일컫는다. 즉 18세기에 서양에서 증기기관의 발명으로 인해 촉발된 1차 산업혁명(기계화), 그리고 전기 에너지를 기반으로 하는 대량 생산 체계인 2차 산업혁명(산업화), 컴퓨터와 인터넷을 기반으로 하는 지식 정보 혁명인 3차 산업혁명(정보화)을 거쳐서, 현대사회는 인공지능과 빅 데이터 등 ICT 기술을 기반으로 하는 4차 산업혁명(지능화)의 시대라는 진단이다(대통령직속 4차산업혁명위원회 홈페이지, https://www.4th-ir.go.kr/).
과거 정부에서는 '미래창조과학부', 현 정부에서는 '대통령직속 4차산업혁명위원회'가 이와 관련된 기획을 주관하고 있다. 최근에 '4차산업혁명위원회'는 이 기획의 목표인 지능(intelligence), 혁신(innovation), 포용·통합(inclusiveness), 소통(interaction)을 표제어로 하는 'I-코리아 4.0'이라는 정책 브랜드를 제안하면서, 'IN은 사람(人) 중심을 강조하는 중의적 표현'이라고 설명하였다(연합뉴스 기사, 2017. 11. 30).

literacy)',[2] 학습자의 정의적인 능력과 상상력 등이 중요하게 요구되는 문학 작품의 이해와 감상 능력인 문학 문식성의 본질과 특성에 초점을 맞추어 논의를 진행하고자 한다. 이를 통해서 국어교육의 융복합적 특성과 문식성의 관계를 설명할 수 있을 것이다.

2. 국어교육의 본질과 융복합적 특성

이 부분에서는 먼저 교과 학문으로서의 국어교육의 성격을 논의해 보기로 한다. 대체로 국어 교과는 사용, 문화, 이념, 예술[3]이라는 네 가지 맥락을 중심으로 그 본질과 특성을 설명할 수 있다.

첫 번째로 국어 교과는 일상생활의 현실적인 필요에 관련된 언어와 다른 학문을 배우는 데 필요한 언어를 배우는 도구(tool) 교과라는 특성을 지니고 있다. 이는 일상생활에 필요한 실용적인 언어능력이나 의사소통 차원의 기능적인 언어능력과 같은 국어의 사용(usage) 능력과 타 교과를 학습하는 데 필요한 학습어로서의 언어능력과 연관된 특성으로, 모든 언어의 기본적인 본질과 관련된 특성이다.

두 번째로 국어 교과는 민족의 문화적 전통과 정체성을 확인할 수 있는 문화(culture) 교과로서의 특성이 있다. 일반적으로 언어와 문화는 분리하

2 현대교육의 관점에서 신문식성(new literacy)은 "① 'literacy' replaced 'reading', and 'writing' in educational language, ② literacy became a considerable industry, ③ literacy assumed a loftier status in the eyes of educationists, ④ 'literacy' came to apply to an ever increasing variety of practices, ⑤ literacy is now being defined with the word 'new'"으로 설명되고 있다(C. Lankshear, 1997; C. Lankshear & M. Knobel, 2006, 12).

3 튜더(I. Tudor)도 언어를 '언어학적 체계로서의 언어(language as a linguistic system)', '행위로서의 언어: 기능적 관점(language as doing things: the functional perspective)', '자기표현으로서의 언어(language as self-expression)', '문화와 이데올로기로서의 언어(language as culture and ideology)'로 설명하고 있다(I. Tudor, 2001, 49-76; 김은성, 2003, 84).

여 생각할 수 없으며, 자국어교육에서의 문화교육은 국어에 담긴 민족의 문화적 전통을 창조적으로 계승할 뿐만 아니라 현실문화를 발전시켜서 새로운 미래의 문화를 창조하는 데 이바지하는 것을 목표로 한다.[4] 그렇기 때문에 언어교육은 문화교육이며, 언어 학습을 통해서 문화적 정체성을 형성하는 것을 목표로 한다는 관점이다.

세 번째로 국어 교과는 교육 일반이 그렇듯이 국가 이데올로기(ideology)를 재생산하는 데 공헌하지만, 때로는 자신의 생각과 다른 국가 이데올로기에 저항할 수 있는 비판적(critical) 능력을 기르는 이념적인 교과라는 특성이 있다. 이와 같은 특성은 언어교육, 특히 국어교육에서 중요한 능력으로 인정되고 있는 비판적 사고력과 밀접한 관련이 있다. 이때 비판은 부정적인 관점뿐만 아니라 긍정적인 관점도 포함된다.

마지막으로 국어 교과는 다른 교과와 구별되는 예술(art) 교과로서의 특성이 있다. 이는 언어의 예술적 산물이자 표현물인 문학 작품과 관련된 것으로, 주로 문학 작품의 향유(享有) 능력과 관련된 특성인 창의력(creativity)이나 상상력(imagination)과 밀접한 관련이 있다.[5] 여기서 향유는 문학 창작뿐만 아니라 문학 수용을 포괄하는 개념으로, 문학이라는 고급문화인 예술과 대중문학과 같은 대중문화를 대상으로 한다. 이런 측면에서 국어 교과는 예술과 문화의 만남인 문학을 가르치는 교과이다.

이상과 같이 정리할 수 있는 국어교육의 본질은 융복합적인 교과로서의 국어 교과의 특성을 설명하는 논거가 되기도 한다. 예를 들어, 융합적

---

4 문화의 창조적 계승을 목표로 하는 자국어교육과는 달리 의사소통 능력을 1차적 목표로 하는 외국어로서의 언어교육에서 문화교육은 목표 언어에 대한 문화적 정체성을 확립하거나 자국 문화와 목표 문화의 차이를 인식하여 문화적 실천을 추구하는 상호문화적(intercultural) 능력을 함양하는 것을 목표로 한다.

5 국어교육의 본질에 대한 이러한 관점은 이전의 글들(윤여탁, 2008, 533-536; 윤여탁, 2014, 190-191)을 보완해서 정리한 것임.

인 문학과 매체를 교육 내용으로 다루는 국어교육은 융합 교과로서의 특성을 지닌다. 구체적으로 이러한 특성을 국어 교과의 내용과 활동의 측면에 주목하여 설명하면 다음과 같다. 먼저 국어교육은 다양한 교과의 내용을 교수-학습의 제재로 한다는 측면에서 교과 통합적 특성이 있는데, 이 점은 학습어로서 국어의 도구적 사용과도 밀접한 관련이 있다. 그리고 새로운 의사소통 수단으로 등장한 매체의 융합적 특성은 전통문화와는 다른 현실문화와 관련이 있으며, 이러한 현실문화에 대한 비판적 사고력 등을 요청하고 있다.[6] 아울러 국어교육의 중요 내용이자 활동인 창의적인 예술로서의 문학을 교육하는 국어교육의 특성 역시 국어 교과의 융합적인 특성과 뗄 수 없는 관계라는 근거가 된다.

뿐만 아니라 국어 교과는 앞에서 살핀 것처럼 문학이라는 예술 교과이면서 도구 언어로서 언어 사용 교과, 언어문화 교과, 비판적 이념 교과라는 특수성을 지니고 있다. 아울러 예술, 문화, 이념과 같은 개념들은 인간, 사회, 환경 등 인문과학, 사회과학의 핵심적인 내용으로부터 분리될 수 없는 학문 영역이기도 하다. 이러한 국어 교과의 특성은 국어교육의 영역을 확장할 수 있을 뿐만 아니라 다른 학문 영역의 다양한 내용을 교육 내용으로 다루고 있다는 점에서 통합과 융합 교과의 근거가 되기도 한다. 또 이러한 교과의 내용을 기반으로 언어적 교수-학습 활동을 지향한다는 점에서 통합적인 교수-학습 활동 구안이 가능하다. 이것은 교과 간 융합 교육의 실제를 보여 주는 것이기도 하다.

그리고 앞으로 국어교육이 개척해야 할 융복합의 실제이기도 한 미디어와 문학을 통합적으로 탐구할 수 있는 교수-학습 제재로 미디어와 문학이 만나서 창조해 내는 새로운 문화 상품을 들 수 있다. 인터넷 등을 통

6 현대사회가 요구하는 새로운 문식성에서 상호문화, 멀티미디어 등을 중요시하고 있음은 이전의 논의(윤여탁, 2016, 159-163)에서 밝혔다.

해서 유통되는 인터넷 시, 영상 시 등이 그 초기적인 형태라면, 최근 새로운 서사 양식으로 주목받고 있는 웹(web) 소설, 컴퓨터 게임 등이 그 대표적인 예이다. 특히 후자는 현대 산업사회의 문화 상품으로 미디어와 문학의 특성을 공유하고 있는 생산물로, 국어교육의 분야에서 매체(언어)를 매개로 하는 교수-학습 방안을 적극적으로 마련해야 할 대상이다. 이 외에도 국어교육의 대상이자 내용을 웹 툰(web toon), 웹 드라마(web drama) 등 새로운 미디어를 기반으로 하는 문화 상품으로 확장할 수 있다.[7]

아울러 국어 교과, 국어교육의 이와 같은 융복합적인 특성은 언어교육을 넘어 인간 교육을 지향하는 것이며, 전인교육(全人教育)을 목표로 한다고 설명할 수 있다. 국어교육은 학습자들이 현대사회에서 주체적인 정체성을 지닌 인간, 민주적이고 문화적인 세계 시민으로 성장하는 것을 지향하기 때문이다. 이를 위해서 국어교육은 학습자들이 말과 글, 새로운 미디어를 통해서 주체적으로 자신을 표현하고, 타인과 소통할 수 있도록 교육하는 것을 목표로 설정하고 있다. 그리고 인간의 이러한 의사소통 능력, 이해 · 표현 능력을 문식성 또는 소양(素養)이라고 일컫는다.

3. 국어교육에서 신문식성과 문학 문식성

이 부분에서는 융복합적인 특성을 지닌 국어교육의 본질에 대해서 교육적 지향을 새로운 미디어의 발달에 초점을 맞춘 신문식성과 예술로서의 문학을 가르치는 문학교육에 초점을 맞춘 문학 문식성이라는 두 개념을 중심으로 설명하고자 한다.

7 미디어와 문학의 만남을 통해서 생산된 새로운 문화 상품을 대상으로 하는 국어교육의 이론과 시각에서 바라보고 교수-학습의 내용과 방법을 마련하는 등의 실천으로 이어져야 한다.

3-1. 미디어와 신문식성

지(J. P. Gee)는 20세기 후반에 '신문식성'이라는 개념을 제안하였다. 이후 랭크셔와 노벨(C. Lankshear & M. Knobel)은 지(Gee)가 'D/discourse'을 구분해서 설명한 방식을 모방(meme)해서 '신문식성'을 'L/literacy'로 설명하였다. 먼저 'literacy'는 이미지나 소리에 대한 읽기, 쓰기, 보기, 듣기, 제작 등의 실제적인 과정으로, 서로 다른 아이디어, 단어, 상징들 사이의 관련성을 만들어 내는 언어적 차원으로 설명하였다. 이에 비하여 'Literacy'는 세계 속에서 삶과 존재에 직접적으로 연결된 의미를 만들어 내는 것으로, 언어를 사용할 때 유의미하고 사회적으로 인식 가능한 유형을 생성해 내는 것이라는 거시적 차원으로 정리하였다(J. P. Gee, 2015, 45-100; C. Lankshear & M. Knobel, 2006, 233).

이러한 견해는 문식성을 미시적인 측면과 거시적인 측면으로 나누어 설명하는 것이며, 현대사회의 미디어의 발달에 대해 미시적인 측면에서의 소통을 넘어 거시적이고 이데올로기적인 측면에서의 소통에 주목하여 문식성의 개념과 실천을 강조하는 관점이다. 즉 대문자 'Literacy'는 인간의 삶에 관계하는 다양한 사회적 관계나 인식 등과 관련된 것으로, 특히 새로운 기술이라는 측면을 넘어 새로운 정신, 새로운 패러다임이라는 측면에서 신문식성의 개념과도 의미가 상통한다. 이러한 문식성의 개념 확대는 프레이리(P. Freire)나 지(J. P. Gee) 등의 진보적 교육관이나 학문적 견해와도 연관이 있다.

이처럼 신문식성은 현대사회 미디어 산업의 발달에 따라 제기된 교육적 소통 차원의 담론이다.[8] 신문식성(new literacy)에서 'new'는 인쇄 기술 이

---

8 이런 맥락에서 지(J. P. Gee)는 담론(discourse)의 사회적 관계에 주목하였으며, 담론 차원의 언어를 넘어 비디오 게임과 같은 새로운 매체 산물을 읽어 낼 수 있는 능력으로서 신문식성을 설명하고 있다.

후(post-typographic)를 대표하는 디지털 전자 기술들(digital-electronic technologies)과 관련이 있으며, 이런 까닭에 매체 문식성(media literacy), 디지털 문식성(digital literacy) 또는 매체의 복합적 특성과 관련하여 복합 양식 문식성(multi-modal literacy) 등과 개념과 범주를 공유하기도 한다.

그러나 신문식성은 기술적인 것(technical stuff)일 뿐만 아니라 정신적인 것(ethos stuff)을 포함하는 개념이다. 이러한 신문식성의 정신적 측면은 참여적, 협력적, 기여적이라는 특징으로 설명된다는 점에서 이전의 문식성과는 다른 사고방식(mindset)에서 접근할 것이 요구된다(C. Lankshear & M. Knobel, 2006, 24-26). 또한 신문식성은 현대사회의 소통 방식이자 생산물인 새로운 매체를 다룰 수 있는 미디어 문식성이라는 개념을 넘어 프레이리 등의 진보적 교육관과 관련이 있는 비판 정신뿐만 아니라 새로운 시대의 요구에 부응할 수 있는 사고방식 등 비판적 문식성 개념을 포함하고 있다(P. Freire & D. Macedo, 1987; J. P. Gee, 2015, 77-89).

이와 같은 신문식성의 특징을 설명하는 데 중요한 역할을 하는 새로운 미디어 기술은 산업이라는 측면에서는 교환가치를 추구하는 상품이며, 유통의 측면에서는 쌍방향적 소통을 기반으로 성장하였다. 그러나 그 이면에서 살펴보면 물질주의와 잉여가치를 추구하는 자본주의의 총화(總和)로, 그 실체와 결과들은 철저하게 산업과 연결되어 있다. 예를 들어 블로그(blog), 트위터(twitter), 유튜브(YouTube), 페이스북(Facebook), 인스타그램(Instagram), 밴드(Band), 카카오톡(KakaoTalk) 등은 다양한 소통 방식과 경로를 지향하는 사회적 매체[소셜 미디어(social media), SNS(social network service)]임을 내세우면서 미래 산업을 선도한다고 강조하고 있지만, 궁극적으로는 기업의 현실적인 이익을 우선적으로 추구하면서 현대 산업의 중심으로 그 자리를 잡아 가는 것을 목표로 하고 있는 것이다.

특히 새로운 미디어 소통 방식을 통해서 수많은 콘텐츠(contents)들이 생산되고, 이 소프트웨어(software) 콘텐츠들은 가상의 공간에서 문화 상품이라는 이름으로 유통된다. 또 가상의 공간에서 생산되어 유통되는 이와 같은 문화 상품들은 하드웨어(hardware)적인 자본재보다 더 빨리 자본주의 유통 구조 속에서 배급되어 소비된다. 이렇게 생산된 현대의 문화 상품은 자본주의 생산 양식에서 핵심적인 역할을 하는 소비자의 기호와 소비 욕구에 전적으로 의존하며, 이 상품을 배급해서 유통시키는 쌍방향적 네트워크는 이러한 유통 구조를 더욱 촉진하는 방향으로 작용한다.

아울러 이러한 새로운 미디어 산업은 유통망의 핵심인 플랫폼(platform)을 중심으로 거대한 기업 구조를 형성하며, 이들이 깔아 놓은 망(網, network)으로 연결된 시장과 광장에 생산자와 소비자들이 모이면서 거래가 이루어진다. 이렇게 변화된 환경에서 소비자는 생산과 소비에서 중요한 역할을 하게 되며, 생산과 유통에 관여하는 적극적인 역할을 강조하는 생비자(生費者, prosumer)라는 용어로 설명되기도 한다.[9] 소비자의 이러한 역할은 미디어의 소통 방식으로부터 기원한 것으로 '정보 처리와 의미 구성을 하는 소비자', '산업적 측면에서 본 수용자', '특별한 수용자로서의 아동들'[10] (W. J. Potter, 2014, 48-106)의 관점에서 설명되기도 한다.

이처럼 새로운 미디어가 상품의 유통과 인간의 의사소통 등에 중요하게 작용하는 현대사회는 발상의 전환을 요구하는 사회이며, 이러한 맥락에서 신문식성이라는 범주로의 전환을 요구하고 있다. 즉 신문식성의 관점에서는 '세계는 물리적, 산업적 용어로 적절하게 해석하거나 이해하거나 응답할 수 없으며', '가치는 분산의 문제이며', '생산의 후기 산업적 관점이 지배하며', '집단적 지성에 집중되고', '전문가와 권위는 하이브리드

9 현대 자본주의 사회의 생산과 유통에서 대기업이나 다국적 기업 등이 중요하지만, 특히 문화 상품의 경우 생산과 소비를 연결하는 유통망인 배급사와 생산과 배급을 독점하는 기획사 등 배분의 문제도 중요하다.

10 미디어의 소비자(수용자) 또는 향유자로서 아동의 문제는 미디어 교육에서 중요한 쟁점으로, 아동과 미디어의 관계에 주목한 교육적 논의로는 버킹엄(D. Buckingham, 2000)과 정현선(2007), 윤여탁 외(2008) 등의 저술을 참고할 수 있다.

전문가처럼 분할되어 있으며’, ‘집합적이고, 공간은 열려있으며 지속적이고 유동적이고’, ‘최근에 생겨난 디지털 미디어 공간의 사회적 관계라는 텍스트의 변화’(C. Lankshear & M. Knobel, 2006, 37-52)에 주목해야 한다.

궁극적으로 현대사회의 신문식성이 요구하고 있는 이러한 사고방식의 변화는 더욱 가속화될 것으로 예측된다. 그 이유는 그동안 이러한 변화를 주도했던 디지털 전자 기술과는 다른 차원의 정보 처리 기술이 인공지능, 빅 데이터 등의 이름으로 빠르게 진보하고 있기 때문이다. 이러한 측면에서 신문식성은 언어에 주목했던 이전의 문식성 개념과는 달리 미디어가 유통시키는 디지털 정보를 처리하는 능력에 초점을 맞추고 있으며, 이러한 능력으로서의 신문식성의 실제 역시 발 빠르게 변화하고 있다. 그리고 미디어 기술의 빠른 세대교체는 학습자들에게 새로운 기술에 대한 신속한 조작, 운용 능력을 요청하고 있다.

3-2. 문학과 문학 문식성

앞에서 국어교육은 예술로서의 문학, 문화[11]로서의 국어를 교육 내용으로 하는 교과임을 밝혔다. 그리고 이러한 문학과 문화라는 국어교육의 두 가지 본질은 전통문화로서의 정전(正典, canon)과 현실문화로서의 대중문학이라는 공통의 접점을 공유하고 있다. 국어 교과의 한 영역인 문학은 인간의 감정이나 정서를 형상화한 예술로, 소설이나 희곡의 경우에는 감정이나 정서를 직접적으로 서술하기도 하지만, 시의 경우에는 이미지, 비유, 상징, 리듬을 통해서 감정이나 정서를 표현한다. 이처럼 문학을 교수-학습하는 국어 교과는 정서적인 교과이기 때문에, 국어교육은 정서적인

11 문화에 대한 다양한 개념, 문화와 언어교육, 문화교육의 관계는 다른 논의(윤여탁, 2013, 15-24)를 참고할 수 있다.

능력의 함양을 목표로 설정하기도 한다.

정서 개념과 관련하여 일반적으로는 감정(feeling)과 정서(emotion)를 구별하여, 시와 같은 서정적인 장르에서 문학적으로 형상화된 감정을 정서라고도 한다. 그런데 이 글에서는 교육학의 교육목표분류학(Taxonomy of Educational Objectives)[12] 용어인 정의(情意, affect)(서울대학교 국어교육연구소, 1999, 678-679; 서울대학교 교육연구소 편, 1999, 2327-2338)라는 개념을 참조해서 국어교육을 정의 교과로 설명할 것이며, 부분적으로는 정서, 감정 등의 용어도 혼용할 것이다. 어떻든지 국어교육과 문학교육은 인간의 정서나 정의를 형상화한 문학 작품을 중요 제재로 사용하기 때문에, 문학 작품에 표현된 정서를 이해하고 감상하는 활동을 우선적으로 실천한다. 즉 문학교육은 문학 작품을 학습하면서 정서적으로 감정이입하여 동화하거나 거부하여 이화(異化)하는 정서 학습이라고 할 수 있다.

그리고 문학 작품을 교수-학습하는 과정은 이해 · 감상과 표현 단계로 나누어 설명할 수 있다. 먼저 학습자는 문학 작품에 대한 이해와 감상을 하는 과정을 거치게 되며, 이해와 감상에는 학습자의 정의가 (부정적이든 긍정적이든) 작용하게 된다. 그리고 감상 과정에서 정의가 작용하기 위해서는 학습자의 체험(직접 체험뿐만 아니라 독서나 학습과 같은 간접 체험까지 포함)이 계기로 작동해야 한다. 다음으로 문학 작품에 대한 이해와 감상의 내용을 말이나 글로 표현하는 과정에서도 학습자의 정의와 체험이 표현 능력(글쓰기와 말하기)과 더불어 작동하게 된다. 특히 시 교육에서는 시가 시인의 사상뿐만 아니라 정서를 표현하는 것이라는 장르적 특성 때문에 시 텍스트에 대한 인지적 이해 능력뿐만 아니라 학습자의 정의적 감상 능력이 중요한 역할을 한다.

---

12 대표적인 예로 블룸(B. S. Bloom) 등은 교육 목표를 인지적 영역, 정의적 영역, 심리 운동적(심동적) 영역으로 분류하였다.

필자는 이와 같은 맥락에서 정서적이고 정의적인 특성을 지닌 국어교육을 정의 교과라고 규정하면서, 문학 작품의 이해와 감상 능력을 문학 문식성(윤여탁, 2016, 156-176)이라는 개념으로 설명했으며, 문학 작품의 감상이나 교수-학습에는 학습자나 교사라는 교육 주체들의 정의와 체험이 중요하게 작용(윤여탁, 2017, 261-287)함을 밝힌 바 있다. 따라서 문학교육에서는 문학 작품을 학습하기 위해 인지적인 이해 능력뿐만 아니라 정의적인 문학 감상 능력을 기르는 것이 중요하며, 문학 작품의 이해와 감상 능력인 문학 문식성은 이러한 학습자의 정의와 체험의 발현을 통해서 실현된다고 설명할 수 있다.

문학 문식성의 이와 같은 정의적, 정서적 특성을 '정서적(emotional) 문식성'이라는 개념으로 설명할 수도 있다.[13] 이 용어에 대해서 사전적으로는 "정서를 다루고 그 원인을 인식할 수 있는 능력(the ability to deal with one's emotions and recognize their causes)"(Dictionary.com 홈페이지)이라고 개념이 규정되어 있다. 학술적인 논의에서는 "(세 단어의 문장으로) 특정한 감정의 단어로 감정을 표현하는 능력(The ability to express feelings with specific feeling words, in 3 word sentences.)"(Steve Hein's EQI.org 홈페이지)이라거나, "자신 및 타인의 감정적 상태와 관련된 인식, 이해, 사용 능력"(김지영, 2014, 333)이라고 설명하고 있다. 이러한 논의들은 문학 문식성의 정의적 측면을 해명해 주는 논의라고 볼 수 있으며, 이 정의적 측면은 궁극적으로는 국어교육, 문학교육의 특수성을 설명하는 중요한 특성이다.

문학교육의 실제라고 할 수 있는 문학의 본질과 관련해서 정서적이고 정의적이라는 특성 외에도 국어교육, 문학교육의 특수성을 상상력으로 설명할 수 있다. 그 이유는 문학교육의 제재인 창작물로서 문학 작품은

---

13 문학 문식성과 정서적 문식성의 연관성에 대해서는 문학 문식성의 본질을 학습자의 정의와 체험과 관련해서 설명한 이전의 논의들(윤여탁, 2015; 윤여탁, 2016; 윤여탁, 2017)을 참고할 수 있다.

작가의 상상력의 산물이기 때문이다. 아울러 이러한 상상력은 문학 작품의 생산뿐만 아니라 문학의 이해와 감상이라는 수용 과정에서도 작용한다. 즉 상상력은 문학 작품의 창작 측면에서는 창조의 원동력이지만, 수용이나 학습의 측면에서는 이해와 감상을 활성화시키는 계기로 작용하는 핵심적인 문학 역량이다. 특히 비유적, 함축적인 표현 또는 불확정성(미정성)[14]이 많은 시를 이해하거나, 감상한 내용을 언어화하는 이해/표현의 과정에서 상상력은 중요하게 작용한다.

달리 설명하면, 시의 학습은 학습자가 시 이해와 감상 내용을 정서나 태도의 측면에서 내면화하는 것을 목표로 하지만, 학습자의 정서적 내면화는 말과 글로 다시 설명되었을 때 그 실체를 확인할 수 있다. 그리고 이때에는 학습자의 문학적 상상력과 언어적 상상력이 함께 작동하게 된다. 상상력은 이처럼 문학 작품의 생산(표현)의 측면에서는 작가의 창조적인 활동의 원동력이 되며, 수용(이해)의 측면에서는 학습자의 주체적인 문학 해석이나 감상 능력을 활성화하는 데 작용한다. 이러한 상상력의 작동 과정을 학습자의 정의나 체험과의 관계화라는 맥락으로 설명하기도 한다.

아울러 이러한 문학교육에서 문학의 창작, 수용에 작용하는 학습자의 다양한 능력, 즉 정서, 정의, 체험, 상상력 등을 문학 문식성 또는 문학능력(literary competence)(한국문학교육학회 엮음, 2010)으로 설명하였다. 특히 문학 창작과 수용 능력에 초점을 맞춘 문학 능력이라는 개념은, 융복합적 특성을 지닌 예술로서의 문학을 중요한 교수-학습의 내용이자 활동으로 하는 국어교육의 본질이자 국어교육을 다른 교과와 구별해 주는 특수성의 중요한 증거라고 할 수 있다.

---

14 잉가르덴(R. Ingarden)의 영향을 받은 이저(W. Iser)가 제창한 현상학적인 개념으로 부재요소, 미결정성 등으로 불리기도 한다.

4. 국어교육과 4차 산업혁명

의사소통의 중요한 수단이자 실제인 인간의 언어는 인간다움을 규정하는 데 중요한 기준이 된다. 그래서 인간은 다른 동물이나 인간이 만들어 낸 다른 생산물과는 달리 자신들이 만들어 낸 언어를 통해서 생각이나 감정을 표현하여 다른 사람들과 소통하고 교류한다. 이 글은 소통이라는 측면에 초점을 맞추어 현대사회의 급격한 변화의 소용돌이 속에서 언어를 다루는 국어교육의 본질을 문식성이라는 개념을 중심으로 살폈으며, 주로 신문식성과 문학 문식성이라는 개념에 초점을 맞추어 국어교육의 융복합적 특성을 설명하였다. 이와 관련해서 창의성과 융복합을 지향하는 발상의 전환을 요구하는 '4차 산업혁명'과 관련된 국어교육 차원의 단상(斷想)으로 글을 마무리하고자 한다.

먼저 4차 산업혁명을 대표하는 새로운 기술의 핵심은 '인공지능', '빅 데이터', '사물 인터넷' 등을 통해서 거대한 정보를 처리하는 기술이다. 그리고 미래 사회는 이 기술을 활용해서 기능적이고 반복적, 재생적, 실용적 지식을 생산하고, 그동안 인간이 담당했던 이러한 영역을 인공지능과 같은 기술이 일정 부분 담당할 것으로 예측된다. 이에 따라 이러한 기술의 효용성에 대한 긍정적, 부정적인 논의가 분분하였다. '4차 산업혁명의 기술이 진보인가? 허상인가? 이러한 기술이 인간에게 희망인가? 재앙인가?' 등등의 논의가 그것이다.

다만 현 단계에서 이러한 기술이 인간을 중심에 놓고 있지 않다는 것은 분명한 것 같다. 그래서 4차 산업혁명은 인간들에게서 많은 일자리를 빼앗아 갈 것이라고 예측하고 있으며, 이에 따라 자연과 조화로운 삶을 기획하는 인간의 생태는 파괴되고, 상생(相生)을 지향하려던 인간의 꿈은 일장춘몽(一場春夢)이 될 수 있다. 즉 새로운 기술의 발달은 정신적인 재앙으로 작용할 수 있으며, 물질적인 측면에서도 풍요를 보장하는 것만은 아닐 수도 있다. 그렇기 때문에 이런 점들을 생각하면서 새로운 산업혁명의 순기능과 역기능을 고려해서 그 해결책을 찾아야 할 것이다.

다음으로 이와 같은 상황에서 각 학문 영역들은 자신들의 고유한 학문 영역과 본질에 충실할 필요가 있다. 현실적으로 제기되는 새로운 과제와 제안들을 무시할 수는 없지만, 우리 학계는 너무 쉽게 이 유혹에 빠져들고 있다. 최근 많은 학계가 인공지능, 4차 산업혁명이라는 명제와 관련해서 학문적 지향을 추구하는 것이 그 예이며, 각 학계가 자신들의 고유한 위치에 서서 이 명제와의 관계를 고민하고 조율하기보다는 이들에게 자신들의 몸과 마음을 맡기고 의탁하려고 하고 있다. 이보다는 새로운 시대에 맞는 인간과 물질문명의 관계, 인간과 기술의 관계에 대해 깊이 성찰해야 하며, 이러한 성찰과 변혁을 통해서 우리 학계가 새롭게 발전하는 계기를 마련할 수 있어야 한다.

끝으로 우리 학계가 이러한 위기 상황을 미래 사회 발전의 기회로 삼기 위해서는 각 학문 영역들이 그 정체성에 초점을 맞추어 지향점을 모색해야 하며, 자신들의 고유한 영역을 연구하면서 각 학문의 본래 역할을 다할 수 있도록 노력해야 한다. 특히 현대사회 기술문명의 발달에 따라 위기에 처해 있는 인간학, 그리고 사람들의 관계나 인간다움을 탐구하는 인문학은 시류(時流)에 편승하기보다는 그 학문적 본질을 탐구해야 한다. 아울러 같은 맥락에서 인간들 사이의 소통이라는 근본적인 문제를 다루는 국어교육학 역시 이러한 문제 제기에서 예외가 될 수 없을 것이다.

참고문헌

김은성(2003), 「국어과 창의성 교육의 관점」, 『국어교육학연구』 18, 국어교육학회.

김지영(2014), 「정서적 문식성 향상을 위한 정서 어휘 교육의 방향」, 『청람어문교육』 49, 청람어문교육학회.

서울대학교 교육연구소 편(1999), 「정의적 특성의 평가」, 『교육학 대백과사전』, 하우동설.

서울대학교 국어교육연구소(1999), 「정의(情意, affectivity)」, 『국어교육학사전』, 대교출판.

윤여탁 외(2008), 『매체언어와 국어교육』, 서울대학교 출판문화원.

윤여탁(2008), 「국어교육의 본질과 교과서」, 『선청어문』 36, 서울대 국어교육과.

윤여탁(2013), 『문화교육이란 무엇인가: 한국어 문화교육의 벼리[綱]』, 파주: 태학사.

윤여탁(2014), 「창의성의 재개념화와 국어교육의 지향과 과제」, 『새국어교육』 98, 한국국어교육학회.

윤여탁(2015), 「한국에서의 문식성 교육의 반성과 전망」, 『국어교육연구』 36, 서울대 국어교육연구소.

윤여탁(2016), 「문학 문식성의 본질, 그 가능성을 위하여: 문화, 창의성, 정의(情意)를 중심으로」, 『문학교육학』 51, 한국문학교육학회.

윤여탁(2017), 「시 교육에서 학습 독자의 경험과 정의에 관한 연구」, 『국어교육연구』 39, 서울대 국어교육연구소.

정현선(2007), 『미디어 교육과 비판적 리터러시: 미디어 분석과 자아 표현, 기능 훈련의 사례 연구』, 커뮤니케이션북스.

한국문학교육학회 엮음(2010), 『문학능력』, 역락.

Buckingham D.(2000), *After the Death of Childhood: Growing up in the Age of Electronic Media*, Polity Press, 정현선 옮김(2004), 『전자매체 시대의 아이들』, 우리교육.

Freire P. & Macedo D.(1987), *Literacy: Reading the Word and the World,*

Praeger, 허준 옮김(2014), 『문해교육: 파울로 프레이리의 글 읽기 와 세계 읽기』, 학이시습.

Gee J. P.(2015), *Social Linguistics and Literacies: Ideology in Discourses*(5th ed.), London: Routledge.

Lankshear C.(with Gee J. P., Knobel M., Searle C.)(1997), *Changing Literacy*, Open University Press.

Lankshear C. & Knobel M.(2006), *New Literacy: Everyday Practices and Classroom Learning*(2nd ed.), Open University Press.

Potter W. J.(2014), *Media Literacy*(7th ed.), Sage Publications Inc., 김대희, 임윤 경 번역(2016), 『미디어 리터러시』, 소통.

Tudor I. (2001), *The Dynamics of the Language Classroom*, Cambridge University Press.

대통령직속 4차산업혁명위원회(https://www.4th-ir.go.kr/)

문 정부 4차산업혁명 밑그림 나왔다…'사람중심 지능화경제', 연합뉴스(2017. 11. 30)
(http://news.naver.com/main/read.nhn?mode=LPOD&mid=sec&oid=001&aid=0009721175&isYeonhapFlash=Y&rc=N)

21세기 문식성 정의(The NCTE Definition of 21st Century Literacies), NCTE
(http://www.ncte.org/positions/statements/21stcentdefinition)

영어과목표준(English Language Arts Standards), Common Core State Standards Initiative
(http://www.corestandards.org/ELA-Literacy/)

정서적 문식성(emotional literacy), Dictionary.com
http://www.dictionary.com/browse/emotional-literacy

정서적 문식성(emotional literacy) 정의, Steve Hein's EQI.org
http://eqi.org/elit.htm#Definition of Emotional Literacy

언어 생태계의 변화와 (한)국어교육

위대한 것은 인간의 일들이니(Ce sont les travaux……)

— Francis Jammes(1868-1938)

1. 지구 언어 생태계의 변화

지구 환경의 빠른 변화에 따라 언어 생태계(生態系, ecology) 역시 급변하고 있다. 특히 세계화(globalization)로 대표되는 보편화의 경향과 '4차 산업혁명(The Fourth Industrial Revolution)'이라는 기술의 진보가 인류의 삶을 근본적으로 변화시키려고 한다. 즉 세계화의 측면에서 언어의 소통이 중요시되고 있지만, 사용자가 적은 소수 민족의 언어나 사투리와 같은 지방어 등이 사라지고 있으며, 앞으로 더 많은 언어들이 사라질 것이라고 한다. 또한 인공지능(artificial intelligence), 빅 데이터(big data), 사물 인터넷(internet of things), 모바일(mobile) 등의 미래 기술(현재에도 존재하는 기술이지만)의 발달에 따라 실용적인 언어 사용의 맥락에 존재하던 장애물인 외국어의 장벽은 급격하게 낮아질 것으로 예측된다.

예를 들어 현재에도 인지과학(認知科學, cognitive science)을 적용한 번역기나 통역기와 같은 기술과 기계가 실용적인 언어의 번역이나 통역이 담당했던 영역을 잠식하고 있으며, 이러한 미래 기술이 생산해 낸 번역이나 통역의 완성도는 가까운 시일 내에 빠르게 향상될 것으로 예측된다. 이에 따라 외국어 의사소통 능력 함양과 같은 실용적인 차원의 언어 학습 필요성이나 요구는 감소할 수밖에 없을 것이며, 같은 맥락에서 실용적인 차원의 언어능력 함양에 초점이 맞추어져 있는 일반 목적 한국어교육과 같은 기능적인 교육 분야는 새로운 도전에 직면하게 될 것이다.

더구나 우리 인류는 세계화라는 추세뿐만 아니라 산업 기술의 총화라고 할 수 있는 미디어(media, 媒體)의 발달에 따라 이전 세대와는 전혀 다른 미디어 환경 속에서 살고 있다. 즉 언어로 통칭할 수 있는 이전 시대의 의사소통 수단이었던 말이나 문자와는 다른, 영상과 같은 복합 양식의 미디어나 컴퓨터 기반의 디지털 미디어가 우리의 삶을 지배하고 있다. 그리고 이러한 미디어가 만들어 낸 생산물은 이전 시대에 인류가 만들어 낸 유산(遺産)인 문화(culture)로 자리를 잡아 가고 있다. 이에 따라 새로운 지구 언어 생태계에서는 미디어라는 의사소통 수단과 미디어가 만들어 낸 새로운 문화를 배제할 수 없는 상황에 이르렀다.

이와 같은 언어 생태계의 위기는 새로운 도약과 재정립의 기회가 될 수도 있다. 즉 보편성을 추구하는 시대에 생존하기 위해서는 특성화와 차별화가 경쟁력이 될 수 있기 때문에, 세계화의 시대에는 지역적 특수성이 강조될 수 있다. 이러한 측면에서 지역화(localization), 세방화(glocalization)라는 개념이 제안되기도 했다. 또한 세계화와 다문화 시대에 언어와 문화는 서로 다른 차이를 확인하는 준거이기도 하지만, 인류의 소통과 화합을 매개하는 역할도 한다. 이러한 점은 '유럽 평의회(Council of Europe, CoE)'가 「지방 언어 및 소수 언어를 위한 유럽 헌장」(1992), 「언어학습 교수 평가를 위한 유럽공통참조기준」(2001) 등을 통해서 밝힌 언어의 다양성을 존중하는 정책에서 확인할 수 있다.

이 글은 보편화를 지향(指向)하고 있는 세계사적 흐름 속에서 언어와 문화의 다양성과 특수성이 존중되어야 한다는 점을 전제로 하고 있다. 아울러 이러한 지구 언어 생태계의 변화 속에서 각 민족과 국가의 정체성과 문화적 표상으로서의 언어 문화적 다양성에 주목해서 (한)국어와 (한)국어 교육의 미래를 논의하려고 한다. 특히 보수적인 국가주의적 시각에서 자국어로서의 국어교육과 외국어로서의 한국어교육이 같이 발전할 수 있는 가능성을 찾아보고, 이를 바탕으로 (한)국어교육의 생태계를 확장할 수 있는 영역과 그 방법에 대해서 알아보고자 한다.

2. 문식성 측면에서 본 (한)국어교육의 생태계

2-1. 문식성 논의의 발전

문식성이라는 용어는 19세기 공공교육의 장(場)에서 사용되기 시작하였다. 이후 1951년 유네스코(UNESCO) '교육통계표준화전문가위원회(The Expert Committee on Standardization of Educational Statistics)'는 문식성을 '자신의 일상생활에 관한 짧은 간단한 문장을 이해하며 읽고 쓸 수 있는 능력'으로 규정하였다. 이후 문식성 논의는 이러한 개념의 기능적 문식성을 넘어 문화적 문식성, 매체(미디어) 문식성, 비판적 문식성 등으로 그 영역을 확장하였다(윤여탁, 2015). 바튼(D. Barton)은 이와 같은 문식성의 논의를 기능 담론과 문학적 담론으로 정리해서 설명하고 있다.

> 나는 읽기와 쓰기 학습에 대한 **기능 담론**(skills discourse)과 문학과 문화에 대한 엘리트적 관점과 관련된 **문학적 담론**(literary discourse)이라는 두 가지 변별적인 담화들을 살펴볼 것이다. 일반적으로 문식성에 대한 대중적인 논의는 기능 담론과 문학적 담론으로 이루어진다. 이들은 강력한 관점이며, 매우 일반적으로 행하여지며, 읽기와 쓰기, 그리고 학교에서 해야 할 일에 대한 미디어의 인식을 드러낸다. 그리고 다양한 사회적 제도에 의

해 유지되고 조장된다(강조: 번역 원문)(D. Barton, 2014, 250).

이러한 문식성 개념은 1950년대부터 유네스코가 중심이 되어 읽기와 쓰기에 초점을 맞추어 문맹 퇴치 차원에서 본격적으로 논의하기 시작했으며, 특히 이러한 기능적 문식성 개발 프로그램은 국가의 경제 개발이라는 근대화 정책의 일환이었던 노동 인력과 인재 양성이라는 고용 정책과 맞물려서 추진되었다. 그러나 세계 어느 곳에서나 보편적으로 적용가능하다고 여겨졌던 초기의 문식성 개발 프로그램은 성공적이지만은 못했으며, 이후 다양한 관점에서의 문식성 개발 프로그램이 제안되었다(D. Barton, 2014, 294-297; 윤여탁, 2016, 159-163).

한 예로 비정부 조직인 '액션에이드(ActionAid)'가 성인에게 읽기와 쓰기를 가르치기 위해 프레이리(P. Freire)의 접근 방식을 수용하여 개발한 문식성 프로그램에서 문식성의 정치적, 이념적 지향을 확인할 수 있다. 이들이 표방한 'REFLECT(Regenerated Freirean Literacy Through Empowering Community Technique: 공동체 기술의 권한 부여를 통한 프레이리 문식성 교육의 적용)'의 목적은 지역 개발을 활성화하는 데에 보다 많은 노력을 기울이면서 문식성과 수리력 지도를 통합하고, 공동체의 사회적이고 정치적인 관심을 추구하는 것이었다. 같은 맥락에서 미국의 비정부 조직인 '세계 교육(World Education)'은 문식성과 수리력 계발에 대한 통합적인 접근 방식을 택하여, 아프리카와 아시아에 문식성 개발 프로젝트를 지원하고 있다(D. Barton, 2014, 297).

2-2. (한)국어교육의 과제: 기능적 문식성 교육 넘어서기

인공지능과 빅 데이터 기술이 언어 생태계로 그 영역을 확장하면서 언어의 기능적인 사용은 새로운 도전에 직면하게 될 것으로 예측된다. 즉 의사소통 능력 함양과 같은 기능적인 문식성 교육은 위기를 맞게 될 것이기 때문에 이를 극복하려는 노력[1]이 요구되고 있다. 특히 이와 같은 새로운 언어 생태계에서 그동안 기능적인 언어 사용을 중요시했던 외국어로서의 한국어교육은 미래의 과학기술이 던져 주는 문제들을 해결하기 위해 노력해야 한다. 예를 들면, (한)국어교육은 기능적인 의사소통 능력 함양보다는 통합적인 의사소통 능력 함양을 지향해야 하고, 이에 따라 외국어로서의 한국어교육도 일반목적 한국어교육 중심에서 특수목적 한국어교육으로 방향을 전환하여 학문으로서의 전문성과 정체성을 강화할 필요가 있다.

문화적 문식성으로서의 문학 능력

먼저 기능적 문식성을 극복하기 위한 대안(代案)으로 문화적 문식성 개념이 논의되었다. 비교적 이른 시기부터 보수적인 교육자들뿐만 아니라 진보적인 교육자들도 문화적 문식성 개념을 적극적으로 도입(윤여탁, 2015, 540-544)하면서, 다양한 관점에서 그 실천 방안을 논의하였다. 이러한 맥락에서 언어의 정서적, 창조적 실현태인 문학 작품을 이해하고 감상할 뿐만 아니라 창작하여 자신의 생각이나 느낌을 표현할 수 있는 능력으로서의 문화 문식성도 논의되었다. 즉 문화적 문식성으로서의 문학 능력을 통해서 인류의 문화적 유산이자 예술로서의 문학뿐만 아니라 현실적인 문화의 산물인 대중문학 등을 두루 향유할 수 있어야 한다는 것이다.

이러한 관점에서 통시적으로는 예술로서의 문학, 문화적 전통으로서

1 '미국영어교사협회[NCTE(National Council of Teachers of English)]'의 「21세기 문식성 정의(The Definition of 21st Century Literacies)」나 미국의 교육정책의 하나인 「공통핵심국가기준(CCSS, Common Core State Standards)」의 '영어와 역사/사회 연구, 과학과 기술적 주제에 대한 문식성을 위한 공통핵심국가기준(Common Core State Standards for English Language Arts & Literacy in History/Social Studies, Science, and Technical Subjects)' 등에서도 이러한 내용을 확인할 수 있다(윤여탁, 2016, 159-161).

의 고급 문학과 공시적으로는 일상적인 현실 문학, 문화적 소통으로서의 대중문학/통속문학/의사(疑似) 문학 등이 문화의 범주에서 논의될 수 있다. 그리고 예술로서의 문화와 현실로서의 문화 모두 학습자들이 습득해야 할 문화 대상이다. 좀 다르게 설명하면, 문화적 문식성은 수직적 범주로서의 전통문화와 수평적 범주로서의 현실문화를 종합적으로 창조/수용하는 능력이다(윤여탁, 2016, 166).

미디어 문식성의 중요성

다음으로 현대사회 기술의 진보에 따라 빠르게 발전하고 있는 미디어와 미디어 생산물을 다룰 수 있는 능력이 중요해지고 있다. 그리고 미디어가 중요한 의사소통 수단과 내용으로 자리를 잡게 되면서, 국어교육에서도 문자 언어를 읽고 쓸 수 있는 능력으로서의 문식성뿐만 아니라 미디어를 수단과 내용으로 하는 미디어 문식성이 새로운 쟁점으로 부각되고 있다. 이러한 맥락에서 국어교육 차원에서 다루어야 하는 미디어 문식성의 세 가지 층위를, 언어적 측면에서 복합 양식 문식성, 문화적 측면에서 문화적 문식성, 성찰적 측면에서 비판적 문식성으로 나누어 설명(윤여탁 외, 2008, 24-44)한 바 있다.

그리고 '뉴 런던그룹(The New London Group)'[2]의 다중문식성(multiliteracy)이나 지(J. P. Gee), 랭크셔와 노벨(C. Lankshear & M. Knobel) 등의 신문식성(new literacy)(윤여탁, 2018b)도 현대사회의 새로운 의사소통 방식인 미디어를 사

---

2 'The New London Group' is a group of ten academics[Courtney Cazden(USA), Bill Cope (Australia), Norman Fairclough(UK), James Gee(USA), Mary Kalantzis(Australia), Gunther Kress(UK), Allan Luke(Australia), Carman Luke(Australia), Sarah Michaels(USA), Martin Nakata(Australia): 필자 주] who met at New London, New Hampshire, in the United States in September 1994, to develop a new literacy pedagogy that would serve concerns facing educators as the existing literacy pedagogy did not meet the learning needs of students.
(https://en.wikipedia.org/wiki/Multiliteracy, 2018. 7. 12)

용하는 능력을 포함하고 있는 문식성 개념이다. 즉 이 개념들은 미디어 문식성(media literacy), 디지털 문식성(digital literacy), 복합 양식 문식성(multimodal literacy) 등과 공통분모를 가지고 있다.[3] 또한 이 개념들은 기술적인 것(technical stuff)일 뿐만 아니라 정신적인 것(ethos stuff)을 포함하고 있어서, 기술이나 기법의 차원을 넘어서 인간의 사고방식(mindset)과 밀접하게 관련되어 있다(P. Freire & D. Macedo, 1987; J. P. Gee, 2015, 77-89).

억압받는 자들을 위한 문식성

이 외에도 억압받는 자들을 위한 문식성 교육에 대해 관심을 가져야 한다. 대표적인 예로, 국내에서는 다문화 가족, 외국인 노동자, 도시빈민이나 저소득자, 성소수자 등 소외계층을 위한 문식성 교육을, 국외에서는 후진국이나 개발도상국의 문맹 퇴치 운동의 차원에서 실시되는 문식성 교육을 들 수 있다. 이러한 문식성 개념은 진보적인 교육자들의 비판적 문식성과도 맥락을 같이하는 것으로, 사회정의(social justice)와 민주주의, 평등을 실현하는 것을 목적으로 하는 프레이리(P. Freire)의 '해방 문해(해방 문식성: 필자 주)'의 관점과도 일맥상통한다.

> 민주 사회 건설을 위해서 교육자 및 정치 지도자들은 새로운 교육 실천(praxis)에 근거한 학교를 재창조해야 한다. 또한 전체 사회 개혁을 아우를 수 있는 교육 철학을 천명해야 한다. (중략) 문해(文解, literacy: 필자 주)는 억압받는 사람들의 문화자본에 대한 비판적인 성찰에 토대를 두고 있다. 문해는 억압받고 있는 사람들이 자신의 역사와 문화, 그리고 언어를 회복하고 주체적으로 향유하며 살기 위한 방법이 되었다(P. Freire & D. Macedo, 2014,

3 다중문식성의 개념과 이론은 이른 시기에 소개(최인자, 2002)되었지만 이후 논의는 진전되지 않았으며, 중요한 개념의 하나인 미디어 문식성은 여러 연구자들에 의해 비교적 활발하게 논의되었다.

158-160).

이와 같은 맥락에서 외국어로서의 한국어교육도 문맹 퇴치 운동의 관점에서 '외국어교육'에 초점을 맞추어 방법을 모색할 수 있다. 즉 국내외에서 성인이나 대학생들을 대상으로 하는 한국어교육과는 달리 외국의 초·중·고등학교에서 실시되는 제2외국어로서의 한국어교육에 대해서 관심을 가질 필요가 있다. 또한 유네스코나 국가기관의 사업뿐만 아니라 시민단체나 선교단체 등 비정부 기구(NGO, non-governmental organization)가 소외지역, 후진국이나 개발도상국에서 봉사 활동 차원에서 실시하는 한국어교육도 이러한 원칙 아래 실시될 수 있다. 그리고 후진국의 문맹 퇴치에 공헌한 사람이나 단체에 수상하는 '유네스코 세종대왕 문해상'[4]도 이 맥락에서 그 의미를 부여할 수 있다.

3. 변화하는 언어 생태계에서 (한)국어교육의 확장

3-1. 언어교육 차원의 (한)국어교육 활동

앞으로 언어 생태계가 급변할 것으로 예측되는 미래 사회에서는 기본적으로 문자나 말과 같은 언어적 범주로부터 문화, 미디어 등으로 (한)국어교육의 활동 영역을 확장해야 한다. 즉 언어뿐만 아니라 문화의 다양성과 미디어의 의사소통적 기능에 대한 교육을 (한)국어교육의 차원에서 실시해야 한다. 아울러 언어의 기능적 사용 측면도 이해교육을 넘어 표현

4 1989년 한국 정부가 유네스코에 제안해서 1990년부터 매년 '문해의 날'인 9월 8일에 국제 문맹 퇴치에 공헌한 기관이나 개인에게 수여하는 상임.

교육을 지향해야 한다. 이에 따라 기본적으로는 (한)국어 문식 활동을 읽기와 듣기와 같은 이해 활동뿐만 아니라, 쓰기나 말하기와 같은 표현교육 활동으로 확장해야 하며, 이러한 표현 활동을 통해서 학습자들의 정서적, 창의적, 비판적 사고 능력을 신장시킬 수 있는 방법을 적극적으로 모색해야 한다.

언어교육의 특수성 1: 인간의 정서적 표현 활동

언어교육의 중요한 내용이자 대상인 문학 작품은 인간의 감정이나 정서를 형상화한 예술이다. 소설이나 희곡의 경우에는 인간의 감정이나 정서를 직접 서술하기도 하지만, 시의 경우에는 이미지, 비유, 상징, 리듬을 활용해 이를 간접화해서 표현한다. 특히 시와 같은 서정적인 장르에서는 감정과 정서를 구별해서 문학적으로 형상화된 감정을 정서라고 명명하기도 한다. 이와 같이 서정시(抒情詩)는 인간의 정서를 표현한 문학 갈래이며, 이러한 서정시에서 시인은 시에 표현한 대상을 통해서 자신의 정서와 사상을 표현한다. 그렇기 때문에 시에 형상화된 자연 대상은 자연 자체이거나 단순히 경치를 서술[敍景]만 하는 것이 아니라, 시인의 정서와 사상을 표현한 시적 형상이다(윤여탁, 2018a, 120).

이러한 맥락에서 문학교육은 언어의 정서적 이해와 표현에 초점을 맞추어 이루어지는 교수-학습 활동으로, 기능적 언어교육의 한계를 극복하는 대안이 될 수 있다. (한)국어교육에서 활용되는 문학은 언어교육의 가능성을 확장할 수 있는 중요한 정서적 텍스트이다. 즉 학습자들은 자신의 체험이나 정서를 바탕으로 문학과 같은 정서적인 텍스트를 이해하고 감상하게 된다(윤여탁, 2017, 263-271). 예를 들면 학습자들은 시의 화자가 되어 시적 세계에 감정이입(感情移入)하거나 소설의 주인공이나 등장인물이 되어 이야기의 흐름을 따라가면서 작품을 읽어야 한다. 그 이유는 일차적으로 감정이나 정서를 표현한 문학에 정서적인 차원에서 접근할 수 있어야 그 다음 단계인 문학의 세계에 도달할 수 있기 때문이다.

언어교육의 특수성 2: 인간의 비판적 사고교육 활동

프레이리(P. Freire)와 더불어 대표적인 비판교육 이론가인 지루(H. Giroux)는 문식성의 개념을 비판적으로 읽고 쓰는 능력으로 확장하였다. 그는 진정한 문식성은 위에서 아래로 내리먹이는 식의 권위적 구조가 사라진 사회관계와 대화를 포함하며, 지금 이 역사적 순간에서의 문식 활동은 비판적 의식이자 사회활동을 위한 기초라고 정의하였다. 즉 지루는 비판적 문식성이 그 정의와 목적, 실천, 정책의 측면에서, 다른 사람의 과거와 현재 경험을 인식함으로써 참여자 자신들의 의식을 성찰하게 하고 참여자들이 직면한 사회적 불평등을 해체하는 행동으로 나아갈 수 있게 하는 것[5] (H. Giroux, 1993, 367-377)이라고 보았다.

이에 비하여 한국의 국어교육에서 비판적 문식성 또는 비판적 사고교육에 대한 논의는 실천, 주체성을 강조하는 방향에서 이루어졌지만, 여전히 비판적 읽기로부터 벗어나지 못하고 있다. 그 이유는 비판적 능력이 근본적으로 정치적이고 이데올로기적임에도 불구하고, 국어교육의 이해와 표현 활동에서는 교육의 정치성이나 이념성을 외면하고, 언어의 중립성을 강조하였기 때문이다. 특히 비판적 사고교육에 관한 논의가 상대적으로 수동적인 활동인 읽기(독서교육)나 듣기(화법교육) 영역에서 주로 이루어진 점도 이러한 한계를 벗어나기 어렵게 했다.

이제 (한)국어교육에서도 이러한 비판적 사고교육에 대한 문제 제기를 넘어 비판적 사고 능력을 기를 수 있는 교수-학습 방법을 구체적으로 마련해서 실천해야 한다. 즉 비판적 사고교육의 내용 측면에서는 새로운 미

5 Henry Giroux explained that critical literacy involves raising participants' consciousness by making them aware of others' experiences(current and past), causing them to take action to confront and dismantle inequity in literacy definitions, purposes, practices, and policies.

디어를 대상으로 하는 미디어 문식성을 신장시키고, 비판적 사고교육의 활동 측면에서는 쓰기나 말하기와 같은 표현교육 활동을 통해서 비판적 사고 능력을 신장시킬 수 있는 방법을 모색할 수 있을 것이다. 아울러 같은 맥락에서 창의성이나 창의적 능력을 기르는 사고교육이라는 교육의 과제도 적극적으로 고려해야 한다(윤여탁, 2015, 552–553; 윤여탁, 2016, 167–169).

3-2. 문화교육 차원의 (한)국어교육 담론

문화교육의 상대성 1: 한국 사회 내의 다문화주의(multiculturalism)

한국 사회가 다문화사회가 되었다는 점은 부인할 수 없는 현실이 되었다.[6] 이러한 다문화사회에서 문화적 다양성을 인정하는 정책이 교육의 장에서 적용되고 있는 원칙과 실천을 다문화교육이라고 한다. 다문화교육은 기본적으로 교육자들이 인종(race), 종교, 문화, 언어, 민족(nation)의 다양성과 관련해서 발생하는 교육 문제를 최소화하고, 다양성이 제공하는 교육의 가능성과 기회, 성취를 극대화하는 것을 목표로 한다. 이 외에도 다문화교육은 성(gender), 장애(disabilities), 사회계층(social class)과 같은 불평등으로부터 생기는 교육 문제도 포함한다(J. A. Banks, 2008, 1–7). 아울러 다문화주의는 소수민의 교육 기회를 극대화하는 대안뿐만 아니라 다수자의 소수자에 대한 이해와 배려를 지향한다.

특히 현대사회에서의 언어문화교육은 진보적 관점에서의 다문화주의를 적용해야 하는데, 이러한 진보적 관점에서의 다문화주의는 사회 · 문

6 2020년 9월 말 현재 체류외국인은 2,100,436명으로, 국적별로는 중국 932,503명, 베트남 213,048명, 태국 185,956명, 미국 145,999명, 우즈베키스탄 68,026명, 러시아 52,156명, 필리핀 51,136명, 몽골 43,999명 등의 순서이다.
출입국 · 외국인정책본부, 『출입국 · 외국인정책 통계월보』
(http://viewer.moj.go.kr/skin/doc.html?rs=/result/bbs/227&fn=temp_1605766577032100)

화적 맥락에서 언어와 지식, 기술과 능력을 습득할 뿐만 아니라 경제적 번영, 더 많은 평등에 기초하는 사회적 정의와 효과적인 민주주의를 성취하는 것을 목표로 한다. 즉 언어교육의 시각을 문화교육의 영역으로까지 확대하는 다문화주의적인 교육은 자신과는 다른 언어나 문화에 대한 앎이나 이해의 수준을 넘어 사회 · 문화적 맥락에서 이를 실천하고, 비판적인 관점에서 지양(止揚)과 지향을 선택해서 실천하도록 해야 한다.

궁극적으로 다문화교육은 서로 다른 문화에 대한 상호 이해와 협력을 바탕으로 모두가 평화롭게 살아갈 수 있는 실천 능력을 길러 주는 것이어야 한다. 아울러 다문화교육은 문화적으로 소수자의 문제만이 아니라 다수자의 문제이기도 하다는 점을 명심해야 한다. 특히 (한)국어교육에서 다문화교육은 '외국인'이나 '다문화 가족'으로 대표되는 타자(他者)와 소수자에 대한 배려를 넘어 다수자인 '자국민'의 이해가 무엇보다 중요하며, 이러한 맥락에서 문화적 앎과 이해를 사회 · 문화적으로 수행하고 비판적으로 사고하면서 실천하는 능력을 기를 수 있도록 해야 한다.

문화교육의 상대성 2: 국제 관계에서 상호문화주의(interculturalism)[7]

비국식 "다문화주의와는 근본적으로 다른 철학적 · 역사적 전통"(M. Abdallah-Pretceille, 2010, 59)에서 출발하고 있는 유럽의 상호문화주의는, 그동안 (한)국어교육에서 문화 간 차이와 개별성에 주목했던 경향과 맥락을 같이한다. 특히 외국어로서의 한국어교육은 학습자의 목표 언어의 문화와 모어(母語) 문화 사이에 존재하는 문화 간 차이에 대한 이해뿐만 아니라 학습자들이 자신의 문화와 목표 언어의 문화에 대한 정체성을 형성하는

7 계몽주의의 영향을 받은 상호문화주의는 개인을 소속집단의 산물이 아니라 그 집단의 주체, 생산자, 행위자로 본다. 타인도 그의 문화나 소속집단을 기준으로 보지 않고 그냥 개인 그 자체로 본다. 이런 개인 중시는 상호문화주의를 다문화주의와 근본적으로 구별시킨다(장한업, 2014, 119).

것을 목표로 한다. 그리고 한국어교육에서 문화교육은 이러한 문화에 대한 이해와 정체성을 언어교육의 실천 현장에 적용할 수 있는 문화 능력을 길러 주는 것이다. 이러한 측면에서 (한)국어교육에서 문화교육은 다음과 같은 상호문화교육의 관점과 맥락을 같이한다.

> (상호문화교육의: 필자 주) 목적은 타인의 문화를 배우는 것이 아니라 타인과의 만남을 배우는 데 있다. 다시 말해 타인을 특수한 존재, 보편적인 존재로 인정하는 데 있다. 주목해야 하는 것은 사물 · 사람 · 사실의 특성이 아니라 그들이 보는 방식, 그들의 표현과 표상이다. 타인의 특성과 특징은 '나'의 반영일 뿐이다. (중략)
>
> 상호문화주의는 보편적인 것과 특수한 것 사이에 존재하는 늘 불안정한 균형을 전제로 한다. 예컨대 그의 국적이나 문화와 상관없이 이방인을 만난다는 것은 외국인을 만나는 것인가 아니면 외국 국적을 자신의 특징 중 하나로 여기는 사람을 만나는 것인가? 달리 말하면 주체를 정의하는 것은 특수성인가 아니면 보편성인가? 그 대답에 따라 문화주의자와 상호문화주의자로 분류된다(M. Abdallah-Pretceille, 2010, 77-78).

3-3. 미래 지향적인 (한)국어교육 영역

다중문식성(The New London Group, 1996) **또는 신문식성**(C. Lankshear and M. Knobel, 2006)

다중문식성이라는 개념은 현대사회 언어, 문화의 다양성과 미디어와 같은 새로운 산업 기술의 산물들이 통합적으로 작용하는 복합 양식적인 의사소통 능력을 강조하는 언어적 접근법에 근거한 문식성의 교육적 시도이다. 그리고 다중문식성은 신문식성으로 명명되기도 하는 용어로, 코프와 칼란트지(B. Cope and M. Kalantzis)는 다중문식성의 개념을 '다중문식

성: 신문식성, 새로운 학습(Multiliteracies: New Literacies, New Learning)'이라는 논문 제목으로 압축해서 설명하였다. 또한 이들은 다중문식성이 의사소통 능력과 학습의 사회적, 기술적 맥락을 극적으로 변화시키고, 교육적 맥락에서의 의사소통이나 표현과 관련된 언어를 개발하고, 우리 시대를 위한 적절한 문식성 교육의 문제를 해결해 준다(B. Cope and M. Kalantzis, 2009, 164)고 주장하였다.

이처럼 다중문식성의 개념을 도입한 '뉴 런던그룹'과 같은 이론가들은, 학생들이 일상생활에서 현대사회의 다양한 언어 및 문화적 차이를 알게 하는 것이 언어교육의 핵심이라고 강조함으로써 전통적인 문식성 개념의 한계를 극복하고 있다. 아울러 이들은 다중문식성을 교육에 적용하면 학생들이 문식성 학습을 통해서 두 가지 목표(진화하는 언어적 저작이나 권력, 커뮤니티에 접근할 수 있고, 취업을 통해 사회적 미래를 설계하여 성공에 이를 수 있는 비판적 참여를 촉진하는 것)를 달성할 수 있다고 주장하였다(The New London Group, 1996, 60).

그리고 굳이 이러한 개념이나 주장에 근거하지 않더라도 미래 사회에는 미디어 등이 중요한 역할을 할 것이고, 미래 사회에서 이러한 기술의 진보를 따라가지 못하는 사람들은 도태될 수밖에 없을 것이다. 더구나 앞으로 이러한 기술의 진보는 예측하기 어려울 정도로 빨라질 것이기 때문에, 미래 교육 역시 이러한 사회에 적응할 수 있는 능력을 갖춘 사람을 기를 수 있는 교육 전략이나 대안을 서둘러서 마련해야 한다.

학교교육을 넘어 평생교육(平生教育)으로

현대 의학의 발달과 사회보장제도의 확대에 따라 현대사회는 빠르게 고령화사회로 변해 가고 있다. 이에 따라 현대사회 교육도 일상생활과 고용, 취업을 위한 학교교육을 넘어 후생과 행복, 복지의 차원에서 실시되는 평생교육[8]에 관심을 가져야 한다. 그리고 이러한 현대의 사회적, 시대적 요구의 강도는 더욱 거세질 것으로 예측되고 있기 때문에, (한)국어교육도 이러한 차원에서 수행할 수 있는 교육적 대안과 방법을 적극적으로 모색해서 실천해야 한다.

그 구체적인 방향은 평생교육 프로그램을 적극적으로 계발 · 개발하여 지역사회를 중심으로 해서 실천하는 것으로, 최근 정부기관이나 지방자치단체 등 다양한 기관에서 실시하고 있는 성인 문해교육 프로그램, 성인 미디어(컴퓨터) 교육, 다문화 한국어 교실, 문화대학의 교양강좌나 K-MOOC 등의 공개강좌 프로그램을 예로 들 수 있다. 그리고 이러한 평생교육 프로그램의 필요성에 대한 사회적 요구는 앞으로 각계각층에서 더욱 다양하게 표출될 것이기 때문에, 이 분야의 교육적 개척 가능성과 발전 잠재력은 무한대로 열려 있다고 할 수 있다.

4. (한)국어교육의 미래를 위하여

자국어교육의 중요성

인간의 언어능력은 단순한 기능을 넘어서는 차원에서 통합적으로 실현된다. 즉 인간의 언어능력은 앞에서 이야기된 바와 같이 문화, 사고, 예술 등과 밀접하게 관련되어 있으며, 이러한 본질들이 통합적으로 작용하여 나타나게 된다. 주로 자국어 능력에 초점을 맞춘 논의지만, 외국어 사용 능력에서도 이와 크게 다르지 않다. 그래서 대체로 정서적 감수성이 예민한 사람이 정서적 감응 능력을 잘 보여 주며, 언어능력이나 감수성이 뛰어난 사람이 언어를 잘 이해하고 표현한다. 특히 학습 적령기에 습득한

8 '평생교육'이란 학교의 정규교육과정을 제외한 학력보완교육, 성인 문자해득교육, 직업능력 향상교육, 인문교양교육, 문화예술교육, 시민참여교육 등을 포함하는 모든 형태의 조직적인 교육활동을 말한다(『평생교육법』 제2조 1항).

또는 학습한 자국어 능력이 중요하며, 이러한 자국어 능력은 외국어 학습에도 효과적으로 기능하고 작용한다. 좀 과장해서 이야기하면, 외국어 능력은 일정 부분 자국어 능력과 비례한다.

더구나 현재와 미래의 기술은 실용적인 외국어의 사용이나 의사소통의 영역에서 더 많은 역할을 담당할 것이다. 이에 따라 앞으로 전문적이고 특수한 영역이나 지역의 언어 사용이 아닌 실용적인 차원의 외국어 학습 필요성은 약화될 수밖에 없을 것이다. 이에 비하여 이러한 미래 기술 발전의 기초가 되는 자국어에 대한 연구나 자국어 능력은 더욱 중요해질 것이다. 이와 같은 맥락에서 미래의 (한)국어교육은 외국어로서의 한국어도 중요하지만 자국어로서의 한국어교육 역량을 개발하고 발전시킬 수 있도록 노력해야 하며, 이러한 노력을 통해서 수많은 언어들이 소멸될 것으로 예측되는 미래에도 한국어를 지켜 낼 수 있을 것이다.

분리해서 생각할 수 없는 언어와 문화

세계적인 언어학자나 언어교육자들은 언어 학습에서 의사소통 능력뿐만 아니라 학습하고자 하는 목표 언어의 문화를 학습하고 습득해야 함을 강조하고 있다. 즉 모든 언어 사용에서 언어와 문화를 분리할 수 없는 것으로 보았으며, 자국어교육에서뿐만 아니라 외국어교육에서도 언어와 문화는 분리할 수 없다고 설명하고 있다. 대표적인 예로 브라운(H. D. Brown)은 외국어교육에서 언어와 문화, 언어교육과 문화교육의 문제를 다음과 같이 설명하고 있다.

> 언어는 문화의 일부분이며, 또한 문화는 언어의 일부분이다. 즉 이 둘은 밀접하게 얽혀 있어서 언어든 문화든 그 중요성을 잃지 않으면서 둘을 떼어 낼 수는 없다. 특수한 도구적 학습(말하자면, 학문적인 원문을 연구하기 위해 한 언어의 독해력만을 습득하는 경우처럼)을 제외하면, 제2언어 습득은 또한 제2

문화의 습득이기도 하다(H. D. Brown, 2005, 207).

미래를 위한 미디어 교육

인류가 오래전부터 사용하면서 창조했던 언어, 문학, 예술 등이 문화이듯이, 현대사회의 인간들이 만든 미디어의 생산물들 역시 현대의 문화이다. 그것이 대중문화든지 현실문화든지 말이다. 더구나 그동안은 대기업들이 미디어나 대중문화를 지배하고 경영했지만, 최근에는 SNS(Social Network Services), 1인 미디어 등 개인 미디어 활동의 영향력이 폭발적으로 증대되면서 명실공히 미디어의 홍수 속에서 살고 있다. 그렇기 때문에 우리 인류들은 이미, 아니 앞으로도 미디어의 영향력으로부터 자유롭지 못할 것이며, 그 발전의 종말을 예측할 수 없는 미디어라는 인간의 새로운 창조물과 협상하면서 조화를 추구하는 삶을 살아야 할 것이다.

그리고 현재에도 그렇지만 미래 사회에서 미디어는 (한)국어교육의 중요한 자리를 차지할 것이기 때문에, 국가의 교육과정이나 외국어 정책 역시 이러한 현실을 적극적으로 반영해서 설계해야 한다. 다만 인간의 삶을 영위하는 데 필요한 것을 가르치는 모든 행위가 교육이라는 점을 명심하면서 미디어라는 기술문명과의 행복한 조화를 추구할 수 있도록 기획해야 한다. 아울러 현대 문명과의 이러한 화해를 거부하거나 늦추려는(?) 사람들의 노력 역시 인간이라는 생명체의 소중하고 존중해야 할 생태학적 노력이라는 점도 기억하면서 말이다.

참고문헌

윤여탁(2013), 「다문화 사회의 문식성 신장을 위한 한국어교육의 전략: 문학교육의 관점을 중심으로」, 『새국어교육』 94, 한국국어교육학회.

윤여탁(2015), 「한국에서의 문식성 교육의 반성과 전망」, 『국어교육연구』 36, 서울대학교 국어교육연구소.

윤여탁(2016), 「문학 문식성의 본질, 그 가능성을 위하여: 문화, 창의성, 정의(情意)를 중심으로」, 『문학교육학』 51, 한국문학교육학회.

윤여탁(2017), 「시 교육에서 학습 독자의 경험과 정의에 관한 연구」, 『국어교육연구』 39, 서울대학교 국어교육연구소.

윤여탁(2018a), 「국어교육의 융복합적 특성과 문식성」, 『국어교육학연구』 53-1, 국어교육학회.

윤여탁(2018b), 「다중언어문화 한국어 학습자의 문식성 교육」, 『국어교육연구소 국제학술회의 자료집』, 서울대학교 국어교육연구소.

윤여탁 외(2008), 『매체언어와 국어교육』, 서울대학교 출판부.

장한업(2014), 『이제는 상호문화교육이다: 다문화 사회의 교육적 대안』, 교육과학사.

최인자(2002), 「다중 문식성과 언어문화교육」, 『국어교육』 109, 한국어교육학회.

Abdallah-Pretceille, M., *L'éducation interculturelle*, 장한업 옮김(2010), 『유럽의 상호문화교육: 다문화 사회의 새로운 교육적 대안』, 한울.

Banks J. A., *An Introduction to Multicultural Education*, 모경환 외 공역(2008), 『수정판 다문화교육 입문』, 아카데미프레스.

Barton D., *Literacy: An Introduction to the Ecology of Written Language*, 김영란 · 옥현진 · 서수현 옮김(2014), 『문식성: 문자 언어 생태학 개론』, 연세대학교 대학출판문화원.

Brown, H. D., *Principles of Language Learning and Teaching*, 이흥수 외 공역(2005), 『외국어 학습·교수의 원리』, Pearson Education Korea.

Cope B., Kalantzis M. ed.(2000), *Multiliteracies: Literacy Learning and the*

Design of Social Futures, Routledge.

Cope B. and Kalantzis M.(2006), "From Literacies to 'Multiliteracies': Learning to Mean in the New Communications Environment", *English Studies in Africa*, 49–1.

Cope B. and Kalantzis M.(2009), "'Multiliteracies': New Literacies, New Learning", *Pedagogies: An International Journal* 4–3.

Cummins J.(2009), "Transformative Multiliteracies Pedagogy: School–based Strategies for Closing the Achievement", *Multiple Voices for Ethnically Diverse Exceptional Learners* 11–2.

Freire, P. & Macedo, D., *Literacy: Reading the Word and the World*, 허준 옮김(2014), 문해교육: 파울로 프레이리의 글 읽기와 세계 읽기, 학이시습.

Gee J. P.(2009), Reflections on Reading Cope and Kalantzis, "'Multiliteracies': New Literacies, New Learning", *Pedagogies: An International Journal* 4–3.

Gee J. P.(2015), *Social Linguistics and Literacies: Ideology in Discourses*(5th ed.), Routledge.

Giroux H.(1993), "Literacy and the politics of difference", C. Lankshear & P. L. McLaren(ed)(Foreword by Maxine Greene), *Critical Literacy: politics, praxis, and the postmodern*, State University of New York Press.

Jung Ji–Young et al.(2018), "Cultivating Intercultural Competence Through a Pedagogy of Multiliteracies", 2018 AATK Annual Conference Presentation File.

(http://www.jstor.org/stable/10.5325/korelangamer.21.2.0154)

Lankshear C. & Knobel M.(2006), *New Literacy: Everyday Practices and Classroom Learning*(2nd ed.), Open University Press.

The New London Group(1996), "A Pedagogy of Multiliteracies: Designing Social Futures", *Harvard Educational Review,* 66–1.

https://en.wikipedia.org/wiki/Multiliteracy

출입국 · 외국인정책본부(2020),『출입국 · 외국인정책 통계월보』
(http://viewer.moj.go.kr/skin/doc.html?rs=/result/bbs/227&fn=temp_16057665
77032100)

2부

한국어교육에서 다문화교육과 문식성

1. 문화, 다문화, 다문화교육

문화(文化, culture)라는 용어는 문식성과 더불어 우리의 일상적, 학문적 담론(談論, discourse)에서 중요한 자리를 차지하고 있다. 어떤 개념어의 앞뒤에 문화나 문식성이라는 용어를 붙여서 생성해 내는 수많은 개념들은 이 두 개념의 포괄성과 다양성을 짐작하게 한다. 이 중에서 문화는 수백 개의 정의가 조사될 정도로 그 개념이 포괄적이어서 명확하게 규정하기 어려운 용어이다.

일찍이 문화라는 개념은 근대의 물질적인 산물을 지칭하는 문명(文明, civilization)과 구별되는 예술적, 정신적 창조물을 규정하면서 시작되었으며, 19세기 말 영국의 인류학자 타일러(E. B. Tylor)는 "지식, 신념, 예술, 도덕, 법률, 습관 그리고 사회의 일원으로서 인간이 습득한 모든 능력들과 습관들을 포함하는 바로 그 복합적인 총체물"(S. Greenblatt, 1994, 292) 등과 같이 다양하게 정의되고 있다. 그리고 최근 우리 사회에서 쟁점으로 부각되고 있는 다문화(multiculture) 또는 다문화주의(multiculturalism)라는 개념 역시 매우 다양한 의미로 사용되고 있다. 세계화의 진전에 따라 이주(移住)

의 시대가 되면서 시작된 "이주 문제에 대한 적절한 해법을 모색하려는 시도"라는 좁은 의미에서 "현대사회가 평등한 문화적, 정치적 지위를 가진 상이한 문화집단을 끌어안을 수 있어야 한다는 믿음"(한경구, 2008, 89)이라는 넓은 의미까지 폭넓게 정의되고 있다.

어떻든지 다문화라는 개념은 단일 문화와 상대되는 것으로 다인종, 다민족이라는 사회 구성원의 다양성에 따른 문화의 차이를 인정하고 존중하는 사회적 인식이다. 민족이나 인종 외에도 다언어, 다종교와 같은 사회 · 문화적 특성 역시 다문화 현상을 생성하는 동인(動因)으로 작용한다. 이와 같은 다문화 개념을 국가의 문서와 공식적인 정책으로 채택한 것은 1950년 인도의 헌법이었다고 한다. 그러나 인도 다문화 정책이나 실천에 대해서는 잘 알려지지 않았고, 캐나다나 호주가 이민 정책을 추진하면서 법적, 정책적 차원에서 구체화하기 시작하였다.

이러한 다문화 정책의 대체적인 내용은 다음과 같다. 첫째 복수의 시민권을 인정하여 이중국적이 허용된다. 둘째 소수민의 언어를 정책적으로 지원한다. 셋째 소수민의 축제 · 축일 등을 정부가 지원한다. 넷째 학교 · 군대 · 사회 일반에서 전통적 복장이나 종교적 복장 등을 인정한다. 다섯째 소수민의 문화, 특히 음악과 미술 등을 지원한다. 이밖에 정치적 영역은 물론 과학 · 공학 · 기술 · 수학을 비롯하여 교육 일반 및 고용에서 소수민의 대표성을 증대시키는 프로그램을 수행하는 것이다. 이와 같은 다문화 정책은 초창기 용광로(melting pot) 정책에서 샐러드 그릇(salad bowl) 정책으로 전환되었다. 즉 초창기 미국은 동화(同化, assimilation, 동일시)의 다문화 정책을 시행하였으며, 이후 1970년대 캐나다와 호주에서 문화의 다양성과 차이성을 인정하는 모자이크(mosaic) 다문화 정책으로 발전되었다.

다문화교육(MCE, multicultural education)은 문화적 다양성을 인정하는 정책이 교육의 장(場)에 적용되어야 하는 원칙과 구체적인 실천의 문제이다.

즉 교육자들이 인종, 종교, 문화, 언어, 민족의 다양성과 관련된 교육 문제들을 최소화하고 다양성이 제공하는 교육의 가능성과 기회, 성취를 극대화할 수 있도록 하는 제반 사항들을 가리킨다. 이 외에도 다문화교육의 쟁점으로는 성(gender), 장애(disabilities), 사회계층(social class)과 같은 불평등으로부터 생기는 교육 문제도 포함된다.[J. A. Banks & C. A. McGee Banks(ed.), 2007; Matthew Kaplan & A. T. Miller(ed.), 2007] 그리고 다문화교육 정책은 소수민의 교육 기회를 극대화하는 대안뿐만 아니라 다수자의 소수자에 대한 이해와 배려의 정책을 포함한다.

이런 다문화교육의 목적은 다음과 같은 원칙 아래 시행된다. 첫째, 개인들로 하여금 다른 문화의 관점을 통해 자신의 문화를 바라보는 자기 이해를 증진시키는 것이다. 둘째, 학생들에게 문화적 · 민족적 · 언어적 대안들(alternatives)을 가르치는 것이다. 셋째, 모든 학생이 자(自)문화, 주류문화, 그리고 타문화가 공존하는 다문화사회에서 요구되는 지식과 기능, 태도를 습득하도록 하는 데 있다. 넷째, 소수 민족 집단이 그들의 인종적, 신체적, 문화적 특성 때문에 겪는 고통과 차별을 감소시키는 데 있다. 다섯째, 학생들이 전 지구적(global)이고 평평한(flat) 테크놀로지 세계에서 살아가는 데 필요한 읽기, 쓰기, 그리고 수리적 능력을 습득하도록 돕는 것이다. 여섯째, 학생들이 자신이 속한 문화 공동체, 국가적 시민 공동체, 지역문화, 그리고 전 지구적 공동체에서 제구실을 하는 데 필요한 지식, 태도, 기능을 다양한 인종, 문화, 언어, 종교 집단의 학생들이 습득하도록 도움을 주는 것(J. A. Banks, 2008, 2-8)이라고 정리되고 있다.

이 글에서는 이와 같은 다문화교육의 한국적 상황과 관련된 쟁점들에 대해서 논의를 진행하고자 한다. 특히 1990년대 이후 급격하게 다문화사회로 진입하고 있는 한국 사회의 문제들과 관련하여 제기되는 교육의 문제를 한국어교육이라는 맥락에서 그 양상과 층위, 교육 방법 및 내용의 다양성을 중심으로 살펴보고자 한다. 구체적으로는 문식성, 다문화 문식성이라는 개념을 재개념화하고, 이를 실천하기 위한 한국어 문학교육의 실제를 살펴볼 것이다. 이를 통해서 다문화교육으로서의 한국어교육의 이론과 실제를 진단하고, 그 전망을 이야기하고자 한다.

2. 다문화사회와 다문화교육

2-1. 다문화사회로서의 한국적 상황

이제 다문화 사회라는 문제는 전 세계적인 문제지만, 그동안에는 주로 서양을 중심으로 논의가 이루어졌다. 그 출발점에서부터 다문화사회였던 동양의 중국이나 인도에서의 논의보다는 미국이나 캐나다, 호주, 유럽에서 다문화의 문제가 사회적 문제로 부각되기 시작하여, 이들 국가를 중심으로 논의가 본격적으로 전개 · 발전하였다. 그리고 이 논의들이 아시아를 비롯하여 우리나라로 그 폭을 확대하고 있는 상황이다(안경식 외, 2008).

1960~70년대 미국의 시민권 운동으로 시작된 다문화 운동은 교육개혁 운동으로 전환되면서 본격적으로 다문화교육이라는 정책으로 나타나게 된다. 즉 미국 사회를 구성하고 있던 소수자인 흑인, 남미계 이민자(Hispanic), 아시아인 등의 인권 운동(civil rights movements)에서 출발하여 학교 개혁 운동으로 발전하였다.[1] 이후 1970년대 캐나다와 호주에서 이민 정책을 추진하면서 문화적 다양성을 인정하는 정책(예를 들면 cultural mosaic)이 추진되면서, 다문화사회와 다문화교육의 문제는 미주나 서구 사회의 문제라

1 1964년 흑인들의 권리 보장과 인종 차별 금지를 내용으로 하는 '공민권법'의 제정과 조지아 주 출신의 흑인인권운동가인 마틴 루터 킹(Martin Luther King) 목사의 노벨 평화상 수상이 그 상징적인 예이다.

는 제한적인 시각을 넘어 세계사적 문제로 부각되었다(J. A. Banks, 2008, 23-37; 장인실, 2006, 29-34; 오은순 외, 2007, 19-22). 유럽의 경우 유럽연합(EU, European Union)이라는 공동체로의 통합이 본격화되면서 각국의 민족, 언어, 종교, 문화의 독자성을 보존해야 하는 문제가 심각하게 제기되었다. 이에 따라 1949년 설립된 유럽 평의회(Council of Europe, CoE)가 중심이 되어 2000년 초에 '언어학습 교수 평가를 위한 유럽공통참조기준'(Council of Europe, 2001)을 채택하였다.

1990년대 이후 한국 사회도 이와 같은 다문화사회와 다문화교육 문제에 직면하게 되는데, 이 부분에서는 한국적 다문화사회의 양상을 중점적으로 살펴보고자 한다. 물론 우리 근대 이전의 역사에서도 다문화사회의 모습을 확인할 수 있다. 여진(女眞), 거란(契丹) 등 만주지역에 살았던 민족의 이민사와 이들이 살았던 함경도 일대의 정복사가 이에 해당한다. 근대사회에서는 1930년대까지 함경도 일대에 살았던 여진족[2]이나 일제 강점기에 한반도에 살았던 일본인들과의 삶도 같은 예이다. 현대에서는 1949년 중화인민공화국이 세워지면서 우리 땅으로 이주한 화교(華僑)들이 다문화사회의 한 구성원으로 자리하게 된다. 이 화교는 주로 명·청(明淸) 후반기에 세계적으로 뻗어나가 정착하였지만, 유독 한국에서만은 제대로 정착하지 못한 특별한 예이기도 하다.

현재 우리나라에는 210만 명의 외국인이 살고 있다.[3] 이들은 주로 결혼

2 1933년 조선총독부 조사에 의하면 함경도 북부의 부령, 회령, 종성, 은성, 경흥 등 5개 군에 545호 3,332명의 여진족들이 집단 부락을 이루고 살고 있었다. 그리고 김동환의 장편 서사시 「국경의 밤」에 나오는 '재가승(在家僧, 집중)'은 이 시기에 함경도에 살던 여진족의 다른 호칭이었다. 또 1957년 북한 민속학자들의 조사에 의하면, 부령에 241가구, 회령에 70가구, 유선에 156가구, 종성에 49가구, 경원에 65가구, 경흥에 70가구 등 1,031가구의 여진족이 거주하고 있다고 보고하고 있다(회령군민회 편, 1978, 206-208; 김열규, 1980).

이민자, 이주 노동자, 이주 노동자의 자녀, 유학생 등으로 정치, 사회, 경제적인 문제에서뿐만 아니라 다문화교육이라는 관점에서도 관심을 기울여야 할 대상이다. 이 외에도 국내 혼혈인,[4] 결혼 이민자의 배우자 및 가족, 새터민 등이 다문화교육 대상자로 포괄된다. 그리고 외국인 증가로 인해 다문화 정책을 추진해야 하는 이런 현상은 한국 현대사회가 산업화와 인구 억제 정책을 견지하면서 나타난 결혼 상대 여성 및 노동 인력의 부족이라는 문제로부터 시작되었다.

특히 최근에는 결혼 이민자 문제가 심각한 정치, 사회적 쟁점으로 떠오르고 있다. 이 결혼 이민자 문제는 1988년 통일교의 국제결혼 정책으로부터 본격화되었으며, 1990년대부터는 농촌 및 일부 도시민들의 결혼 상대자로 외국인 여성들이 한국 사회에 편입되게 된다. 그래서 2005년에는 전체 혼인 건수의 13.6%에 이른 이후 해마다 대략 10% 정도가 외국인과 결혼하는 상황이다. 지난 2020년을 기준으로 168,026명의 결혼 이민자들이 등록했으며, 국적도 중국(재중동포 포함), 베트남, 일본, 필리핀, 태국, 캄보디아 등의 순으로 다양화되고 있다(출입국 · 외국인정책본부, 2020, 29).

이주 노동자의 문제 역시 한국 현대의 다문화사회적 양상을 보여주는 좋은 예이다. 1991년 노동력 부족을 해결하기 위해서 시작된 외국인 산업

---

3 법무부 출입국 · 외국인정책본부의 『출입국 · 외국인정책 통계월보』에 의하면, COVID-19의 영향으로 2020년 9월 우리나라에 체류하는 외국인은 2,100,436명으로 2019년 2,524,656명에 비해 감소했지만 인구 대비 5%에 이르고 있다. 이 자료에 의하면, 중국인 932,503명(44.4%), 베트남인 213,048명(10.1%), 태국인 185,956명(8.9%), 미국인 145,999명(7.0%), 우즈베키스탄인 68,026명(3.2%)이고, 결혼 이민자 168,026명, 유학생 158,077명, 외국인 근로자 453,818명, 불법 체류자 289,883명이다.
출입국 · 외국인정책본부(2020), 『출입국 · 외국인정책 통계월보』
(http://viewer.moj.go.kr/skin/doc.html?rs=/result/bbs/227&fn=temp_1605766577032100)

4 현재진행형인 한국계 해외 입양아, 1960년대 이후 동남아시아 지역의 라이따이한이나 코피안과 같이 해외에 거주하는 한국계 혼혈인 문제는 재외동포를 넘어 민족 문제의 차원에서 접근해야 한다.

연수제, 2003~4년에는 고용허가제 등으로 바뀌면서, 현재 외국인 노동자는 불법 체류자를 포함해서 74만 여 명에 이르고 있다. 특히 배우자 입국 금지와 국적 취득 제한과 같은 한국의 순혈주의 정책 등의 영향으로 한시적인 거주민일 수밖에 없는 외국인 이주 노동자의 경우에는 매우 복잡한 문제들을 보여 주고 있다. 예를 들어 이주 노동자는 노동 정책이나 한국인 기업으로부터, 이들의 자녀들은 한국의 교육 정책으로부터 제대로 보호받지 못하고 있는 형편이다.[5]

다음으로 언급할 수 있는 다문화사회의 한국적 양상은 국내 혼혈인의 문제이다. 일찍이 한국 전쟁 이후 미군 혼혈인의 문제는 우리 현대사가 감당해야 할 아픈 상처였으며, 최근에는 결혼 이민자의 자녀 문제가 새롭게 등장하였다. 주로 아시아계 결혼 이민자의 자녀인 코시안(Kosian)은 다문화교육에서 중요한 쟁점으로 부각되었다. 2020년을 기준으로 초등학생 107,694명, 중학생 26,773명, 고등학생 12,478명 등 총 146,945명의 다문화 가정 자녀들이 국내 학교에 재학하고 있으며, 국적별로는 중국(한국계 포함), 베트남, 필리핀, 일본, 캄보디아의 순서이다.[6] 그리고 이 국내 혼혈인의 수는 결혼 이민자의 증가와 더불어 해마다 폭발적으로 증가하여 한국 교육에서 중요한 문제로 제기되었다.

---

5 2008년부터는 조선족이나 고려인과 같은 재외동포들에게 장기체류비자를 발급하고 있어서 이들의 입국과 취업에 도움이 되고 있다.

6 한국교육개발원 국가통계연구본부가 제공하는 「교육통계서비스(KESS)」(https://blog.naver.com/kedi_cesi/222131030158)에 제시된 자료에 의하면 최근 다문화 학생 현황은 다음과 같다(괄호는 전체 학생 대비 비율).

	초등학교	중학교	고등학교
2017	82,773(3.1%)	15,945(1.2%)	10,334(0.6%)
2018	93,027(3.4%)	18,068(1.4%)	10,688(0.7%)
2019	103,881(3.8%)	21,693(1.7%)	11,234(0.8%)
2020	107,694(4.0%)	26,773(2.0%)	12,478(0.9%)

또 새터민 문제 역시 한국 다문화사회의 특수한 현상이다. 1990년대 중반 북한 사회가 경제적인 어려움을 겪었던 '고난의 행군기'부터 탈북자들이 증가하였으며, 현재에는 탈북자들이 전세계적으로 진출하는 양상을 보이고 있다. 이 중 우리나라로 입국한 새터민은 1991년 9명에서 2005년에는 1,387명으로 급증하였으며, 2020년 9월 현재 33,718명에 이르고 있다.[7] 이들 북한이탈주민들은 우리와 같은 민족이지만 오랫동안 다른 문화 속에서 성장하면서 다른 생활 방식과 사고방식을 가질 수밖에 없었다. 따라서 이 새터민들은 자신들이 머무는 곳에 잘 적응하지 못하고, 한국은 물론 중국, 몽고, 베트남, 태국, 미국, 영국 등 세계 각지를 떠돌 수밖에 없는 디아스포라(diaspora)적인 모습도 보여 주는 '가장 가까운 타자(他者)'이다(정진헌, 2007, 136-163).

이상과 같은 양상을 보여 주고 있는 한국적 다문화사회의 실태는 서구는 물론 중국이나 인도, 일본 등과도 다른 특성을 보여 주고 있다. 대체적으로 학술적인 담론 차원에서는 1990년대 중반 한국 사회에서 다문화사회라는 용어가 사용되기 시작하였으며, 2005년부터 실질적인 다문화주의가 대두되었다고 설명되고 있다. 또 2006년 정부가 '다문화 · 다민족 사회로의 전환'이라는 이주자 정책의 변화를 모색(오경석, 2007, 31; 조영달 외, 2006.)함으로써, 한국 사회가 다문화사회로 급격하게 진입하였음을 선언하였고, 이에 따라 다문화라는 용어가 우리 사회를 설명하는 핵심적인 용어(key word)로 등장하였다.

우리 근 · 현대사회가 근대적 경험을 압축적이고 총체적으로 겪었던 것처럼 한국의 다문화사회 경험 역시 극히 짧은 기간 내에 총체적으로 경험하였다는 특성이 있다. 즉 서양의 여러 나라들이 수세기에 걸쳐서 겪었던

---

7 통일부, 「주요사업 통계」(https://www.unikorea.go.kr/unikorea/business/statistics/)

근대적 경험과 다문화적 경험을 우리는 불과 1세기와 1세대 동안에 압축적으로 경험하였다. 이 과정에서 서구의 다문화주의나 정책이 시민이나 소수자들의 요구를 통해서 쟁취된 것임에 비하여, 우리의 다문화 정책은 정부가 주도하는 관(官)주도형이라는 특성을 가지고 있다. 초창기 일부 시민 단체나 종교 단체가 문제 제기와 실천의 차원에서 중요한 역할을 담당하기도 했지만, 최근에는 정부가 주도하여 시혜적(施惠的) 차원에서 정책을 수립하고 집행하는 모습을 보여 주고 있다.

최근 들어 한국 사람들의 '단일민족국가'[8]라는 자부심을 오랫동안 지탱해 주었던 한국 사회의 부계 혈통주의와 순혈주의 전통이 – 근대 산업화와 인구 억제 정책으로 인한 노동력과 결혼 배우자 부족이라는 상황에서 – 붕괴되면서 다문화사회라는 현실을 최소한으로 인정하고 받아들여야 하는 상황에 이르렀다. 그럼에도 불구하고 대부분의 한국인들은 우리 사회가 다문화사회라는 현실을 실체로는 물론이고 심정적으로도 인정하지 않고 있다. 그리고 이러한 현실이 한국적 다문화사회의 부끄러운 단면이기도 하다.

2-2. 다문화교육과 교육과정

다문화교육에 대해서 미국 백과사전은 "다양한 문화, 인종, 사회에 속한 집단들이 사회에 서로 다른 다양한 기여를 한다는 사실을 강조하고, 이를 가르치는 교육과정을 채택, 실현하는 것"(김선미 · 김영순, 2008, 22-23)

8 아이슬란드와 한국, 이스라엘 등이 대표적인 단일민족국가로 규정되고 있다. 한국의 다문화 정책에 대해서 '유엔 인종차별철폐위원회(CERD)'는 2007년 8월에 한국 사회의 다민족적 성격을 인정하고 단일민족국가라는 이미지를 극복할 것을 권고하고 있다. 이에 우리 정부는 2006년 이래로 한국 사회가 다문화사회라는 점을 여러 차례 언명한 바 있다(연합뉴스, 2007. 8. 19).

이라고 정의하고 있다. 이 정의에서 알 수 있는 것처럼 다문화교육은 다문화적 사회 구성원들에게 동등한 교육의 기회를 제공하여 보다 나은 삶과 세계를 추구하도록 하는 교육 개혁 운동으로, 다문화적 관점에서 교육과정을 개정하여 이를 교육 현장에서 실현하는 실천 운동(J. A. Banks, 2008; 조용환, 2008, 252)이다.

이와 같은 다문화교육의 범주와 개념들은 다양하게 제안되었으며, 다문화교육과 경계에 놓인 교육 범주들에 대해서도 많은 논의가 있었다. 깁슨(Gibson)은 '문화 간 이해를 위한 다문화교육', '문화적으로 응답하는 교육', '이중 문화 교육', '교육의 문화적 다원주의', '인간 경험으로서의 다문화교육'(M. A. Gibson, 1976, 7–18)으로 단계화하여 설명하였다. 뱅스(J. A. Banks)는 다문화교육을 '내용 통합', '지식 구성 과정', '편견 감소', '평등한 교수법', '학생들에게 기회를 제공하는 학교 문화와 사회 구조'(J. A. Banks, 2008, 44–51)라는 다섯 가지 차원에서 통합적으로 설명하고 있다. 또 조용환은 다문화교육은 복수문화교육, 국제이해교육, 반편견 교육, 세계화 교육 등의 단계를 거쳐서 발전했으며, 인권 교육, 반전평화교육, 생태환경교육 등과도 개념적인 외연을 나눈다(조용환, 2008, 249–253)라고 이야기하고 있다.

이 다문화교육 논의는 교육 개혁 운동으로 다문화교육 내용을 교육과정에 반영하여 실천하는 것이라는 점에서 일찍부터 교육과정 개정 운동으로 진행되었다. 뱅스(Banks)는 이와 같은 다문화 교육과정의 단계를 기여적 접근법(영웅, 공휴일, 개별적인 문화적 요소에 초점을 맞춘다), 부가적 접근법(교육과정의 구조는 변화시키지 않은 채 내용, 개념, 주제, 관점을 교육과정에 더한다), 변혁적 접근법(학생들이 다양한 민족 집단 및 문화 집단의 관점에서 개념, 이슈, 사건, 주제를 바라볼 수 있도록 교육과정의 구조를 변화시킨다), 사회적 행동 접근법(학생들이 중요한 사회 문제들과 관련하여 결정을 내리고 문제 해결에 도움이 되는 행동을 취한다)(J. A. Banks, 2008, 69-72)으로 나누어 설명하고 있다.

우리나라에서는 2007년 개정 국가 교육과정에 다문화교육이 본격적으로 반영되어 있다. 그 추이(推移)는 먼저 7차 교육과정에서 국제이해교육이 반영된 것으로부터 출발하였다. 1995년 세계화의 다른 이름으로 국제이해교육, 세계시민교육의 중요성이 제기되면서 국외(다른 나라)의 문화 다양성에 대한 이해의 필요성을 국가 교육과정에 반영하였다. 그리고 1990년대 중반 이후 국내 사정이 다문화사회로 급격하게 전환되면서 민간단체나 종교 단체, 지방 자치 단체가 중심이 되어 다문화교육에 대한 문제 제기와 실천이 이루어지기 시작하였다.

이에 따라 2007년 개정 교육과정에서는 국내의 문화 다양성 이해와 실천을 목표로 하는 다문화교육이 부가적 접근법 수준에서 반영되었다. 주로 총론과 국어, 사회, 도덕, 체육 과목에서 다문화교육의 필요성을 언급하고 있으며, 총론에서는 35개 범교과적 학습 주제로 다문화교육을 제시하고 있다. 그리고 이후의 2015년 개정 교육과정에서 10개로 축소된 범교과 학습 주제로 다문화교육을 다시 제시하여 교육과정의 편성, 운영, 학습 자료, 교수-학습 등 구체적인 실천 방법을 모색하고 있다. 또 2007년부터는 교육부에서 '다문화가정 자녀 교육지원 계획'을 수립하고, 중앙 정부의 '중앙다문화교육센터'와 각 시도에 '시 · 도 다문화교육센터'를 설립하여 다문화교육 관련 사업을 지원하고 있다.

어떻든지 이후의 개정 교육과정과 이에 따라 개발된 교과서는 다문화교육 내용을 실질적으로 반영해야 했다. 민간 차원에서 시작된 다문화교육이 국가의 교육 정책으로 공식화된 것이다. 이와 같은 다문화교육 내용에 대해서는 '소수자 적응 교육', '소수자 정체성 교육', '소수자 공동체를 위한 교육', '다수자 대상의 소수자 이해 증진 교육'(양영자, 2007, 214-221)이 제시되고 있다. 즉 소수자에 대한 교육뿐만 아니라 다수자에 대한 교육도 같이 이루어져야 한다는 사실이다. 소수자들의 언어와 문화를 이해하고 그들의 정체성을 인정할 수 있도록 하는 다수자(가족, 이웃, 국민 전체)에 대한 교육은 다문화교육이 지향해야 하는 또 다른 목표가 될 수 있다.

또한 소수자들이 한국인들과 자유롭게 의사소통을 하기 위해서 한국어와 한국 문화를 이해하여 한국 생활에서 불편함이 없도록 하는 것을 일차적인 목표로 해야 한다. 나아가 소수자들의 독자성과 정체성을 유지하는 방향에서 다문화교육이 구성되어야 한다. 소수자의 모어와 모어 문화를 존중하는 이중 언어교육이 그 예다. 소수자인 이주자들만의 공동체를 인정하여 다수자 공동체와 차이를 공유하면서 공생(共生)할 수 있는 여건을 마련해 주는 방법도 중요하다.

3. 다문화 문식성과 다문화교육

3-1. 문식성의 범주 확장

영영 사전에 "Literacy is thc ability to read and write."라고 정의되고 있는 'literacy'라는 용어는 국어교육계에서는 '문식성(文識性)', '문해력(文解力)' 등으로 번역되어 사용되었다. 그리고 이 문식성과 문해력이라는 용어는 국어교육의 학문적 정체성을 정립하려는 과정에서 벌어진 논쟁과 국어교육의 본질이 무엇인가를 해명하기 위한 학문적 논의에서 중요한 개념으로 활용되었다.

예를 들면, 문식성과 문해력이라는 용어는 국어교육계에서 '사용'과 '문화'라는 서로 대립하던 학문적 지향과 이들이 각각 주장하는 국어교육의 핵심 내용을 대변하는 개념이기도 했다. 이 글은 이런 논쟁을 언급하기 위한 자리가 아닐 뿐만 아니라 이 용어 개념이 확장되면서 그 논쟁도 무의

미해졌다. 다만 번역어에 따라 개념이 제한되는 것이 아니라면 번역 용어는 학계에서 널리 사용되는 것을 쓰는 것이 타당하다고 생각한다는 차원에서 이 글에서는 '문식성'이라는 용어를 사용하고자 한다.

일찍부터 언어사용 능력이 국어교육의 핵심임을 주장하는 국어교육자는 문식성을 '문자 언어의 사용인 읽기와 쓰기', '문자 언어를 매개로 한 필자와 독자의 만남'으로 규정하고 있다. 그리고 그 기능을 '문자 언어의 사용과 문명 발전의 원동력', '정보 보편화와 지적 수준 고양을 통한 민주사회 확립의 원동력', '언어를 매개로 한 새로운 지식 창조의 원동력', '자신의 앎을 점검하고 판단하고 조절하는 초인지의 원동력', '가장 개인적이고 인간적인 교류 · 교감과 설득의 원동력', '직무 수행의 원동력'으로 설명하고 있다. 더불어 읽기와 쓰기가 발달상에서 공통점을 지니고 있다고 하면서, 읽기를 예로 들어 '글깨치기', '자동화와 유창성 단계', '독해 단계', '초인지적 조절 단계'로 발달 단계를 나누고 있다(노명완, 2008, 15-38).

그러나 이와 같은 전통적(?)이고 보수적인 문식성 개념은 UNESCO의 문식성에 대한 보편적인 정의에서도 극복되어 있다. UNESCO는 "문식성은 다양한 문맥과 관련한 인쇄된 자료나 글로 쓰인 자료를 확인하고, 이해하고, 해석하고, 생산하고, 의사소통하고, 계산할 수 있는 능력을 말한다. 문식성은 개인이 자신의 목표를 성취하고 지식이나 잠재력을 개발하고, 좀 더 넓은 사회에 충분히 참여할 수 있게 해 주는 학습의 연속성을 포함하고 있다."(UNESCO Education Sector, 2004, 13)[9]라고 정의하고 있다.

이와 같은 문식성 개념의 외연(外延) 확대는 20세기 후반부터 언어적 의

---

9 Literacy is the ability to identify, understand, interpret, create, communicate and compute, using printed and written materials associated with varying contexts. Literacy involves a continuum of learning in enabling individuals to achieve their goals, to develop their knowledge and potential, and to participate fully in their community and wider society.(http://unesdoc.unesco.org/images/0013/001362/136246e.pdf)

사소통에서 사회문화적 맥락과 새로운 매체(媒體, media)의 발달에 따른 문화적 현상과 소통의 맥락이 중요하게 작용하게 되면서 시작되었다. 즉 담화와 그 활동에 대한 비판적, 사회 · 문화적 관점에서 상황 의존적이면서 실제적인 학습과 문화적 체험을 강조하는 '상황 의존적 사회적 활동 모형(situated social practice model)'(C. Durant & B. Green, 2001)이 주목을 받게 된다. 그리고 이 모형은 문식성과 정보 기술 학습의 세 측면을 수행적 측면, 문화적 측면, 비판적 측면으로 구분하여 제시하고 있다.

박영목은 이런 문식성 개념의 외연 확대에 대해서 문식력과 기술 학습의 내용을 구성함에 있어서 단순히 기술적 능력과 기능적 문식력으로 대표되는 방법적 지식에만 초점을 두지 않고, 문화와 역사와 힘의 문제와 연관하여 그러한 방법적 지식을 맥락화시킴으로써 그 내용을 보완하는 것이라고 설명하고 있다. 그리고 첫째, 문식력과 기술 정보 학습에 있어서 문화적 측면이 중시되어야 하며 둘째, 수행적 측면과 연관하여 특정 담화 맥락에서 효과적으로 역할을 수행하기 위해서는 사회적으로 적절하다고 판단되는 기능 중심으로 문식력의 발달이 이루어져야 하고 셋째, 비판적 측면의 경우 중요한 것은 사회적 · 교육적 활동은 그것이 비판적이기 이전에 의미 있는 활동이어야 한다고 밝히고 있다(박영목, 2008, 48-50).[10]

이런 논의 과정을 거쳐 현재에는 기능적 문식성(functional literacy), 문화적 문식성(cultural literacy), 비판적 문식성(critical literacy), 매체 문식성(media literacy) 등의 문식성 개념이 널리 논의되고 있다. 이 중에서 매체 문식성은 자료적인 측면으로 문화적, 비판적 문식성 개념을 포함하는 장르적 성격을 지니고 있다. 매체 문식성을 제외한 문식성 중 먼저 기능적 문식성은 언어

10 이처럼 문식성의 범주를 확장하여 '문화' 등을 주목하는 논의로, 박인기는 문식성의 다양한 맥락을 '지식'으로서의 문식성, '기능'으로서의 문식성, '소통적 실천'으로서의 문식성, '사회 · 문화적 작용'으로서의 문식성으로 나누어서 설명하고 있다(박인기, 2008, 87-94).

를 읽고 쓰는 것과 같은 기초적인 언어능력이나 수리력(수학) 등, 자신과 공동체의 발전을 가능하게 하기 위하여 그 집단에서 요구하는 본질적 지식과 기능들을 개인들이 소유하는 것을 말한다(서울대학교 국어교육연구소, 1999, 313).

이에 비하여 문화적 문식성은 허쉬(E. D. Hirsch Jr.)가 『문화적 문식성: 모든 미국인이 알고 있어야 할 것』(E. D. Hirsch Jr., 1988, 1-18)[11]이라는 책에서 본격적으로 소개한 개념이다. 이 책에서 허쉬는 우리 모두는 경제적 번영뿐만 아니라 사회정의(social justice)와 효과적인 민주주의를 성취하기 위한 높은 단계의 문식성에 도달하는 것을 목표로 해야 한다고 주장하고, 문화적 문식성은 일종의 세계 지식 또는 배경 정보 등을 가리키는 기본적인 읽고 쓰는 기술적 능력을 넘어서서 한 사회가 공유하고 있는 사회 · 문화적 정보와 지식, 맥락 등을 습득하는 것이라고 명명하였다.

그리고 비판적 문식성은 사고, 문제 해결, 의사소통 등의 모든 형식 안에서의 언어 사용 능력이다. 이는 단지 읽고 쓰는 능력뿐만 아니라 권력과 지배 사이의 관계를 이해하기 위해 텍스트를 평가하는 능력(서울대학교 국어교육연구소, 1999, 313; T. L. Harris & R. E. Hodges, 2005, 49)으로 초창기에는 진보적인 교육학자들에 의해서 주장된 개념이었다. 프레이리(P. Freire)는 비판적 문식성을 텍스트 내용의 수동적인 수용자를 넘어 독자와 작가 사이의 권력 관계 등에 초점을 맞추는 독서를 수행할 수 있는 능동적인 독자(M. McLaughlin & G. L. DeVoogd, 2004, 14)[12]라는 맥락에서 설명하고 있다. 또

---

11 Ultimately our aim should be attain universal literacy at a high level, to achieve not only greater economic prosperity but also greater social justice and more effective democracy. (중략) What she(Professor Jeanne S. Chall-필자 주) calls world knowledge I call cultural literacy, namely, the network of information that all competent readers possess. It is background informations, stored in their minds, that enables them to take up a newspaper and read it with an adequate level of comprehension, getting the point, grasping the implications, relating what they read to the unstated context which alone gives meaning to what they read.(2쪽)

한 지루(H. Giroux)는 비판적 문식성은 그 정의와 목적, 실천, 정책의 측면에서, 다른 사람의 과거와 현재 경험을 인식함으로써 참여자 자신들의 의식을 성찰하게 하는 것과 참여자들이 직면한 사회적 불평등을 해체하는 행동으로 나아갈 수 있게 하는 것을 포함(H. Giroux, 1993, 367-377)[13]하고 있다고 하였다.

3-2. 다문화 문식성의 범주

앞에서 살핀 것처럼 21세기 문식성은 기능적 문식성, 문화적 문식성, 비판적 문식성을 포괄하는 개념으로, 문자 언어를 읽고 쓰거나 수학 문제를 해결하는 것과 같은 기본적이고, 기초적인 능력만으로 제한되지는 않는다. 이와 같은 문식성은 타인에 대한 이해를 통해서 자신의 의식을 고양하고 신장시킬 뿐만 아니라 사회적 불평등에 대항하는 비판적 실천으로 이어져야 한다는 사회문화적 관점과 밀접하게 결합되어 있다.

이런 맥락에서 우리 (한)국어교육계에서 통용되고 있는 문식성 개념도 재검토되어야 한다. 이 과정에서 국어교육계에 도입된 초창기 문식성 개념이 언어 사용이 강조되던 시기의 외국어교육의 맥락에서 도입되었을 뿐만 아니라 외국어교육에서도 이제 언어 사용을 넘어 문화 능력을 강조하고 있다는 점도 고려해야 한다. 물론 자국어교육의 맥락과 외국어교육의 맥락은 변별적인 것이지만, 외국어교육이라고 해서 목표 언어의 사

---

12 Critical literacy views readers as active participants in the reading process and invites them to move beyond passively accepting the text's message to question, examine, or dispute the power relations that between readers and authors. It focuses on issues of power and promoters reflection, transformation, and action.(Freire, *Pedagogy of the oppressed*, Continuum, 1970)

13 Henry Giroux explained that critical literacy involves raising participants' consciousness by making them aware of others' experiences(current and past), causing them to take action to confront and dismantle inequity in literacy definitions, purposes, practices, and policies.

회 · 문화적 맥락이 더 이상 무시되는 것은 아니다. 예를 들면, 미국의 외국어교육 기준에서 강조하고 있는 5C(communication, cultures, connections, comparisons, communities)(National Standards in Foreign Language Education Project, 2012)에서처럼 문화는 언어교육에서 핵심적인 내용이다.

이처럼 언어교육에서 문식성의 재개념화는 기능적 문식성을 넘어 문화적 문식성과 비판적 문식성까지 포함해야 한다.[14] 이 외에도 현대사회의 기술 발달에 의해 새로운 의사소통 방식으로 부각된 매체에 대한 문식성, 즉 매체를 읽고(보고) 쓰는(만드는) 능력인 매체 문식성이나 다문화적(multicultural) 맥락에서 이들 문식성 개념들이 작용하고 실천할 수 있는 능력인 다문화 문식성(multicultural literacy)을 포함해야 한다.[15]

이를 위해서는 다음과 같은 관점에서 문식성의 내용과 지식을 검토하여 재개념화해야 한다. 첫째, 그동안의 문식성 논의는 문자와 언어 자료가 중심이었으며, 이에 따라 문자 언어를 읽고 쓰는 사용 능력에 초점이 맞추어져 있었다. 그렇기 때문에 이런 문식성은 주로 언어(국어) 사용 능력만을 문제 삼았으며, 다른 교과 영역이나 언어교육 내의 다른 내용이나 활동은 부수적인 것으로 보았다. 즉 언어의 네 기능(말하기, 듣기, 읽기, 쓰기)을 강조하였고, 언어교육의 도구적(道具的) 특성을 강조하였다.

그러나 실제 문식성은 언어적 기능만으로 설명되지 않는다. 학습자가 배워야 하는 각 교과의 활동, 내용, 지식 등이 포함되어야 한다. 이런 측면

---

14 허쉬의 문화적 문식성에 관한 저서(앞의 책)와 그가 책임 편집을 맡았던 유 · 초등교육 핵심지식에 관한 시리즈(*What Your (Kindergartner through Sixth Grader) Needs to Know*)에 관한 비판적 연구서[E. F. Provenzo Jr., *Critical Literacy: What Every American Ought to Know*, 2005, Paradigm Publishers]의 내용은 제목을 넘어 이들 문식성이 밀접한 관련이 있음을 보여 주고 있다.

15 다문화 문식성은 앞으로 논의할 것이며, 매체 문식성은 언어적 측면인 복합 양식 리터러시(multimodal literacy), 문화적 측면인 문화적 리터러시, 성찰적 측면인 비판적 리터러시의 세 측면에서 학습되고, 실천되어야 한다는 기존의 견해로 대신한다(윤여탁 외, 2008, 24-44).

에서 미국의 초등학교에서 배워야 하는 '핵심지식 시리즈(The Core Knowledge Series)'(E. D. Hirsch Jr. (ed.), 2007)[16]는 '언어와 문학', '역사와 지리', '미술', '음악', '수학', '과학'의 6개 교과에서 다루어야 할 내용과 지식을 체계화하여 정리하고 있다. 이 중에서 우리의 '국어'에 해당하는 '언어와 문학'의 내용을 표로 정리하여 보이면 다음과 같다.

학년	교과 내용
GK	Reading, Writing, and Your Kindergartner; Literature; Familiar and Favorite Poems; Aesop's Fables; Stories; Sayings
G1	Reading, Writing, and Your First Grader; Literature; Poetry; Aesop's Fables; Stories; Drama; Familiar Sayings
G2	Reading, Writing, and Your Second Grader; Literature; Poetry; Stories; American Tall Tales; Myths from Ancient Greece; Learning About Language; Familiar Sayingst
G3	Reading, Writing, and Your Third Grader; Literature; Poetry; Stories; Mythology; Learning About Literature; Sayings and Phrases; Learning About Language
G4	Poetry; Stories and Myths; Learning about Language; Sayings and Phrases
G5	Poetry; Stories, Myths, and Legends; Learning about Literature; Learning about Language; Sayings and Phrases
G6	Poetry; Structure in Poetry; Myths, Stories, and Plays; Grammar and Usage; Saying and Phrases

위의 표에서 알 수 있듯이 학생들은 '역사와 지리'라는 과목을 통해서 사회 · 문화 능력을 길러야 하고, 이를 언어교육이나 '미술', '음악' 등의 교과에도 적용해야 한다. 그리고 '언어와 문학'에서 읽고 쓰기, 언어 지식, 문학(시, 이솝 우화, 연극, 이야기, 민담, 전설이나 신화, 문학 지식)뿐만 아니라 속담

16 미국 초등학교 교과서 '핵심지식 시리즈'는 예일대학과 버지니아대학에서 영문학을 가르쳐온 허쉬가 미국의 주(state)나 카운티(county)마다 교육과정과 교과서가 달라서 같은 학년에서 공유하는 핵심 지식이 없다는 문제를 해결하기 위해 개발하였다. 그는 교육 전문가 2천 여 명과 뉴욕과 워싱턴, 텍사스 등에 있는 수십 개 초등학교의 도움을 받아, 초등학교 각 학년별로 '언어와 문학', '역사와 지리' 등 6개 교과에서 반드시 알아야 하는 핵심 지식을 모아 제시하였다.

(격언)이나 관용구와 같은 언어 문화적 내용도 다양하게 학습하고 있다. 이처럼 초등학교 단계부터 기능적인 언어능력뿐만 아니라 문법 능력, 언어문화 능력, 문학 능력 등을 기를 수 있도록 언어 지식이나 문학 지식 등을 교수-학습해야 할 내용으로 구성하고 있다.

이 중에서 6학년의 내용을 보면, ①'시': 셰익스피어, 바이런, 워즈워스 등의 시 14편, ②'시의 구조': '연(Stanzas)', '이행연구(Couplets)', '압운 형식(Rhyme Scheme)', '율격(Meter)', '자유시(Free Verse)' 등 문학 지식, ③'신화, 이야기 그리고 연극': 호머의 서사시 「일리아드」, 「오디세이」와 그리스 신화 「아폴로와 디프네」 등, 셰익스피어의 희곡 「율리시스와 카이사르」, 마크 트웨인의 희곡 「왕자와 거지」, ④'문법과 사용': '이것이 문장인가요?(Is It a Sentences?)', '문장의 4종류(Four Kinds of Sentences)', '능동태와 수동태(Active and Passive Voice)', '그리스와 라틴 어원(Greek and Latin Roots)' 등 문법 지식, ⑤'속담(격언)과 관용구': 해당 문화에 속하지 않는 사람이 이해하기 어려운 42개의 영어 속담이나 관용구(E. D. Hirsch Jr.(ed.), 2007, 4-83)를 소개하고 있다.

둘째로, 다문화적 맥락에서 문식성을 재개념화할 필요가 있다. 앞에서도 언급한 바와 같이 진보적 교육관에서 문식성은 사회 · 문화적 맥락에서 언어와 지식, 기술과 능력을 습득하여, 경제적 번영뿐만 아니라 더 많은 사회적 정의와 효과적인 민주주의를 성취하는 것을 목표로 한다. 이때 사회 · 문화적 맥락은 우리 사회가 직면하고 있는 다문화적 상황과 분리하여 설명할 수 없다. 즉 문식성은 다문화사회에서의 문식성이라는 범주로 확대되어야 하며, 이럴 경우 여기에는 기능적 문식성, 문화적 문식성, 비판적 문식성이 포함되게 된다. 이런 맥락에서 문식성은 앎이나 이해의 범주를 넘어 사회 · 문화적 맥락에서 실천하는 능력이며, 비판적인 관점에서 지양(止揚)과 지향(指向)을 실천하는 능력이라고 할 수 있다.

이와 같은 다문화사회에서 요구되는 문식성의 개념을 이 글에서는 다문화 문식성으로 정의하고자 한다. 기존 논의에서도 다문화 문식성은 다양한 측면에서 언급되었다. 즉 "일반적인 문식성의 개념에 민족 또는 인종의 차이, 성별의 차이, 개인의 차이, 계층의 차이 등 다문화적 요소를 고려한 사회 · 문화적 맥락에서의 문식성"(심상민, 2009, 345-348)[17]이라는 평면적인 개념으로부터 "타인과 그를 둘러싼 사회의 정체성에 대해 인식하고 이를 바탕으로 하여 언어를 습득하고 이해하고 표현하는 행위로 (중략) 다문화적 경험을 지향하고 '평등'과 '사회정의(social justice)' 그리고 '민주주의'에 관한 내용에 대하여 비판적으로 사고하는 것을 포함한 개념"(최숙기, 2007, 295)[18]이라는 복합적인 개념까지 다양한 양상을 보여 주었다.

이에 비하여 다문화교육의 이론가인 뱅스(J. A. Banks)는 '기술과 능력'이라는 개념을 도입하여 다문화 문식성의 실천력을 강조하고 있다. 즉 그는 다문화 문식성을 "지식을 만드는 사람들과 그들의 관심사를 인식하는 기술과 능력, 지식이 기반이 되는 가정을 밝히는 기술과 능력, 다양한 민족과 문화의 시각에서 지식을 밝혀내는 기술과 능력, 인간적이고 정의로운 세상을 만드는 행동으로 인도하도록 지식을 활용하는 기술과 능력"[19]이라고 정의하고 있다. 이런 뱅스의 정의는 자기 이해와 타자에 대한 이해, 평등을 지향하는 다문화교육의 목적과 궤를 같이하는 것이다.

---

17 이러한 예로는 다문화 문식성이 두 문화 이상의 문화적 다양성을 전제로 하면서 언어, 사회 · 문화, 매체, 소통에 대한 이해 · 수용 · 생산을 기본으로 하여 지역 사회문화 공동체 참여, 자신의 문화적 정체성 확립, 자아 정체성 확립으로 연결된다는 견해(서혁, 2011, 7)나 다문화적 언어문식성, 사회문화적 문식성, 비판적 문식성의 세 측면으로 나누어 다문화 문식성을 설명하고 있는 견해(김혜영, 2010)가 있다.

18 이 연구는 이런저런 논저들을 인용하여 다문화 문식성의 개념을 결론으로 도출하고 있지만, 이 개념은 허쉬의 문화적 문식성 개념을 그대로 옮겨온 것이다.

19 Multicultural literacy consists of the skills and ability to identify the creators of knowledge and their interests (Banks, 1996), to uncover the assumptions of knowledge, to view knowledge from diverse ethnic and cultural perspectives, and to use knowledge to guide action that will create a humane and just world.
J. A. Banks, "Teaching for Multicultural Literacy, Global Citizenship, and Social Justice"(The 2003 Charles Fowler Colloquium on Innovation in Arts Education), University of Maryland, College Park, 3.(http://www.lib.umd.edu/binaries/content/assets/public/scpa/2003-banks.pdf)

이처럼 다문화 문식성은 다문화사회에서 상호 이해와 협력을 바탕으로 평화롭게 살아갈 수 있는 능력을 기르는 것이다. 그리고 이와 같은 다문화 문식성은 문화적으로 소수자의 문제만이 아니라 다수자의 문제라는 점에서 자국어교육에서 중요하게 고려해야 할 개념이다. 아울러 다문화 문식성은 앞에서도 언급한 바와 같이 언어에 대한 이해뿐만 아니라 그 언어와 문화를 실천적으로 수행하는 능력이 요구되며, 이런 언어능력을 사회 · 문화적 맥락에서 수행하는 능력과 비판적으로 사고하고 실천하는 능력까지 포함하는 넓은 개념이다.

3-3. 한국어 문식성 신장과 문학교육

이제 이 글의 또 다른 핵심어인 '한국어'라는 개념을 중심으로 문식성 신장이라는 문제를 논의하고자 한다. 통상 우리가 '한국어'라고 칭하는 용어는 '외국어로서(as a foreign language)' 또는 '제2언어로서(as a second language)'라는 접속어를 포함하고 있는 개념이다. 그렇기 때문에 한국어교육이나 한국어 문식성이라는 개념은 자국어교육의 범주가 아니라 외국어교육의 범주에 속한다. 다문화사회에서의 한국어 문식성을 다루기 위해서는 자국어교육과 외국어교육이라는 서로 다른 범주들의 결합 관계를 먼저 검토하여야 한다.

먼저 다문화 시대 또는 다문화사회라는 환경 속에서의 교육의 문제는 대체로 다문화교육으로 포괄할 수 있으며, 이런 다문화교육의 실제는 한국어교육 분야가 아니라 자국어교육의 범위에서 주로 논의되어야 한다. 그 이유는 자국어교육에서 중심이 되는 다문화교육의 교육 대상과 한국어교육에서 추구하는 문화교육의 교육 대상이 전혀 다르기 때문이다. 이런 맥락에서 한국어교육의 범위에서 논의할 수 있는 한국어 문식성 신장을 위한 교육 대상자는 '결혼 이민자', '이주 노동자', '북한 이탈 주민' 정도이다.

다음으로 이 둘은 그 교육적 지향점이 다르다는 사실이다. 자국어교육은 서로 다른 문화적 차이 때문에 소수자가 차별받지 않는 것을 목표로 하면서, 서로의 문화적 차이를 존중하고, 다문화적 사회에서 새로운 문화적 정체성을 확립하는 것을 목표로 한다. 이에 비하여 외국어교육에서는 학습자 자신의 모어 문화와 목표 언어의 문화 간 공통점과 차이점을 찾아 그 차이를 인정하여 상호 이해를 도모하거나 이를 통하여 제2문화 정체성을 형성하는 것을 목적으로 한다.

어떻든지 이 두 관점은 서로 다른 문화적 맥락을 이해하고 실천하는 문화교육의 관점이다. 그리고 서로 다른 문화들의 관계를 결핍(deprivation)의 관점이 아니라 차이(difference)의 관점에서 바라보고, 이런 차이를 존중하는 의사소통 교육을 지향(권오현, 1996)한다는 측면에서는 공통적인 지향을 보여 주고 있다. 이런 점들을 고려하여 다문화사회에서 한국어교육의 문제들과 이를 통해 기르고자 하는 한국어 문식성을 논의해야 한다. 특히 이 글에서는 문학교육의 영역을 중심으로 살펴보고자 한다.

이를 위하여 다문화사회에서 활용될 수 있는 한국어교육 자료의 문제로부터 논의를 풀어 가고자 한다. 실제로 교육에서 사용되는 한국어교육 자료의 대부분은 교재라는 형태로 발행되며, 이 교재는 가공된 언어 자료와 실제적(authentic)인 언어 자료로 구성되어 있다. 그리고 이 자료를 활용하여 기능적 문식성(의사소통, 문법)을 넘어 문화적 문식성(문화와 문학)을 함양하는 것을 목표로 하는 교수-학습 활동이 이루어진다. 이처럼 비교적 다양한 학습 자료를 활용하여 통합적인 한국어교육이 이루어지고 있으며, 이 중에서 문학 작품은 실제적인 자료로서, 비판적 문식성이나 정의적 능력을 함양할 수 있는 교육 자료라고 할 수 있다.

이런 맥락에서 한국어교육에서 문학 작품의 교육적 활용은 그동안 깊이 있는 논의를 진행하여 왔다. 그 대강의 내용을 요약하면 다음과 같다.

즉 한국어교육에서 문학교육의 일차적인 목표는 한국어 의사소통 능력이나 한국어 문화 능력 함양이지만, 고급 단계의 한국어교육에서는 한국문학 작품 자체에 대한 교육을 지향해야 한다. 이때 전자의 경우에는 주로 언어 학습의 차원에서 이루어지며, 후자의 경우에는 한국학 교육 차원에서 한국문학 교육이 실천된다. 비슷한 맥락에서 영어교육에서도 목표언어의 문학 작품이 읽기 자료나 비판적 언어활동 자료라는 한계를 넘어 문학과 더불어 언어(literature-cum-language)라는 통합적인 차원(C. Brumfit and R. Carter, 1986; J. Hills, 1986; J. Collie and S. Slater, 1987; G. Lazar, 1993)에서 문학 작품의 효용성과 문학교육 방법을 논의하였다.

이처럼 한국어교육에서는 문학 작품을 교수-학습함으로써 의사소통 능력과 같은 기초적인 언어능력을 함양할 수 있을 뿐만 아니라 사회 · 문화적 맥락이나 문학적 표현을 활용하는 고급스러운 언어능력을 기를 수 있다고 보았다. 이런 관점에서 필자는 한국어 문학교육의 목표를 한국문학 작품을 활용한 의사소통 교육, 한국문학 작품을 활용한 사회 · 문화 교육, 한국문학 작품에 대한 교육(윤여탁, 2007, 73-98)으로 나누어 정리한 바 있다.

한국어교육에서 문학교육의 이와 같은 지향은 다문화교육의 차원에서도 적용될 수 있다. 또한 언어교육에서 목표이자 방법으로 언급되고 있는 '능력(competence)'이라는 개념은 '문식성'이란 용어로 대체할 수도 있다. 나아가서 외연이 확대된 한국어 문식성의 개념을 한국어교육이나 다문화교육에 적용할 경우 이러한 한국어 교수-학습 과정에는 다문화 관련 문학 작품(아동문학, 소설, 시)과 다문화 문학 작품과 관련이 있는 대중문화 상품(영화, 드라마, 음악, 방송 프로그램)(윤여탁, 2010, 5-8) 등이 교수-학습에 효과적으로 활용될 수 있다.

이밖에도 세계시민교육의 관점에서 언어 문식성 신장이나 다수자를 위한 다문화교육이나 국제이해교육 차원에서는 외국문학 작품을 교수-

학습의 자료로 활용할 수 있다. 그러나 6차 교육과정까지 국어교육의 교수-학습 자료로 제시하는 문학 작품 중에 20% 정도를 외국문학 작품에 할애했는데, 지난 7차 교육과정부터는 이 규정이 없어지면서 '국어' 관련 교과서에서 외국문학 작품의 숫자가 현격하게 줄어든 실정이다. 최근에는 '대학수학능력시험'에 외국문학이 출제되지 않으면서 외국문학 작품은 거의 가르치지 않고 있다. 실제로 외국어교육의 차원[20]뿐만 아니라 자국어교육의 차원에서도 외국문학 작품은 활용 가치가 높은 것으로 평가되고 있는데도 말이다. 특히 다문화교육의 차원에서는 학습자의 모어로 쓰였거나 모어 문화를 반영하고 있는 외국문학 작품은 다양한 교수-학습 활동으로 활용될 수 있다.

외국어교육에서 문학 작품의 여러 효용성 중에서 다문화 문학 작품은 실제적인 자료라는 측면과 학습자들에게 개인적 연관성이 있다는 점에서 의미가 있다. 예를 들면, 개인적 연관성은 문학 작품에서 형상화된 이야기가 남의 이야기가 아닌 자신들의 이야기이기 때문에 동화(同化) 또는 이화(異化)라는 차원에서 보다 주체적이고 능동적인 언어활동으로 학습자들을 유도할 수 있는 장점이 있다. 또한 다문화 문학 작품에 반영된 목표 언어의 사회 · 문화를 이해하고 실천하는 과정에서는 이미 체득(體得)된 자국어의 문화 문식성과 이미 학습한 문학 문식성을 활용할 수 있다. 이런 측면에서 비교 문화적 관점이나 비교문학(윤여탁, 2009)의 방법론이 한국어교육이나 다문화교육의 장에서 적용될 수 있는 것이다.

그리고 이처럼 모어 문화와 목표 언어의 문화 사이에 존재하는 문화적 차이를 이해하는 상호문화적(intercultural)인 접근 방법이나 교육 내용[21]은

20 콜리와 슬레이터는 영어교육에서 ① 가치 있고 실제적인 자료(valuable authentic material), ② 문화적 풍요화(cultural enrichment), ③ 언어적 풍요화(language enrichment), ④ 개인적 연관(personal involvement)이라는 측면에서 문학 작품의 효용성을 설명하고 있다. (J. Collie and S. Slater, 1987, 3-6)

다문화사회에서의 한국어 문식성 신장을 위한 핵심적인 전략으로 고려해야 한다. 특히 다문화교육 차원에서의 한국어교육 대상자가 제3세계 출신 결혼 이민자와 이주 노동자, 북한 이탈 주민이라는 측면에서 제3세계 외국문학 작품이나 북한문학 작품, 이들의 삶과 고난을 다루고 있는 다문화 문학 작품을 적극적으로 활용할 수 있다.

4. 다문화교육으로서의 한국어교육

4-1. 다문화교육으로서 한국어교육의 양상

이상에서 살핀 것처럼 우리나라에서 다문화교육이 본격적으로 논의되고 있지만, 대다수 사람들은 다문화교육을 다문화가정, 즉 결혼 이민자의 한국어교육이나 결혼 이민자 자녀들의 부진 교과(국어, 수학, 영어를 중심으로 하는)에 대한 보완(충) 학습 정도로 이해하고 있다. 특히 일부 지역(안산, 부천 등)의 자치 단체나 민간단체들이 고민하고 있는 다문화교육 문제에

---

21 Interculturality is a dynamic concept and refers to evolving relations between cultural groups. It has been defined as "the existence and equitable interaction of diverse cultures and the possibility of generating shared cultural expressions through dialogue and mutual respect." Interculturality presupposes multiculturalism and results from 'intercultural' exchange and dialogue on the local, regional, national or international level.(17)
Principle Ⅰ: Intercultural Education respects the cultural identity of the learner through the provision of culturally appropriate and responsive quality education for all.; Principle Ⅱ: Intercultural Education provides every learner with the cultural knowledge, attitudes and skills necessary to achieve active and full participation in society.; Principle Ⅲ: Intercultural Education provides all learners with cultural knowledge, attitudes and skills that enable them to contribute to respect, understanding and solidarity among individuals, ethnic, social, cultural and religious groups and nations.(32-38)
UNESCO Section of Education for Peace and Human Rights, Division for the Promotion of Quality Education, Education Sector, 2006.(http://unesdoc.unesco.org/images/0014/001478/147878e.pdf)

비하여 공교육 차원에서 추진되고 있는 다문화교육은 다문화가정의 교육 문제에 집중되어 있다.[22]

이 부분에서는 다문화교육 대상인 학습자, 다문화교육 내용, 다문화교육 현장이라는 맥락에 따라 다문화교육으로서의 한국어교육이 어떤 방법과 목표로 이루어져야 하는가를 중점적으로 살펴보고자 한다. 이를 통하여 다문화교육의 내용이나 방법이 학습자나 교수-학습 내용, 교수-학습 현장이라는 맥락에 따라 자국어로서의 국어교육, 제2언어로서의 한국어교육 또는 이중 언어교육, 외국어로서의 한국어교육과 같은 서로 다른 개념으로 교수-학습이 이루어지는 실천상을 찾아보고자 한다.

먼저 다문화교육의 대상인 학습자에 따라 각각 다른 목표와 내용, 방법을 정립하여 (한)국어교육을 실시해야 한다. 우리나라의 경우 다문화교육에서 배려해야 할 학습자는 결혼 이민자 관련 학습자와 이주 노동자 관련 학습자, 새터민, 재외동포 및 해외 혼혈인 등이다. 이 중에서 결혼 이민자 관련 학습자는 다시 결혼 이민자와 결혼 이민자의 자녀(국내 혼혈인), 결혼 이민자의 배우자 등 가족이라는 구성원에 따라 한국어교육의 실제가 달라야 한다. 그 각각에 해당하는 한국어교육의 양상을 살펴보면 다음과 같다.

① 결혼 이민자: 지방 자치 단체나 지역 공동체에서 실시하는 다문화교육의 중요한 대상으로, 한국어교육은 제2언어로 교수-학습되어야 한다. 아울러 자신들의 모어도 사용하기 때문에 이중 언어교육(bilingual education)

22 국민 교육을 기본으로 하는 공교육의 특성과도 관련이 있을 것이다. 일부 연구물(이해영, 2007)들을 제외한 대부분의 다문화교육 연구 결과들(권순희, 2008; 김선정, 2007; 김선정, 2008; 박영순, 2007; 서울대학교 교육종합연구원 중앙다문화교육센터, 2008; 서혁, 2007; 오은순 외, 2007; 원진숙, 2007; 원진숙, 2008; 이해영, 2007; 조수진 외, 2008; 조영달 외, 2006; 조항록, 2008; 최정순, 2008)은 이와 같은 경향에서 크게 벗어나지 않는다.

의 관점에서 한국어교육이 이루어져야 한다.

② 결혼 이민자의 자녀(국내 혼혈인): 다문화가정의 자녀를 대상으로 하는 대표적인 공교육 대상자로, 자국어로서의 국어교육이 중심이 되어야 한다. 아울러 결혼 이민자(주로 어머니)의 모어와 모어 문화에 대한 교육도 병행하여 이중 언어교육의 장점도 살릴 수 있다. 특히 어머니의 언어와 문화를 자녀들이 공유하는 것은 언어교육은 물론 정의(情意) 교육의 차원에서도 매우 중요하다(박정은, 2007).

③ 결혼 이민자의 배우자 및 가족: 다수자의 소수자 이해 교육이라는 관점에서 배우자의 모어 문화를 이해하고, 생활 외국어(survival foreign language)의 차원에서 배우자의 모어를 학습할 필요가 있다.

다음으로 이주 노동자 관련 학습자의 경우에도 이주 노동자와 이주 노동자 자녀를 나누어서 한국어교육 방법과 목표를 설정하여야 한다. 그 대략의 모습은 다음과 같다.

① 이주 노동자: 결혼 이민자와 더불어 다문화교육의 중요한 대상자로서 주로 외국어로서의 한국어교육이라는 관점에서 교수-학습이 이루어져야 한다. 이 이주 노동자도 종사하는 직업에 따라 다른 양상을 보이는데, 단순 노동자의 경우에는 업무 한국어(business Korean)와 간단한 생활 한국어(kitchen Korean, survival Korean)가 중요하지만, 전문직이나 사무직에 종사하는 경우에는 이중 언어로서 고급 한국어 학습자여야 하는 경우도 있다.

② 이주 노동자의 자녀: 일부 공동체 학교(화교학교나 몽골학교, 외국인학교)에 다니지 않는 대부분의 이주 노동자 자녀는 공교육의 대상으로 외국어로서의 한국어교육을 받게 된다. 이들의 경우 가정에서는 부모의 모어를 일상 언어(first language spoken at home)로 사용하기 때문에 이중 언어교육의 관점에서 특별반 형태로 한국어교육을 실시해야 한다.[23]

---

23 미국의 공립학교에서 이민자나 소수자를 위한 ESL교육을 모델로 할 수 있다. 특별반

이밖에 새터민을 위해서는 자국어로서의 국어교육을 실시해야 하며, 재외동포, 재외동포 입국 노동자 및 그 자녀, 해외 혼혈인을 대상으로 해서는 제2언어로서의 한국어교육을 실시해야 한다. 이들은 대체로 이중 언어교육으로서 한국어교육이나 다름없는 상황으로, 자신들의 모국어가 제1언어이자 일상의 언어이며, 한국어는 제2언어 또는 외국어인 경우이다. 새터민이나 그 자녀들도 이 범주에서 크게 벗어나지 않는다. 새터민의 경우 언어적 차이는 물론 문화적 차이가 중요하게 작용하며, 언어적, 문화적 관습으로 굳어져서 쉽게 교정되지 않는 특성도 보인다.

다음으로 한국어교육이 어떤 차원에서 실시되는가 하는 내용에 따라 한국어교육의 대상과 방법이 달라질 수 있다. 즉 다문화교육에서 언어교육의 위상이 한국어교육의 내용을 결정하는 경우이다. 이런 관점에서 각각의 양상을 살펴보면 다음과 같다.

① 자국어로서의 국어와 국어 문화교육: 가장 대표적인 예는 결혼 이민자의 자녀(국내 혼혈인)의 한국어교육이 이에 해당한다. 자국의 언어와 문화를 습득, 체득, 학습해야 하는 대상으로, 주로 국어교육의 방법과 내용이 적용되어야 한다. 원칙적으로는 새터민이나 그 자녀의 경우에도 같은 맥락에서 한국어교육이 이루어져야 한다.

② 외국어로서의 한국어와 한국 문화교육: 외국인을 대상으로 국내외에서 실시되고 있는 외국어로서의 한국어교육과 같은 맥락에서 이루어지는 한국어교육으로 국내에 거주하는 이주 노동자를 대상으로 하는 경우이다. 초급이나 중급 수준의 한국어와 업무 한국어가 중요한 교육 내용이 된다.

③ 제2언어교육 또는 이중 언어교육으로서의 한국어와 한국 문화교육:

에서 한국어를 가르친 다음에 정규반에 편입시키는 방법이다.

결혼 이민자의 경우 초기에는 외국어로서의 한국어를 학습하지만 궁극적으로는 제2언어 또는 이중 언어교육의 단계에까지 도달해야 한다. 이주 노동자의 자녀들의 경우도 공교육에서 한국어를 학습하기 때문에 제2언어교육의 관점이 적용될 수 있다.

④ 소수자의 모어와 모어 문화 이해교육: 결혼 이민자의 자녀(국내 혼혈인) 및 배우자들은 소수자인 결혼 이민자의 모어와 모어 문화에 대한 이해가 필요하다. 특히 결혼 이민자 자녀는 어머니의 모어와 모어 문화에 대한 교수-학습이 지속적으로 이루어져야 한다. 아울러 국제이해교육은 물론 다문화교육의 차원에서 다수자인 한국 국민을 대상으로 소수자의 문화에 대해서 이해할 수 있도록 하는 교육이 실시되어야 한다.

끝으로 한국어교육이 이루어지는 또는 이루어져야 하는 다문화교육 현장에 따라 한국어교육은 서로 다른 목표와 내용, 방법을 계획하고 실천하여야 한다. 이런 맥락에서 실시되는 한국어교육의 구체적인 양상은 다음과 같다.

① 기본 · 기초교육으로서의 가정교육: 결혼 이민자의 배우자 및 가족의 결혼 이민자의 모어 및 모어 문화에 대한 이해 교육이 그 대표적인 예이다. 이 경우에는 언어교육뿐만 아니라 생활, 정서 교육과 같은 가정교육의 측면도 중요하며, 이웃과 같이 살아야 하는 정체성, 공동체 의식과 같은 정신 교육도 기본 · 기초교육의 차원에서 고려되어야 한다(배화여자대학 유아교육과, 2008). 가정이 교육의 기반이자 기초라는 점을 인정하여, 다문화교육도 가정교육의 문제에 대한 본격적인 연구와 지원, 실천이 필요한 시점이다.

② 국민공통교육으로서의 학교교육: 학교교육으로 대표되는 공교육에서 이루어지는 한국어 및 한국 문화교육이 그 예이다. 주로 결혼 이민자의 자녀나 이주 노동자의 자녀들에게 한국 사회에서 살아가는 국민에게

필요한 공통의 언어와 문화로서 국어와 한국어를 교수-학습하는 현장이다. 다문화교육을 주관하고 있는 국가의 교육 정책이 주로 영향을 미치는 곳으로, 소수자의 적응 교육뿐만 아니라 다수자의 소수자에 대한 이해 교육이 같이 실시되어야 한다.

③ 평생교육으로서의 지역(공동체) 사회교육: 결혼 이민자나 이주 노동자들에게는 한국어와 한국 문화를 배우는 장소이며, 다수자인 한국인들에게는 소수자의 언어와 문화를 배우는 현장이다. 특히 소수자 이해 교육이라는 관점에서 결혼 이민자의 배우자나 가족을 대상으로 하는 교육 내용과 방법을 모색하고 해결해야 하는 평생교육의 장이다.

4-2. 다문화교육으로서 한국어교육의 문제

이 외에도 다문화교육으로서의 한국어교육에서는 한국어 교육과정, 한국어 교재, 교수-학습 내용, 교수-학습 방법, 한국어 교사, 한국어교육 기관 등 여러 문제들이 같이 검토되어야 한다. 그 각각의 내용들은 연구자와 학회, 지원 단체들을 중심으로 구체적으로 연구 · 개발되고 있다. 예를 들면, 한국어 교재의 경우 결혼 이민자를 위해서 『여성 결혼이민자를 위한 한국어교재(초급)』(여성가족부, 2005), 『여성 결혼 이민자를 위한 한국어 첫걸음』과 중급 1, 2권(국립국어원, 2007)이 출간되었고, 다문화 가정 자녀를 위한 『즐거운 학교, 함께 배우는 한국어』(서울시교육청, 2007)가 배포되었으며, 『학교가 좋아요-학습 한국어 1』(중앙다문화교육센터, 2008) 등이 개발되었다.

이와 관련하여 최근 개발되고 있는 KSL(Korean as a second language) 사업의 추진 경과와 이 프로그램의 목표와 내용을 주목할 필요가 있다. 진행 상황을 요약하면, 지난 2012년 7월에 교육과학기술부가 '한국어 교육과정'(교육과학기술부 고시 2012-14, 2012년 7월 9일)을 고시하였으며, 이에 따라 한국어 교재(초등, 중등, 고등 각 2권; 국립국어원)와 한국어 진단 도구(J-TOPIK; 국립국제교육원), 한국어교육 방송 프로그램(한국교육방송공사)이 개발되었다.

특히 KSL 한국어 교재는 2012년에 개발하여 2013년부터 현장에 투입하였다. 이 한국어 교재의 개발은 '생활 한국어 능력 향상과 학업 적응력을 높이기 위한 학습 한국어의 능력을 함양함', '한국어 언어문화 공동체의 일원으로서의 자질과 태도를 기름', '상호문화 이해 및 소통 능력을 기름', '한국어에 대한 흥미와 자신감을 가짐', '한국 사회의 일원으로서 긍정적인 태도와 정체성을 기름'(박정아, 2012, 6) 등을 목적으로 하고 있다.

이와 같은 KSL 한국어 교재는 중도 입국 자녀, 외국인 근로자 자녀를 주된 학습 대상자로 하며, 결혼 이민자 자녀나 북한 이탈 학생, 해외 체류 후 귀국 학생 등도 포함될 수 있다. 이런 측면에서 KSL 프로그램은 미국 등의 ESL(English as a second language)을 참조하여 교육 프로그램을 개발해야 한다. 즉 ESL의 경우 학습자들이 정규 수업에 참여할 수 있도록 별도로 운영하는 언어, 역사, 사회 교과 프로그램으로 차별화하여 운영하고 있으며, KSL의 경우에도 'KSL 한국어', 'KSL 역사', 'KSL 사회' 등의 교과목으로 확대 · 개발하여 운영해야 한다.

또한 다문화사회에서 이중 언어교육[24]이라는 범주를 생각할 수 있다. 그동안 다문화사회의 언어교육은 학습자의 모어나 모어 문화에 대해서는 극복의 대상으로 간주하여 자국어 또는 목표어나 목표어의 문화를 교육하는 데 초점을 맞추었다. 이제 상호문화적인 시각뿐만 아니라 가족, 동료에 대한 이해라는 측면에서 결혼 이민자나 외국인 노동자의 언어와 문화를 학습하는 이중 언어 · 문화 교육을 실시해야 한다. 특히 결혼 이민자 가정의 가족 및 자녀, 외국인 이주 노동자의 자녀, 중도 입국자들은 배

24 캐나다의 학교와 가정에서 이루어지는 이중 언어와 문화교육의 실제와 효과를 경험 차원에서 기록하고 있는 연구(박정은, 2007)를 참고할 수 있다.

우자나 부모의 모어와 모어 문화를 학습해야 한다. 그리고 이런 국민들의 이중 언어 · 문화 능력은 개인뿐만 아니라 사회 · 국가적으로도 소중한 자산이 된다는 점을 고려해야 한다.

이와 같은 언어 제국주의에 맞서는 다중언어정책은 유럽의 경우를 참조할 수 있다. 즉 유럽연합 국가들은 다중언어정책을 기조로 하고 있으며, 이는 유럽연합 국가들의 서로 다른 국어(모어, 공용어, 행정어)교육뿐만 아니라 유럽 각지에 흩어져 존재하는 소수 언어인 지역어에 대한 가치와 교육적 필요성을 강조하고 있는 '유럽 평의회(Council of Europe, CoE)'의 「지방 언어 및 소수 언어를 위한 유럽 헌장」(1992)에서 확인할 수 있다. 이처럼 유럽 국가에서는 서로 다른 국가와 민족의 언어, 문화를 인정하고 존중하는 다중언어정책과 상호문화정책이 기조를 이루고 있다. 이런 또 다른 예는 '유럽 평의회'의 「언어학습 교수 평가를 위한 유럽공통참조기준」에도 잘 나타나 있다(Salem Chaker, 2005, 432-448; 신찬용, 2006, 277-299; Council of Europe, 2001).

이와 같은 언어교육 범주는 제2언어교육 또는 이중 언어교육으로서의 한국어와 한국 문화교육이라는 측면과 소수자의 모어와 모어 문화 이해 교육으로 나누어서 설명할 수 있다. 전자에 따르면, 결혼 이민자도 초기에는 외국어로서의 한국어를 학습하지만 궁극적으로는 제2언어 또는 이중 언어 구사자로서 한국어를 사용해야 한다. 이주 노동자의 자녀들의 경우도 한국어를 제2언어로 학습하여 이중 언어를 구사할 수 있다. 후자는 결혼 이민자의 자녀 및 배우자, 가족들을 대상으로 하며, 소수자인 결혼 이민자의 모어와 모어 문화에 대한 이해를 함양하는 것과 연결된다. 특히 결혼 이민자 자녀에게는 어머니의 모어와 모어 문화에 대한 교수-학습을 지속적으로 실시해야 한다.

이처럼 다문화교육으로서의 한국어교육은 최근 우리 사회에 중요한 화두(話頭)로 등장하였으며, 그 구체적인 방법이나 내용 등이 다양하게 제시되고 있다. 그리고 현재는 다문화교육으로서의 한국어교육은 선언이나 원칙이 아니라 실천이 필요한 시점이며, 다문화사회의 현실과 교수-학습의 현장에 터전을 두는 실질적인 연구가 요구되는 때이다. 아울러 다문화교육으로서의 한국어교육에 여러 국가 기관이 참여하여 구체적인 실천 방안을 제안하고 있다.

5. 다문화교육의 실천과 지원을 위하여

해마다 각 기관과 학회들이 앞을 다투어 다문화 관련 행사와 학술회의 등을 개최하였다. 명절을 즈음해서는 언론 기관과 지역 공동체가 중심이 되어 '한복 입기', '떡 빚기', '김치 담그기', '장 담그기' 등의 행사를 개최하여 다문화교육의 실천에 앞장서고 있음을 선전하고 있다. 다문화교육이 우리 사회에서 쟁점으로 부각하고 있음을 실감하는 장면인 동시에 다문화교육의 흐름에 따라가고자 하는 몸부림으로 읽히는 장면이기도 하다.

그러나 이제는 행사나 이벤트가 아닌 구체적인 실천(practice)이 필요한 시점이다. 지금까지 다문화교육의 현장에서 실천을 통해서 우리의 다문화교육을 선도하던 지역 사회와 공동체, 종교 단체 등이 보여 주었던 다양한 활동을 고무 · 지원하고, 이를 이론적, 정책적 차원에서 뒷받침할 수 있는 방안을 마련해야 한다. 그동안 이분들의 실천적 활동 경험을 밑바탕으로 하여 우리의 다문화교육이 성장하였고, 발전하였음을 잊지 말아야 한다. 그리고 그 토대 위에서 우리 사회의 다문화 문제를 해결해야 한다.

아울러 다문화교육은 가정으로부터 지역 사회, 국가 단위로 나아가는 정책 방향을 수립해야 한다. 아무리 우리가 노력한다고 하더라도 교육 일반이 다 그렇듯이 가정과 가족의 이해가 없는 다문화교육은 사상누각(沙上樓閣)이 될 수밖에 없다는 점을 명심해야 한다. 다문화교육은 가정이 중심에 놓여야 한다는 관점의 전환과 가족이나 지역 구성원들의 소수자에 대한 이해가 가장 중요하다. 이런 점에서 다문화교육은 소수자의 권익 보호를 넘어 소수자의 정체성을 유지시키는 교육, 소수자에 대한 다수자들의 이해 교육으로 방향을 전환해야 한다.

이를 위해서는 다문화사회의 구성원인 다수자들이 소수자에게 시혜적으로 베푸는 정책이 아니라 다수자 스스로를 변화시키는 정책이 필요하다. 그리고 이와 같은 다문화교육은 근본적으로 서로 다른 문화의 다양성과 차이를 인정하는 다문화 정책에 기반을 두어야 한다. 이처럼 다수자에게 소수자의 언어와 문화를 이해시키기 위해서 가정에서 자녀에게 소수자의 언어와 문화를 가르치는 방법이나 지역 사회, 학교에서 소수자의 언어와 문화를 소개하는 프로그램이 그 예가 될 수 있다.

이런 맥락에서 21세기 들어 우리 사회의 변화와 개혁을 이야기하면서 제기되었던 "전 지구적으로 사고하고(think globally) 지역적으로 행동하라(act locally)."라는 명제를 다시 생각하게 한다. 보다 넓은 시각에서 세계를 바라보고 구체적인 실천으로 보여 주라는 말이다. 특히 실천 없는 목소리는 우리 사회를 하나도 변화시키지 못했다는 사실을 명심할 필요가 있다. 끝으로 다문화교육의 지원 체계에 대해서 가정을 중심에 놓고 그린 그림표를 제시하면 다음과 같다.

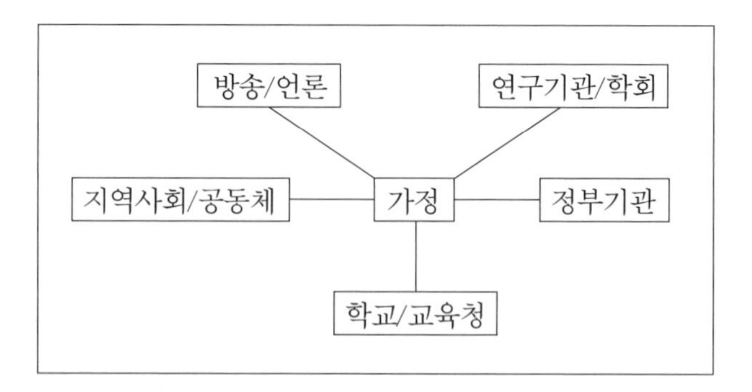

참고문헌

국립국어원(2012), 2012 국제학술대회 자료집『세계화 시대의 자국어 진흥 정책』, 국립국어원.

권순희 외(2008),「다문화 문식성 제고를 위한 읽기 텍스트 구성 방안 연구」,『국어교육학연구』 33, 국어교육학회.

권오현(1996),「간문화적 커뮤니케이션으로서의 외국어교육」,『독어교육』 14, 한국독어독문학교육학회.

김선미·김영순(2008),『다문화교육의 이해』, 한국문화사.

김선정(2007),「이중언어학회 창립 25주년 기념 국제학술대회 기획발표: 결혼 이주 여성을 위한 한국어 교육」,『이중언어학』 33, 이중언어학회.

김선정(2008),「여성 결혼 이민자를 위한 한국어 교육」,『새국어생활』 18-1, 국립국어원.

김열규(1980),「함경북도의 재가승」 1-2,『북한』 99 · 100, 북한연구소.

김혜영(2010),「다문화 문식성 교육 내용 체계화 연구」, 부산대 대학원.

박영목(2008),「21세기 문식성의 특성과 문식성 교육의 과제」, 노명완 · 박영목 외,『문식성 교육 연구』, 한국문화사.

박영순(2007),「국내 이주민을 위한 한국어교육론」,『다문화사회의 언어문화 교육론』, 한국문화사.

박윤경(2007),「지식 구성과 다문화 문식성 교육」,『독서연구』 18, 한국독서교육학회.

박인기(2008),「문화와 문식성의 관계 맺기」, 노명완·박영목 외,『문식성 교육 연구』, 한국문화사.

박정아(2012),「다문화 가정 학생을 위한 한국어 교재 개발 경위 및 방향」,『다문화 가정 학생을 위한 한국어 교재 개발 공청회 자료집』, 국립국어원.

박정은(2007),『다문화사회에서 생각하는 모어교육』, 일지사.

배화여자대학 유아교육과(2008),『교재교구를 활용한 다문화 교육의 실제』, 다음세대.

서울대학교 국어교육연구소(1999),『국어교육학사전』, 대교출판.

서울대학교 교육종합연구원 중앙다문화교육센터(2008), 「일반교사 다문화교육 연수 자료집」.
서혁(2007), 「다문화 가정 현황 및 한국어교육 지원 방안」, 『인간연구』 12, 가톨릭대 인간학연구소.
서혁(2011), 「다문화 시대의 국어교육과 다문화 문식성 교육」, 『국어교육연구』 48, 국어교육학회.
신찬용(2006), 「EU의 다중언어정책과 소수언어 카탈루냐어」, 『이중언어학』 30, 이중언어학회.
심상민(2009), 「다문화 사회에서의 문식성(literacy) 교육의 제 문제」, 『국어교육학연구』 35, 국어교육학회.
안경식 외(2008), 『다문화 교육의 현황과 과제』, 학지사.
양영자(2007), 「한국의 다문화교육 현황과 과제」, 오경석 외, 『한국에서의 다문화주의』, 한울아카데미.
오경석(2007), 「어떤 다문화주의인가: 다문화사호 논의에 관한 비판적 조명」, 오경석 외, 『한국에서의 다문화주의』, 한울아카데미.
오은순 외(2007), 「다문화 교육을 위한 교수·학습 지원 방안 연구(1)」, 한국교육과정평가원.
원진숙(2007), 「다문화 시대 국어교육의 역할」, 『국어교육학연구』 30, 국어교육학회.
원진숙(2008), 「다문화 시대의 초등학교 국어과 교육 – 다문화 가정 자녀를 위한 한국어 교육 지원 방안을 중심으로」, 『국어교육학연구』 32, 국어교육학회.
윤여탁(2007), 「한국어 문학교육의 목표」, 『외국어로서의 한국문학교육』, 한국문화사.
윤여탁(2009), 「비교문학을 적용한 외국어로서의 한국 현대문학 교육 방법」, 『한국언어문화학』 6–1, 국제한국언어문화학회.
윤여탁(2010), 「다문화 사회: 한국문학과 대중문화의 대응」, 『국어교육연구』 26, 서울대 국어교육연구소.
윤여탁 외(2008), 『매체언어와 국어교육』, 서울대 출판부.

이재형(2011), 「국어과 교과서에서의 비판적 문식성 수용 양상」, 『청람어문교육』 44, 청람어문교육학회.

이해영(2007), 「이중언어학회 창립 25주년 기념 국제학술대회 기획발표: 외국인 근로자 자녀를 위한 한국어 교육 – 재한몽골학교 운영 사례를 중심으로」, 『이중언어학』 33, 이중언어학회.

장인실(2006), 「미국의 다문화 교육과 교육과정」, 『교육과정연구』 24-4, 한국교육과정학회.

정진헌(2007), 「탈분단·다문화 시대, 마이너리티 민족지-새터민, '우리'를 낯설게 하다」, 오경석 외, 『한국에서의 다문화주의』, 한울아카데미.

조수진 외(2008), 「다문화가정자녀를 위한 '학습 한국어' 교재 개발의 방향」, 『이중언어학』 37, 이중언어학회.

조영달 외(2006), 「다문화 가정 교육 지원을 위한 자료 개발 연구」, 교육인적자원부.

조용환(2008), 「다문화 교육의 의미와 과제」, 유네스코 아시아 · 태평양 국제이해교육원 엮음, 『다문화 사회의 이해』, 동녘.

조항록(2008), 「다문화 사회에서의 한국어 교육 방안-문화 상호주의의 지향」, 『새국어생활』 18-1, 국립국어원.

최숙기(2007), 「국어 교과서 다문화 제재 선정에 관한 연구-민족과 문화 다양성에 대한 이해를 중심으로」, 『독서연구』 18, 한국독서교육학회.

최정순(2008), 「다문화 시대 한국어교육의 내실화를 위한 과제」, 『이중언어학』 37, 이중언어학회.

회령군민회 편(1978), 『회령군지』, 회령군청.

Banks J. A. & McGee Banks C. A.(ed.)(2007), *Multicultural Education: issues and perspectives*, John Wiley & Sons Inc.

Banks J. A., 모경환 외 역(2008), 『다문화교육 입문』, 아카데미프레스.

Brumfit C. and Carter R.(1986), *Literature in Language Teaching*, Oxford University Press.

Chaker Salem, 「유럽 지역어 및 소수 언어 헌장에 대한 몇 가지 고찰: 언어 정치(glottopolitique)의 실천 과제」, 미우라 노부타카· 가스야 게이스

케 엮음, 이연숙· 고영진· 조태린 옮김(2005), 『언어 제국주의란 무엇인가』, 돌베게.

Collie J. and Slater S.(1987), *Literature in the Language Classroom: A Resource Book of Ideas and Activities*, Cambridge University Press.

Council of Europe(2001), *Common European Framework of Reference for Languages: Learning, teaching, assessment*, Cambridge University Press, 2001.

Durant C. & Green B., "Literacy and the New Technologies in School Education", Fehring H. & Green P.(eds), *Critical Literacy: A Collection of Articles from the Australian Literacy Educators' Association*, Intrados Group.

Gibson M. A.(1976), "Approaches to multicultural education in the Unites States: Some concepts and assumptions", *Anthropology and Education Quarterly* 7.

Giroux H.,(1999) "Literacy and the politics difference", C. Lankshear & P. L. McLaren(ed.), *Critical Literacy: politics, praxis, and the postmodern*, State University of NY Press.[G. E. Garcia, "Introduction: Giving Voice to Multicultural Literacy Research and Practice", Willis A. I. et al(ed.)(2003), *Multicultural Issues in Literacy Research and Practice*, L. Eribaum Associates, 재인용]

Greenblatt S., 「문화」, 정정호 외 역(1994), 『문학연구를 위한 비평용어』, 한신문화사.

Harris T. L. & Hodges R. E.(2005), *The Literacy Dictionary*, International Reading Association.

Hills J.(1986), *Using Literature in Language Teaching: Teaching Literature in the Language Classroom*, Macmillan.

Hirsch Jr. E. D(1988)., *Cultural Literacy: What Every American Needs to Know*, Vintage Books.

Hirsch Jr. E. D.(ed.)(2007), (The Core Knowledge Series) *What Your (Kinder–gartner through Sixth Grader Needs) to Know(Revised Edition)*,

Delta Trade Paperback.

Kaplan Matthew & Miller A. T.(ed)(2007), *Scholarship of Multicultural Teaching and Learning,* Wiley Periodicals Inc.

Lazar G.(1993), *Literature and Language Teaching: A Guide for Teachers and Trainers*, Cambridge University Press.

McLaughlin M. & DeVoogd G. L.(2004), *Critical Literacy: Enhancing Students' Comprehension of Text*, Scholastic.

National Standards in Foreign Language Education Project(2012), *Standards for Foreign Language Learning in the 21st Century*(3rd Ed.), Allen Press, Inc.

Provenzo Jr. E. F.(2005), *Critical Literacy: What Every American Ought to Know*, Paradigm Publishers.

Turner G., 김연종 옮김(1995), 『문화 연구 입문』, 한나래.

연합뉴스, 「유엔, 한국 '단일 민족국가' 이미지 극복 권고」(2007. 8. 19.)

출입국 · 외국인정책본부(2020), 『출입국·외국인정책 통계월보』
(http://viewer.moj.go.kr/skin/doc.html?rs=/result/bbs/227&fn=temp_16057665
77032100)

통일부(2020), 「주요사업 통계」
(https://www.unikorea.go.kr/unikorea/business/statistics/)

한국교육개발원 국가통계연구본부(2020), 「교육통계서비스(KESS)」
(https://blog.naver.com/kedi_cesi/222131030158)

Banks J. A., "Teaching for Multicultural Literacy, Global Citizenship, and Social Justice"(The 2003 Charles Fowler Colloquium on Innovation in Arts Education), University of Maryland, College Park.

http://www.lib.umd.edu/binaries/content/assets/public/scpa/2003-banks.pdf

UNESCO Education Sector, *The Plurality of Literacy and its Implications for Policies and Programmes*, 2004.
http://unesdoc.unesco.org/images/0013/001362/136246e.pdf

UNESCO Section of Education for Peace and Human Rights, Division for the Promotion of Quality Education, Education Sector, *Unesco Guidelines on Intercultural Educations*, 2006.
http://unesdoc.unesco.org/images/0014/001478/147878e.pdf

다중언어문화 한국어 학습자의 문식성

1. 다중언어문화 환경과 문식성

전 지구적으로 진행되고 있는 세계화(globalization)의 경향과 '4차 산업혁명(The Fourth Industrial Revolution)'으로 명명되는 현대 산업 기술의 진보는 우리 인류의 삶을 송두리째 흔들어 놓고 있다. 빅 데이터(big data)와 인공지능(AI, artificial intelligence), 사물 인터넷(IoT, internet of things), 모바일(mobile) 등 언어와 관련된 기술의 진보에 따라 실용적인 언어 사용의 장벽이 낮아지면서, 머지않은 미래에 통역이나 번역과 같은 언어활동은 크게 위축될 것으로 예측되고 있다. 또한 지식의 보편성을 기반으로 하는 세계화는 다양성을 특징으로 하는 다문화(multiculture) 현상과 충돌하고 있으며, 이에 따라 세계화와 대비되는 지역적 특수성에 주목하는 지역화(localization)의 중요성도 강조되고 있다.

이처럼 세계화와 현대 기술의 발달에 따라 낮아지고 있는 언어의 장벽과는 달리 서로 다른 문화의 차이와 특수성은 더욱 강조되고 있다. 그 이유는 다문화사회에서 각각의 언어문화는 서로 다른 집단들의 동질성과 이질성을 확인시켜 주는 준거이기도 하지만, 이들의 소통과 화합을 매개하는 역할을 담당하고 있기 때문이다. 그렇기 때문에 세계화와 다문화라는 현상이 동시에 출현하고 있는 현대사회에서는 사람들 사이의 상호 관계와 작용을 중시하는 상호문화(interculture)[1]라는 맥락에서의 언어문화 교육 필요성이 중요하게 강조될 수밖에 없다.

실제로 현대사회에서도 부분적이고 특수한 상황에서는 단일언어문화(monolingual culture) 교육이 실시되고 있지만, 세계 각국의 보편적인 교육 환경은 이중언어문화(bilingual culture) 교육이나 다중언어문화(multilingual culture, multilingual and multicultural) 교육 환경으로 급속하게 변모하고 있다. 예를 들면, 굳이 다문화 현상이 아니더라도 현대의 학교교육에서 외국어교육은 선택이 아닌 필수이며, 외국어나 외국 문화 그리고 외국인이 같은 공간에 공존하는 다양한 교육 환경이 조성되어 있다. 더구나 세계화와 다문화라는 사회 현상이 현실화되면서 교육 현장은 다중언어문화 교육 환경으로 빠르게 변모하고 있다.

이 글에서는 세계화, 다문화 등의 영향으로 확대되고 있는 다중언어문화라는 현실과 이러한 현실 상황에서 언어문화를 실천해야 하는 학습자들의 능력인 문식성 교육의 이론과 실제에 대해서 논의하려고 한다. 아울러 현대사회의 기술 발달에 따라 새로운 소통 수단으로 등장한 멀티미디어 사용 능력으로 대표되는 미디어 문식성에 대해서도 논의할 것이다. 그 이유는 전통적인 소통 방식을 주도했던 언어와 문화뿐만 아니라 미디어를 매개로 하는 새로운 소통 방식과 현실문화를 실천하는 문화 능력이 중요해졌기 때문이다. 그리고 이러한 맥락에서 현대사회에서 문식성 교육의 쟁점을 언어와 문화의 다양성, 미디어 기술의 영향력[2]이라고 정리할

---

1 상호문화적 관점은 교육을 통해서 개인이 습득하게 되는 지식이나 의미가 세상과 독립된 것이 아니라 우리가 관계하고 있는 세상과의 상호 작용 속에서 형성된다는 구성주의 교육관과도 맥락을 같이한다.

2 They(The New London Group의 멤버들: 필자 주) emphasized the use of multiple modes of

수 있다.

구체적으로는 다중언어문화 환경뿐만 아니라 새로운 미디어의 발달과 관련해서 새롭게 제기되고 있는 현대의 문식성 개념에 대해서 살펴볼 것이다. 즉 현대사회의 다중언어문화 학습자의 문식 능력은 전통적인 기능적 문식성의 범주를 넘어 다중언어와 문화적 문식 능력뿐만 아니라 새로운 미디어의 이해와 표현이라는 미디어 사용 능력으로까지 확장되고 있다. 이러한 현대사회에서 이 글은 다중언어문화 학습자들에게 요구되는 문식성에 대해 논의하고, 이를 바탕으로 하여 다중언어문화 한국어교육의 미래를 전망(展望)하고자 한다.

2. 다중언어문화 문식성/다중문식성의 본질

이 글의 핵심어의 하나인 문식성이라는 개념은 19세기 공공교육의 장(場)에서 처음 사용되기 시작하였으며, 1951년 유네스코(UNESCO) '교육통계표준화전문가위원회(The Expert Committee on Standardization of Educational Statistics)'는 문식성을 '자신의 일상생활에 관한 짧고 간단한 문장을 이해하며 읽고 쓸 수 있는 능력'으로 규정하였다. 이러한 유네스코의 문식성 개념은 문맹 퇴치, 근대화 정책 등과 맞물려 교육의 핵심적인 내용으로 자리 잡았으며, 이후 문화적 문식성, 미디어 문식성, 비판적 문식성 등으로 그 영역을 확장하여 다양한 범주와 능력을 내포하는 개념으로 발전하였다(윤여탁, 2015; 윤여탁, 2018c).

communication, languages, and multiple Englishes to reflect the impact of new technologies and linguistic and cultural diversity, instead of developing competence in a single national language and standardized form of English.(Bill Cope and Mary Kalantzis, 2009: 164-195; https://en.wikipedia.org/wiki/Multiliteracy, 2018. 10. 10)

2-1. 문식성 개념의 논의와 발전

다중문식성(multiliteracies)의 개념

이 글에서 논의하려는 핵심어인 다중문식성 개념은 1994년 '뉴런던 그룹(The New London Group)'[3]의 문제 제기로부터 시작되었다. '뉴런던 그룹'의 멤버들은 기존의 문식성 교육이 학습자의 요구에 부응하지 못하였다고 진단하고서 새로운 문식성 개념을 제안하였다. 즉 이들은 간단한 글을 읽고 쓰는 능력과 같은 기능적 문식성의 대안으로 다중문식성이라는 교육 패러다임의 전환을 제안했는데, 이 주장의 핵심은 문화[하위문화(subculture) 포함]와 언어의 다양성과 미디어 기술 등 현대사회의 새로운 특성들을 문식성 교육에 반영해야 한다는 것이다.[4] 그리고 이 개념을 언어(linguistic design), 음성(audio design), 공간(spatial design), 제스처(gestural design), 시각(visual design)과 이를 아우르는 다중양식(multimodal)이라는 의미 양식(mode of meaning)으로 설계하여 제시하였다(B. Cope and M. Kalantzis, 2000, 3-30).

이러한 다중문식성의 특성은 현대사회의 세계화 경향과 산업기술의 발달과 밀접한 관련이 있다. 즉 세계화에 따른 보편화와 다문화로 인해

---

3 'The New London Group' is a group of ten academics[Courtney B. Cazden(USA), Bill Cope(Australia), Norman Fairclough(UK), James Paul Gee(USA), Mary Kalantzis(Australia), Gunther Kress(UK), Allan Luke(Australia), Carman Luke(Australia), Sarah Michaels(USA), Martin Nakata(Australia), Joseph Lo Bianco(Australia, 이후 합류): 필자 주] who met at New London, New Hampshire, in the United States in September 1994, to develop a new literacy pedagogy that would serve concerns facing educators as the existing literacy pedagogy did not meet the learning needs of students.(https://en.wikipedia.org/wiki/Multiliteracy, 2018. 10. 10)

4 다중문식성 개념은 국어교육학계에 비교적 이른 시기에 소개(최인자, 2002)되었지만 후속적인 논의는 이루어지지 않았다. 그럼에도 불구하고 다중문식성의 중요 개념의 하나인 미디어 문식성에 대해서는 비교적 많은 논의(정현선, 2005 등)가 있었다. 한국어교육학계에서는 최근에야 다중문식성 논의(안젤라 리-스미스, 2016; Yoon Sue Y. & L. Brown, 2017)가 시작되었지만 미디어를 활용하는 한국어교육이나 문화적 문식성으로서 미디어 교육 논의는 비교적 활발하게 이루어졌다.

촉발된 언어와 문화의 다양성을 반영하는 교육적 실천과 정보 통신기술의 발달에 따른 미디어 교육의 필요성 등을 쟁점으로 제기하였다. 이들은 다중문식성이라는 개념을 교육에 적용하여 학생들이 일상생활에서 현대사회의 다양한 언어 및 문화적 차이를 협상할 수 있게 하는 것이 언어 사용의 핵심이라고 강조하였다. 이를 통해서 그동안 언어의 사용 능력에 초점을 맞추었던 문식성에 대한 전통적인 접근법의 한계를 극복하고자 했으며, 문화교육과 미디어 교육으로 그 영역을 확대함으로써 문식성에 대한 새로운 시각을 제공하였다.

또한 '뉴런던 그룹'의 멤버들은 다중문식성 접근법을 교육에 도입하면 학생들이 문식성 학습의 두 가지 목표(진화하는 언어적 저작이나 권력, 커뮤니티에 접근할 수 있고, 취업을 통해 사회적 미래를 설계하여 성공에 이를 수 있는 비판적 참여를 촉진하는 것)를 달성할 수 있다고 주장하였다.[5] 결론적으로 이들은 언어를 읽고 쓰는 능력이라는 기능적 문식성의 한계를 극복하기 위해 언어와 문화의 다양성과 미디어의 소통적 역할을 강조할 뿐만 아니라 현대사회를 살아갈 수 있는 비판적 능력을 기르는 것을 다중문식성 교육의 목적이라고 설명하고 있다.

---

5 The authors argue that the multiplicity of communications channels and increasing cultural and linguistic diversity in the world today call for a much broader view of literacy than portrayed by traditional language-based approaches. Multiliteracies, according to the authors, overcomes the limitations of traditional approaches by emphasizing how negotiating the multiple linguistic and cultural differences in our society is central to the pragmatics of the working, civic, and private lives of students. The authors maintain that the use of multiliteracies approaches to pedagogy will enable students to achieve the authors' twin goals for literacy learning: creating access to the evolving language of work, power, and community, and fostering the critical engagement necessary for them to design their social futures and achieve success through fulfilling employment.(The New London Group, 1996, 60)

다중문식성과 진보적인 교육관의 만남

다중문식성이라는 문식성 교육의 관점은 진보적인 교육관과의 만남을 통해서 소외 계층이나 억압받은 사람들에 대한 교육으로 그 영역을 확대하기에 이른다. 즉 다중문식성은 저소득층이나 억압받는 계층의 학습자들이 교육적 성취에 도달하지 못하는 교육의 소외 문제와 문화적, 언어적 다양성으로부터 발생하는 교육의 불평등 문제에 관심을 기울여야 한다는 주장[6]으로 발전하였다. 이러한 다중문식성 개념은 프레이리(P. Freire)나 지루(H. Giroux)와 같은 진보적 교육자들에 의해 주창된 '해방 문해'라는 개념과도 맥락을 같이한다.

> 민주 사회 건설을 위해서 교육자 및 정치 지도자들은 새로운 교육 실천(praxis)에 근거한 학교를 재창조해야 한다. 또한 전체 사회 개혁을 아우를 수 있는 교육 철학을 천명해야 한다. (중략) 문해(literacy: 필자 주)는 억압받는 사람들의 문화자본에 대한 비판적인 성찰에 토대를 두고 있다. 문해는 억압받고 있는 사람들이 자신의 역사와 문화 그리고 언어를 회복하고 주체적으로 향유하며 살기 위한 방법이 되었다(P. Freire & D. Macedo, 2014, 158-160).

이들은 이러한 논의를 통해서 전 세계적으로 억압받는 사람들이 교육에서 소외되고 있다고 진단하고, 현대사회의 교육은 이들의 문제에 관심을 가져야 한다고 주장하였다. 예를 들면, 국내의 경우에는 장애인이나 노인, 다문화 가족, 외국인 노동자, 도시 빈민이나 저소득층 등 사회적, 경제적 약자를 대상으로 하는 문식성 교육이, 국외의 경우에는 후진국이나

6 (Multiliteracies: 필자 주) concern about the underachievement of low-income and culturally and linguistically diverse(CLD)(Jim Cummins, 2009, 38)

개발도상국에서 산업화와 연계하여 추진하는 문맹 퇴치 운동이나 생활 개선 운동 차원에서 이루어지는 비판적 문식성 교육 등이 여기에 해당한다. 그리고 이들 진보적 교육학자들은 문식성 교육을 통해서 비판적인 사고 능력을 신장하고, 사회정의(social justice)와 민주주의, 평등을 실현하는 것을 목표로 하는 해방적 민중교육학의 전망을 제시하였다.

2-2. 다중문식성과 유사類似 문식성

다중문식성과 '다중언어문화 문식성'

다중문식성이라는 개념은 문식성 교육의 대상을 언어와 문화, 미디어로 확대하였다는 점에서 다중언어문화 문식성으로 구체화하여 설명할 수 있다. 이 다중언어문화 문식성이라는 개념은 다중언어와 다중문화 환경을 우선적으로 고려하지만, 궁극적으로 미디어의 생산물이 현실의 대중문화라는 점을 고려하면 미디어 환경에서의 문식 능력도 포함된다. 즉 다중문식성이나 다중언어문화 문식성 개념은 기본적으로 동일한 개념이며, 이 개념은 다중언어 문식성(multilingual literacy)(M. Martin-jones and K. Jones, 2000; D. Barton, 2014), 다문화 문식성(multicultural literacy)(A. I. Wills et al ed., 2003), 미디어 문식성(media literacy) 등 하위 개념들을 포함하고 있다. 또 미디어 문식성은 미디어의 복합 양식적 특성 때문에 복합 양식 문식성(multimodal literacy)이라고 불리기도 한다.[7] 이처럼 다중문식성은 복합적이고 융합적인 특성을 지닌다.

---

7 이러한 맥락에서 다중문식성과 다중언어문화 문식성(multilingual culture literacy)이 일치하는 개념은 아니지만, 이 글에서는 두 용어 개념의 공통분모가 많은 유사한 개념이라고 판단하여 혼용하였다.

다중문식성과 '신문식성'[8]

앞에서 이야기한 다중문식성 교육의 패러다임은 신문식성 교육이라는 개념으로 설명되기도 한다. 즉 '뉴런던 그룹'의 견해를 대변하는 코프와 칼란치스(Bill Cope and Mary Kalantzis)는 이러한 다중문식성의 개념을 '다중문식성: 신문식성, 새로운 학습(Multiliteracies: New Literacies, New Learning)'이라는 논문 제목으로 압축해서 설명하고 있다. 그리고 이들은 다중문식성이 의사소통의 맥락과 교수-학습의 사회적, 기술적 맥락을 극적으로 변화시키고, 교육적 맥락에서의 의사소통이나 표현과 관련된 언어를 개발함으로써, 우리 시대를 위한 적절한 문식성 교육을 구성할 때 생기는 의문을 해결해 준다고 밝히고 있다.[9]

3. 다중언어문화 문식성과 한국어교육

이 부분에서는 외국어로서의 한국어교육의 현황과 과제를 살펴보려고 한다. 특히 다중언어문화 문식성이 요구되는 현대사회에서 한국어교육이 추구해야 할 지향을 중점적으로 논의하고자 한다. 구체적으로는 상호문화에 초점을 맞추는 문화교육, 미디어의 생산물과 소통 체계(system)를 교육 대상과 교육 방법으로 도입하는 미디어 교육의 관점에서 한국어교육의 가능성을 이야기할 것이다. 아울러 문화적 문식성의 차원에서 문학문식성(literary literacy) 교육의 전망을 제안함으로써 한국어교육의 외연(外

---

8 지(J. P. Gee), 랭쇼어와 노벨(C. Lankshear & M. Knobel) 등의 '신문식성'에 대한 논의는 기존의 논문(윤여탁, 2018a)을 참고할 것.

9 It describes dramatically changing social and technological contexts of communication and learning, develops a language with which to talk about representation and communication in educational contexts, and addresses the question of what constitutes appropriate literacy pedagogy for our times.(Bill Cope and Mary Kalantzis, 2009, 164)

延)을 확대할 수 있는 방안을 마련하고자 한다.

3-1. 한국어교육의 환경 변화와 과제

4차 산업혁명 시대에서 한국어교육의 위상

인공지능, 빅 데이터 등의 미래 기술은 외국어교육에서 기능적인 의사소통 능력과 관련이 있는 통역, 번역 등과 같은 다중언어교육의 영역에 적용되고 있다. 예를 들면 4차 산업혁명의 핵심적인 기술인 인지과학(cognitive science)이 번역이나 통역에 실용화되면서, 이 기술들이 생산해내는 결과물의 정확도가 빠르게 향상되고 있다.[10] 초보적인 번역이나 통역 기술은 이미 실용화와 상용화 단계에 이르렀으며, 이에 따라 세계화와 다중언어의 차원에서 존재하던 언어 장벽의 높이는 빠른 시일 내에 낮아질 것으로 예측되고 있다.

앞으로 외국어교육에서 기능적인 언어 문식성인 다중언어 문식성의 역할은 약화될 수밖에 없을 것이다. 이에 비하여 언어교육에서 다문화 문식성이나 미디어 문식성/복합 양식 문식성 등이 중요한 쟁점으로 부각될 전망이다. 즉 한국어교육도 언어적 차이나 장벽보다는 문화나 미디어의 차이와 다양성이 문식성 교육의 핵심이 될 가능성이 높다. 이러한 맥락에서 미래 사회에서 한국어교육은 학습자들의 문화적 차이와 다양성에 초점을 맞추는 문화교육과 현실의 대중문화를 생산하여 전달하고 있는 미디어의 소통 방식에 주목하는 미디어 교육의 이론과 실제를 개발해야 한다.

---

10 예를 들어, KT는 '문학, 기술을 만나다: KT 인공지능 소설 공모전'이라는 웹 소설 공모전을 개최하여 2018년 8월 17일에 첫 시상식을 거행하였다. 1차 심사에서는 인공지능 소설 작품의 문학적 가치를 평가하였고, 2차 심사에서는 소설 집필에 사람의 개입이 얼마나 됐는지, 알고리즘(algorithm)은 어떤 방식으로 만들어졌는지, 참가자가 이를 직접 개발했는지를 검증하였다고 한다. 현재 블라이스 홈페이지에 공모 작품을 공개하고 있다(https://www.blice.co.kr/web/homescreen/main.kt).

한국어교육에서 문화교육과 미디어 교육

한국어교육에서 문화교육은 문화 간의 차이를 인정하는 문화 상대주의와 상호문화교육을 지향하는 방향에서 교육적 실천 방법을 모색해야 한다. 이러한 상호문화교육은 다른 문화 자체에 주목하기보다는 다른 문화를 가진 타인에 주목하며, 자신과 타인, 자신의 문화와 타인의 문화가 맺고 있는 상호 관계에 주목한다. 아울러 외국어 학습자는 타인과 타인의 문화에 대해서 아는 것을 넘어 자신의 문화뿐만 아니라 타인의 문화를 존중하면서, 타인과 더불어 살아갈 수 있어야 한다(윤여탁, 2018b). 이러한 관점은 서로의 문화에 대한 이해를 넘어 상호문화적 실천을 요구하는 다음과 같은 견해와 맥락을 같이한다.

> 문화 지식 자체를 무용지물이라고 생각해서는 안 되겠지만, 집단의 문화적 특성과 개인을 무조건 일대일로 대응시키는 것은 분명 재고해야 한다. 학생들은 문화적 차이에 대한 지식보다 상황을 분석할 수 있는 능력을 길러야 한다. 다시 말해 문화적 특성에 대한 지식이 교육적 행위에서 필수적인 것이 아니라면 교사는 학생들에게 상황을 이해할 수 있는 능력을 신장시켜 줄 필요가 있다(M. Abdallah-Pretceille, 2010, 97).

아울러 한국어교육은 이와 같은 상호문화적인 방향과 방법의 모색뿐만 아니라 현대사회의 산물인 미디어에 주목해야 한다. 그 이유는 미디어가 문화적 산물일 뿐만 아니라 이를 생산하고 유통 · 소비하는 소통의 수단이라는 두 측면이 있기 때문이다. 따라서 한국어교육에도 미디어를 효과적으로 교육하여 사용할 수 있는 능력을 개발하기 위한 새로운 시각과 접근법이 요청되고 있다. 이러한 측면에서 현대사회의 미디어 교육은 미디어를 매개로 하는 미시적인 측면에서의 소통을 넘어 거시적이고 이데올로기적인 측면에서의 소통에 주목하는 미디어 문식성의 개념을 정립하고 교육적으로 실천해야 한다(윤여탁, 2018a, 45). 특히 미디어 교육은 문화라는 관점에서 문화적 문식성, 성찰과 사고라는 관점에서 비판적 문식성이라는 층위를 고려하여 실시되어야 한다(윤여탁 외, 2008, 31-44).

이처럼 현대사회의 새로운 문식성(다중문식성, 신문식성, 다중언어문화 문식성) 개념은 미디어 문식성, 디지털 문식성(digital literacy), 복합 양식 문식성 등을 포함한다. 또한 이 새로운 문식성은 기술적인 것(technical stuff)일 뿐만 아니라 정신적인 것(ethos stuff)을 포함하는 개념이기도 하다. 즉 이러한 문식성 개념은 현대사회의 소통 방식이자 생산물인 새로운 매체를 다룰 수 있는 미디어 문식성이라는 개념뿐만 아니라 프레이리 등의 진보적 교육관과 연관된 현실 비판 능력이나 새로운 시대적 요구에 부응할 수 있는 사고방식(mindset) 등의 비판적 문식성 개념을 포함하고 있다(P. Freire & D. Macedo, 1987; J. P. Gee, 2015, 77-89).

3-2. 한국어교육의 새로운 영역 확장

미래 사회에서 한국어교육의 전문성 강화

미래 기술의 발달로 인해 언어 환경이 변화함에 따라 언어의 기능적인 사용은 새로운 도전에 직면할 것으로 예측된다. 구체적으로는 실용적인 의사소통 능력과 같은 기능적인 문식성 교육은 위기를 맞을 수밖에 없을 것이다. 그리고 이러한 위기를 극복하기 위해서는 기능적인 언어 사용 능력을 중요시했던 외국어로서의 한국어교육은 미래 사회가 던져 주는 과제에 대한 해결 방안을 마련해야 한다. 다음과 같은 진단은 외국어교육의 이러한 상황을 잘 설명해 주고 있다.

> 다언어주의는 여러 외국어를 구사하는 것을 전제로 한다. (중략) 단일언어주의에서 다언어주의로의 이동은 첫 번째 이동이자 첫 번째 도전이다.

두 번째 도전은 문명에서 문화로 이동함에 따라 언어능력을 문화능력으로 확장하는 것이다. 언어능력은 분명 필요한 능력이지만 의사소통의 관점에서 보면 충분하다고 말할 수 없다. 따라서 언어적 · 문화적 이질성과 기이성에 대한 학습은 특수한 능력을 개발함으로써 가능하다. 언어를 배운다는 것은 문화를 배우는 것이며, (하략)(M. Abdallah-Pretceille, 2010, 121)

위의 논의처럼, 한국어교육은 언어교육을 넘어 문화교육을 지향하고, 이를 문화라는 차원에서 실천해야 한다. 이러한 맥락에서 상호문화교육의 시각은 한국어교육의 실천과 수행에 중요한 시사점을 제공하여 준다. 그것은 기능적인 의사소통 능력 함양보다는 통합적인 의사소통 능력 함양을 지향해야 하며, 일반목적 한국어교육 중심에서 특수목적 한국어교육으로 방향을 전환하여 그 전문성을 강화해야 한다는 것이다. 특히 한국어교육과 타학문과의 연계를 통해서 한국어교육의 외연을 확장하고, 학문적 정체성과 존재의 필요성을 강화할 필요가 있다.

한국어와 한국 문화에 대한 비판적 이해와 실천

한국어교육에서 학습자의 모어와 문화와 목표 언어와 문화 간의 차이를 확인하는 것도 중요하다. 그 이유는 앞으로 한국어교육의 영역이 언어적 의사소통의 수준을 넘어 문화교육의 장으로 확대될 것이기 때문이다. 그리고 이와 같은 문화 간 차이를 알기 위해서는 서로 다른 언어와 문화를 비판적으로 바라볼 수 있어야 한다. 궁극적으로 한국어교육은 한국어의 의사소통 능력을 함양할 뿐만 아니라, 학습자들이 서로 다른 문화의 차이에 대한 이해를 넘어 문화를 경험하게 하는 비판적 문화 능력을 길러주어야 한다. 이를 위해서 한국어와 한국 문화를 통합적으로 교수-학습하는 이론과 실제를 개발해야 한다.

아울러 한국어교육에서 문화교육은 문화에 대한 지식이나 인식을 넘어 문화적 이해와 인식을 주체적으로 실천할 수 있는 능력을 기를 수 있어야 한다. 즉 한국어 학습자들이 한국어교육을 통해서 한국 문화에 무조건적으로 동화와 융합을 지향하기보다는 자국 문화뿐만 아니라 목표 언어인 한국 문화에 대한 정체성을 확립할 수 있어야 한다. 한국어 문화교육의 이러한 지향은 상호문화주의와 다문화 모자이크(mosaic) 정책과도 일맥상통한다. 그리고 외국어로서의 한국어교육에서 한국어와 한국 문화에 대한 이러한 이해와 실천을 통해서 학습자의 비판적 사고 능력을 신장할 수 있을 뿐만 아니라 학습자 스스로 목표 언어의 문화와 자신의 문화를 능동적으로 향유하는 실천적 문화 수행 능력을 기를 수 있을 것이다(윤여탁, 2013; 윤여탁, 2018b).

한국어교육에서 문화적 문식성으로서 문학 문식성

현대사회의 외국어교육은 새로운 도전에 직면해 있다. 앞에서 진단한 것처럼 기능적인 문식성이나 의사소통 교육 차원에서의 한국어교육의 역할은 많이 축소될 것이다. 이에 비하여 인간들의 개별성이나 개성과 관련이 있는 정서적인 영역이나 창의적인 사고력과 관련된 정서적 문식성 교육이 중요 쟁점으로 부각할 전망이다. 이러한 차원에서 자국어교육의 문학교육에서 제안된 문화적 문식성으로서 문학 문식성(윤여탁, 2016; 윤여탁, 2018a)이 한국어교육의 영역에서도 중요하게 적용될 수 있다. 그리고 한국어교육에서 문학교육이 중시되어야 하는 당위성은 외국어교육에서 문학 텍스트의 효용성을 설명한 논의[11]에서도 확인할 수 있다.

이러한 주장에 따르면, 한국어교육에서 문학 작품을 교수-학습에 활용

---

11 콜리와 슬레이터는 외국어로서의 영어교육에서 문학 작품의 효용성을 ① 가치 있고 실제적인 자료(valuable authentic material), ② 문화적 풍요화(cultural enrichment), ③ 언어적 풍요화(language enrichment), ④ 개인적 연관(personal involvement)이라고 설명하고 있다(J. Collie and S. Slater, 1987, 3-6).

할 때, 학습자들의 정서나 감정을 중심으로 문학 작품을 이해, 감상하고 이를 표현할 수 있도록 해야 한다. 그 이유는 한국문학의 교수-학습에는 학습자들이 일상생활 속에서 겪은 직접적인 체험뿐만 아니라 자국어교육에서 학습한 문학 지식이나 정서 체험 등 간접적인 체험을 적극적으로 활용할 수 있는 장점이 있기 때문이다. 그리고 한국어교육에서 문학교육을 다양하게 실천함으로써, 외국인 학습자들이 기능적인 차원의 단순한 한국어 학습을 넘어 문화적인 차원에서 한국어와 한국 문화에 대한 지식이나 정서를 이해하고 향유하게 될 것이다. 즉 상호문화적 측면에서 서로 다른 문화적 차이에 대한 이해와 문학적 정서에 대한 이해를 통해서 목표언어의 문화나 정서를 자기화할 수도 있다.

이처럼 문화적 문식성으로서 문학 문식성 개념을 외국어로서의 한국어교육에 도입함으로써 문학 학습자의 정서나 체험을 적극적으로 활성화할 수 있을 것이다. 그리고 이를 통해서 한국어 학습자의 정서와 정의, 경험이 한국문학 작품의 이해와 감상에 적용되어 학습자의 관점에서 문학을 수용하게 된다. 아울러 학습자의 정서나 체험을 중시하는 문학 작품의 이해와 감상이나 문학교육은 학습자 중심주의나 구성주의 등 현대 교육학의 추세와도 맥락을 같이한다(윤여탁, 2017).

4. 다중언어문화 한국어 학습자의 문식성 교육

이 글을 정리하면서 한국어교육의 현황과 지향을 다중언어문화 교육이라는 관점에서, 학습자(who), 학습 목적(why), 학습 내용(what), 학습 방법(how)에 초점을 맞추어 그 내용을 설명하고자 한다. 현재의 교육 현실을 논의함에 있어서, 어떤 교육 현장도 이 네 가지 쟁점과 문제의식으로부터 자유스러울 수 없기 때문이다. 이 글에서 논의한 다중문식성 교육 역시 여기에서 예외가 아니다.[12] 그렇기 때문에 이 쟁점들에 초점을 맞추어 구체적으로 논의함으로써 문식성의 차원에서 한국어교육의 과제와 전망을 제시할 수 있을 것이다.

학습자

먼저 학습자의 측면에서 다중언어문화 한국어 학습자의 다양화(다변화), 특수화(특성화)를 고려해야 한다. 즉 한국어교육 학습자들의 언어, 문화가 매우 다양해졌다는 점이다. 이 문제는 언어와 문화의 다양성에 그치지 않는다. 한국어 학습자는 대체로 성인 학습자이며, 이들은 이미 자국에서 충분히 교육을 받아 학습 능력을 가진 사람들이다. 한국어교육은 학습자들의 이러한 특성을 간과하지 말아야 한다. 그리고 자국의 교육을 통해 형성된 정체성과 관련된 문제인 학습자의 국적[13]에 따른 정치적 이념뿐만 아니라 종교, 사회계층 등 사회적 차이와 갈등 등도 한국어교육에서 중요하게 고려해야 할 변수이다.

이 점은 다음에 논의할 쟁점인 한국어 학습의 목적과도 밀접한 관련이 있다. 즉 한국어 학습자의 다양화, 특수화라는 변인은 학습 목적과 인과적인 관계에 놓인다. 구체적으로는 현대 교육학이 교수자나 교육 제도 등의 공급자 중심보다는 수용자인 학습자의 요구와 교수-학습의 현장 등을 중시하는 학습자 중심 교육을 지향한다는 점에서, 다중언어문화 시대에 한국어교육에서도 이러한 한국어 학습자의 다양성과 특수성이라는 문제

---

12 다중문식성 교육의 이론과 실제를 다룬 저서에서도 'why', 'what', 'how', 'practice'로 나누어서 설명하고 있다(B. Cope and M. Kalantzis, 2000).

13 2020년 9월 유학생 수는 총 158,077명으로 중국(한국계 포함 57,293), 베트남(56,879), 우즈베키스탄(9,344), 몽골(8,250), 네팔(2,750), 일본(2,195), 파키스탄(1,578), 인도네시아(1,392), 인도(1,287), 방글라데시(1,202), 미얀마(1,055) 등의 순서이다(출입국 · 외국인정책본부, 『출입국 · 외국인정책 통계월보』).
(http://viewer.moj.go.kr/skin/doc.html?rs=/result/bbs/227&fn=temp_1605766577032100)

는 우선적으로 고려해야 할 쟁점이다.

학습 목적

다중언어문화 환경인 현대사회에서 외국어 학습의 필요성과 요구가 급격하게 변화하고 있다. 어찌 보면 실용적인 한국어교육이 담당했던 통역이나 번역과 같은 언어 기능은 앞으로 비약적으로 발전할 기계와 기술이 담당하게 될 것으로 예측된다. 이에 따라 일반 목적 한국어교육을 넘어 특수 목적 한국어교육의 필요성이 강조될 수밖에 없을 것이다. 즉 한국어 의사소통 능력 함양에 초점을 맞추었던 한국어교육의 생명력이나 경쟁력은 약화되는 반면, 학문 목적 한국어교육에서처럼 학문의 고유한 영역에서 통용되는 학문적 규범이나 어휘 등 학문적 특수성을 교육해야 한다는 요구는 증대될 것이다.

또한 외국어로서의 한국어교육은 학습자의 모어와 목표 언어의 언어적 차이와 장벽보다는 학습자의 모어 문화와 목표 언어 문화 사이에 존재하는 정서적, 경험적 차이에 주목하는 다중문식성 교육/다중언어문화 문식성 교육을 지향해야 한다. 앞에서도 언급했지만 상호문화적인 이해를 통해서 한국어 학습자가 자신의 모어 문화에 대한 정체성과 한국 문화라는 목표 언어의 문화 간에 존재하는 차이를 이해하고 존중할 수 있는 상호문화교육, 상호문화 문식성 교육을 실천해야 하기 때문이다.

학습 내용

학습 내용의 측면에서 한국어교육은 의사소통 중심의 외국어교육을 넘어 특수목적 한국어교육의 맥락에서 한국의 문학, 역사, 정치, 사회, 문화, 경제 등의 한국학 전공 영역과 연결시켜서 교육 내용을 마련해야 한다. 그리고 이와 같은 한국어교육 내용의 특성화는 미국의 '외국어교육 국가 표준 프로젝트(National Standards in Foreign Language Education Project)'에서 제출한 '21세기 외국어 학습 표준(Standards for Foreign Language Learning in the 21st Century)'[14]의 5C(communication, cultures, connections, comparisons, communities)에서 타학문과의 연계(connections)를 강조하는 기준에서도 확인할 수 있다.

아울러 현대사회에서 우리 인간들은 매스미디어(mass media)와 SNS 같은 1인 미디어 등 다양한 미디어의 홍수 속에서 살고 있다. 그렇기 때문에 자국어교육에서는 물론 외국어교육에서도 언어와 문화의 다양성뿐만 아니라 미디어의 역할을 의사소통 능력과 관련시키는 교육 방법, 교육 내용을 구안하여 실천해야 한다. 이러한 맥락에서 한국어교육도 다중(언어문화) 문식성 교육의 실천을 지향하여, 언어교육의 영역으로 그 영향력을 확장하고 있는 미디어 사용 능력과 미디어 산물의 유통과 소비 등도 교육 내용으로 삼아야 한다.

학습 방법

학습 방법의 측면에서 한국어교육은 먼저 기능적인 의사소통 차원의 언어교육을 넘어 언어 기능 간 통합, 예를 들어 이해와 표현의 통합(읽기/쓰기, 듣기/말하기)을 지향하는 교수-학습 방법을 개발해야 한다. 아울러 기능적인 언어교육을 넘어 문화교육과 통합하는 다중언어문화 교육을 실천해야 한다. 예를 들면 문화(전통문화로서의 고급문화뿐만 아니라 현실문화로서의 대중문화)의 산물인 한국문학 작품을 교육 제재와 내용으로 하는 통합적인 한국어 교수-학습 방법을 실천함으로써, 고급스러운 한국어 의사소통 능력을 구사할 수 있는 한국어 학습자를 길러야 한다.

---

14 미국의 외국어교육 국가 표준은 'U. S. Department of Education and the National Endowment for the Humanities Grant'의 지원으로 연구되었으며, 1996년에 'Standards for Foreign Language Learning: Preparing for the 21st Century'라는 보고서로 출간되었다. 2012년에 발행된 3판에는 아랍어, 중국어, 고전어, 불어, 독일어, 이탈리아어, 일본어, 포르투갈어, 러시아어, 스페인어, 한국어, 스칸디나비아어 등의 외국어 국가 표준을 수록하고 있다.

또 현대사회에서 새로운 소통 매체로 등장한 미디어 등을 활용한 원격 교육이나 미디어 기반 학습 방법을 적극적으로 개발해야 한다. 특히 일방향적인 소통이라는 미디어의 한계를 극복하는 쌍방향적 소통이 가능한 미디어 기술이 비약적으로 발전하면서, 미디어를 기반으로 하는 교육이 현대 교육의 새로운 영역을 개척하며 그 영향력을 확대하고 있다. 그리고 이와 같은 미디어를 활용하거나 미디어를 기반으로 하는 한국어 교수-학습은 미디어와 관련이 있는 대중문화를 교육 내용으로 한다는 점에서 다중문식성 교육을 실천하는 방법이라는 의미도 있다.

끝으로 위에서 언급한 한국어 다중언어문화 교육의 학습자, 학습 목적, 학습 내용, 학습 방법이 따로따로 작용하는 것이 아니라 밀접하게 관계를 맺으면서 상호 작용하는 생태학(生態學, ecology)적, 유기체적인 관계라는 점을 기억해야 한다.

참고문헌

안젤라 리-스미스(2016), 「외국어교육표준(The 5Cs)에 기반을 둔 한국어 다중문식성 교수학습 자료 설계 방안: TV 방송 공익광고를 중심으로」, 『한국어교육』 27-2, 국제한국어교육학회.

윤여탁(2013), 「다문화 사회의 문식성 신장을 위한 한국어교육의 전략: 문학교육의 관점을 중심으로」, 『새국어교육』 94, 한국국어교육학회.

윤여탁(2015), 「한국에서의 문식성 교육의 반성과 전망」, 『국어교육연구』 36, 서울대 국어교육연구소.

윤여탁(2016), 「문학 문식성의 본질, 그 가능성을 위하여: 문화, 창의성, 정의(情意)를 중심으로」, 『문학교육학』 51, 한국문학교육학회.

윤여탁(2017), 「시 교육에서 학습 독자의 경험과 정의에 관한 연구」, 『국어교육

연구』 39, 서울대 국어교육연구소.

윤여탁(2018a), 「국어교육의 융복합적 특성과 문식성」, 『국어교육학연구』 53-1, 국어교육학회.

윤여탁(2018b), 「한국어교육에서 한국 문화교육의 이론과 실제」, 『인도에서의 한국어교육과 한국문화』, Goyal Publishers & Distributors Pvt. Ltd.

윤여탁(2018c), 「지구 언어 생태계의 변화와 (한)국어교육의 미래」, 『국어교육』 163, 한국어교육학회.

윤여탁 외(2008), 『매체언어와 국어교육』, 서울대학교 출판부.

정현선(2005), 「'언어 · 텍스트 · 매체 · 문화' 범주와 '복합 문식성' 개념을 통한 미디어 교육의 국어교육적 수용에 관한 연구」, 『한국초등국어교육』 28, 한국초등교육국어교육학회.

최인자(2002), 「다중 문식성과 언어문화교육」, 『국어교육』 109, 한국어교육학회.

Abdallah-Pretceille, M., *L'éducation interculturelle*, 장한업 옮김(2010), 『유럽의 상호문화교육: 다문화 사회의 새로운 교육적 대안』, 한울.

Banks J. A., *An Introduction to Multicultural Education*, 모경환 외 공역(2008), 『수정판 다문화교육 입문』, 아카데미프레스.

Barton D., *Literacy: An Introduction to the Ecology of Written Language*, 김영란 · 옥현진 · 서수현 옮김(2014), 『문식성: 문자 언어 생태학 개론』, 연세대학교 대학출판문화원.

Byram M.(1997), *Teaching and Assessing Intercultural Communicative Competence*, Multilingual Matters.

Collie J. and Slater S.(1987), *Literature in the Language Classroom: A Resource Book of Ideas and Activities*, Cambridge University Press.

Cope B. and Kalantzis M. ed.(2000), *Multiliteracies: Literacy Learning and the Design of Social Futures*, Routledge.

Cope B. and Kalantzis M.(2006), "From Literacies to 'Multiliteracies': Learning to Mean in the New Communications Environment", *English Studies in Africa*, 49-1, pp. 23-45.

Cope B. and Kalantzis M.(2009), "'Multiliteracies': New Literacies, New Learning", *Pedagogies: An International Journal* 4–3, pp. 164–195.

Cummins J.(2009), "Transformative Multiliteracies Pedagogy: School–based Strategies for Closing the Achievement", *Multiple Voices for Ethnically Diverse Exceptional Learners* 11–2, pp. 38–56.

Freire, P., *Pedagogy of the Oppressed*, 남경태 옮김(2002), 『페다고지』, 그린비.

Freire, P. & Macedo, D., *Literacy: Reading the Word and the World*, 허준 옮김(2014), 『문해교육: 파울로 프레이리의 글 읽기와 세계 읽기』, 학이시습.

Gee J. P.(2009), "Reflections on Reading Cope and Kalantzis' "'Multiliteracies': New Literacies, New Learning"", *Pedagogies: An International Journal* 4–3, pp. 196–204.

Gee J. P.(2015), *Social Linguistics and Literacies: Ideology in Discourses*(5th ed.), Routledge.

Hepple E., Sockhill M., Tan A. & Alford J.(2014), "Multiliteracies Pedagogy: Creating Claymations with Adolescent, Post–Beginner English Language Learners", *Journal of Adolescent & Adult Literacy*, 58–3, pp. 219–229.

Hirsch Jr. E. D.(1988), *Cultural Literacy: What Every American Needs to Know*, Random House Inc.

Jacobs G. A.(2013), "Designing Assessment: A Multiliteracies Approach", *Journal of Adolescent & Adult Literacy*, 56–8, pp. 623–626.

Jung Ji–Young et al.(2018), "Cultivating Intercultural Competence Through a Pedagogy of Multiliteracies", 2018 AATK Annual Conference Presentation File.

Lankshear C. & Knobel M.(2006), *New Literacy: Everyday Practices and Classroom Learning*(2nd ed.), Open University Press.

Martin–jones M. and Jones K.(2000), *Multilingual Literacies: Reading and writing different worlds*, John Benjamins Publishing Company.

National Standards in Foreign Language Education Project(2012), *Standards for Foreign Language Learning in the 21st Century*(3rd Ed.), Allen Press, Inc.

Norton B.(2014), "Introduction: the Millennium Development Goals and multilingual literacy in African communities", *Journal of Multilingual and Multicultural Development*, 35–7, pp. 633–645.

Pei–Ling Tan J. & McWilliam E.(2009), "From Literacies to Multiliteracies: Diverse Learners and Pedagogical Practice", *Pedagogies: An International Journal* 4–3, pp. 213–224.

Sercu L. et al(2005), *Foreign Language Teachers and Intercultural Competence: An International Investigation*, Multilingual Matters.

Smith P., Warrica S. J. and Kumi–Yeboah A.(2016), "Linguistic and Cultural Appropriations of an Immigrant Multilingual Literacy Teacher Educator", *Studying Teacher Education*, 12–1, pp. 88–112.

The New London Group(1996). "A Pedagogy of Multiliteracies: Designing Social Futures", *Harvard Educational Review,* 66–1, pp. 60–92.

Wills A. I. et al ed.(2003), *Multicultural Issues in Literacy Research and Practice*, Lawrence Erlbaum Associates Publishers.

Yoon Sue Y. & Brown L.,(2017), "A Multiliteracies Approach to Teaching Korean Multimodal (Im)politeness", *The Korean Language in America,* 21–2, pp. 154–185.

(http://www.jstor.org/stable/10.5325/korelangamer.21.2.0154, 2018. 7. 12)

출입국 · 외국인정책본부(2020), 『출입국 · 외국인정책 통계월보』
(http://viewer.moj.go.kr/skin/doc.html?rs=/result/bbs/227&fn=temp_1605766577032100)

https://en.wikipedia.org/wiki/Multiliteracy
https://www.blice.co.kr/web/homescreen/main.kt

포스트 휴먼 시대의 한국어교육

사실 재앙이란 항상 있는 일이지만, 막상 들이닥치면 사람들은 그것에 대해 생각하기 어려운 법이다. 세상에는 전쟁만큼이나 페스트가 많이 있었다. 하지만 페스트나 전쟁이 들이닥치면 사람들은 항상 속수무책이었다.

— 카뮈(Albert Camus)의 『페스트(*La Peste*)』(1947)에서

1. 현대사회에 대한 인식

포스트(post)와 포스트 휴먼(post-human)

포스트 휴먼이라는 논의는 '휴먼(현생 인류)—트랜스(trans) 휴먼' 시대를 거쳐 포스트 휴먼[현생 인류(Homo sapiens)가 인간 종을 더 이상 대변할 수 없을 정도로 철저히 변화되어 이제는 인간이라 할 수 없는 존재(김건우, 2016, 31)] 시대가 도래(到來)했다는 진단으로부터 출발하고 있다. 이러한 주장은 우리 인류가 기본적으로 인간 종(種)이라고 할 수 없는 존재들과 같이 또는 더불어 살아야 한다는 비관적인 현실 인식으로부터 시작되었으며, 현재가 이러한 포스트 휴먼이라는 존재와의 조화를 추구하는 삶을 기획해야 할 시점이라는 사실을 강조하고 있다. 대표적으로 유목적 주체(nomadic subjects)로서의 포스트 휴먼과 포스트 휴머니즘의 본질을 'XX 너머 생명'[1]으로 설명하고 있는 논의가 그 예이다.

---

1 로지 브라이도티(Rosi Braidotti)는 『포스트휴먼(*The Posthuman*)』(이경란 옮김, 아카넷, 2015)에서 각 장의 부제를 '자아 너머 생명', '종 너머 생명', '죽음 너머 생명', '이론 너머 생명'으로 붙여서 '너머'와 '생명'을 강조하고 있다.

이 글을 시작하면서 중요 용어인 포스트라는 접두어에 대해 먼저 생각을 정리하고자 한다. 그동안 이 '포스트'라는 용어는 포스트모더니즘, 포스트구조주의, 포스트 마르크스주의, 포스트식민주의, 포스트 휴머니즘과 같이 문예사조나 현대사회의 사상적 경향을 규정하는 데에 널리 사용되었으며, 최근에는 포스트 코로나라는 용어도 등장하였다. 그리고 그 의미는 후기, 이후 또는 탈(脫), 너머 등과 같은 시간적 개념을 내포하고 있다. 이 글에서는 '뉴노멀(New Normal)'이라고 규정되는 현대사회의 새로운 상황 맥락에서 포스트라는 용어를 시간 개념뿐만 아니라 공간 개념도 함의(含意)한 용어로 확대하여 사용하고자 한다.

먼저 시간의 관점에서 포스트는 '동시대 너머'이다 일찍이 호미 바바(Homi K. Bhabha)는 벤야민(W. Benjamin)의 '현재의 시간(jetztzeit)'을 인용하여 '포스트'를 시기 구분하지 않고 연속적인 시간의 흐름과 이러한 시간을 연출하는 공간을 '초월한(beyond)'의 개념으로 설명하면서, 하이픈을 없애고 포스트식민주의(postcolonialism)라고 표기하여 사용하였다. 이러한 맥락에서 이 글의 중요 개념인 포스트 휴먼에서 '포스트'를 시간적으로 '동시대'의 현상에 바탕을 두면서 이를 넘어서는 '동시대 너머'로 현현(顯現)하는 현상으로 보고자 한다.

다음으로 공간의 관점에서 포스트라는 공간은 현대 디지털 기술이 만들어 낸 비대면(非對面) 소통의 공간을 포함한다. 즉 현대사회에서는 물리적 공간을 넘어 가상공간(假想空間, cyberspace, virtual space)인 플랫폼(platform)이 소통의 중요한 공간으로 자리를 잡았고, 비대면 소통을 뜻하는 신어(新語)인 언택트(untact, un + contact) 상황을 주도하는 디지털 기술은 혁신적인 진보를 이룩하였다. 특히 최근 COVID-19라는 전 지구적 재앙(災殃)은 플랫폼이라는 공간의 역할을 극대화하였으며, 그 경제성과 효용성도 입증하였다. 이에 따라 비약적으로 발전한 디지털 미디어 기술은 비대면 상황에서의 소통과 인간적 관계 형성이 가능한 공간을 창조했으며, 이러한 결과는 다시 현대사회가 요구하는 새로운 기술의 발전을 추동하는 원동력이 되고 있다.

세계화(globalization)와 4차 산업혁명

포스트 휴먼과 같은 세계와 인간에 대한 비관적인 인식은 그동안 인류의 발전을 추동해 온 과학기술이 인류의 종말을 재촉하고 있다는 판단에 근거하고 있다. 아울러 이러한 현실 인식을 부정만 할 수 없는 것도 현실이다. 그럼에도 불구하고 탈경계, 초연결, 융합 등을 핵심으로 하는 4차 산업혁명 시대에 이르기까지 우리 인류는 숱한 시련과 도전을 극복해냈으며, 인간의 육체적, 생물학적 능력보다는 정신적, 정서적 능력이나 도전에 대처하는 유연성이 이러한 도전 극복의 원동력으로 작용하였다. 이러한 관점에서 인간들은 앞으로 닥칠 시련과 도전도 충분히 극복할 수 있을 것이라는 긍정적인 전망을 가질 필요가 있다.

어떻든지 현대사회는 세계화와 4차 산업혁명이 요청하는 여러 도전과 과제들에 직면해 있다. 이 중에서 지식의 보편화를 추구하는 세계화 경향은 다양성을 특징으로 하는 다문화(multiculture) 현상과 충돌하고 있다. 이에 따라 정치적, 경제적 강대국들이 중심에 놓이는 제국주의적 성격을 지닌 세계화와는 다른 관점에서 각기 다른 국가들의 지역적 특수성과 문화적 다양성을 강조하는 지역화(localization), 세방화(glocalization)라는 지향(指向) 역시 중요해지고 있다.

또한 4차 산업혁명의 대표적인 기술이라고 할 수 있는 인공지능(AI), 로봇(robot), 빅 데이터(big data), 사물 인터넷(internet of things) 등 디지털(digital) 기반의 과학기술이 빠르게 발전하면서 우리 인간들의 삶에 큰 변화가 일어나고 있다. 한 예로 빅 데이터와 인공지능을 활용한 번역이나 통역이 현실화되면서 외국어 소통 상황이 혁신적으로 변모하고 있다. 즉 기계 번역이나 통역과 같은 소통 기술의 발전에 따라 기초적인 외국어 사용 장벽이 낮아지고 있으며, 실용적인 외국어 통역이나 번역과 같은 언어활동은 크게 위축될 것으로 예측되고 있다.

이처럼 세계화의 추세와 현대 과학기술의 발달에 따라 언어의 장벽은 낮아지고 있지만, 이러한 현상과는 달리 외국어교육에서 서로 다른 문화의 차이와 특수성을 고려해야 한다는 필요성은 더욱 강조되고 있다. 즉 외국어 학습자는 목표 언어와 목표 문화를 학습해야 할 뿐만 아니라 학습자 자신의 모어와 모어 문화와의 비교를 통해 그 공통점과 차이점을 활용해서 외국어 학습에 적용해야 한다. 아울러 실용적이고 기능적인 외국어 학습보다는 전문적인 영역이나 특수한 학문 영역에서의 언어 사용에 초점을 맞추는 외국어 교수-학습이 중요해질 것으로 예측되고 있다.

이 글은 이상에서 언급한 포스트 휴먼, 세계화와 4차 산업혁명 시대의 도래라는 상황에 직면한 외국어로서의 한국어교육의 현재와 그 미래를 이야기하려고 한다. 특히 최근의 전 지구적 재앙의 영향으로 비대면 온라인으로 진행되고 있는 다양한 회의나 국제학회 등의 소통 방식이 널리 확산하고 있는 상황은 한국어교육의 미래에 대한 이러한 논의에 많은 시사점을 던져 줄 것으로 생각된다.

2. 포스트 휴먼 시대의 학문

현대 산업사회 또는 포스트 휴먼 시대의 담론

현대사회는 인류가 생활의 편리함을 위해 개발한 산업과 물질문명이 오히려 우리 인류를 지배하는 상황이 되었다. 이에 따라 이른 시기부터 근현대의 사상가들은 이러한 사회에서 인간의 본성과 역할에 대한 고민을 학문적 담론으로 제시하였다. 그 예로, 마르크스(K. Marx)와 엥겔스(F.

Engels)는 토대결정론으로 근대사회의 특수성을 설명하면서 인간성의 회복을 기획했으며, 프로이드(S. Freud)는 인간의 정신세계를 의식뿐만 아니라 무의식의 발현으로 설명하여 인간의 본성을 규명하고자 했다. 그래서 19세기부터 20세기 중반까지는 이와 같은 인간의 삶의 근원적인 본질이나 사회적 관계를 해명하는 것을 목적으로 했던 거대 담론(談論, discourse)의 영향력이 절대적이었으며, 근대의 다양한 학문적 추구는 이 거대 담론의 주변을 맴돌면서 이루어졌다.

그러다가 20세기 후반, 특히 1990년 현실사회주의의 붕괴 이후 거대 담론의 지배력이 약화되었으며, 다양한 담론들이 혼종(混種)하여 작용하는 다원주의(多元主義) 사회로 바뀌게 되었다. 다른 관점에서는 국가나 민족 등을 중시하는 전체주의, 집단주의를 넘어 개인적인 생활의 실천이나 가치가 선택의 중심에 놓이는 개인주의 시대가 되었다. 포스트식민주의, 포스트모더니즘, 상호문화주의 등에서 주목하는, 서로 다른 인간 주체(主體, Subject)들의 차이와 존엄성을 인정하는 이데올로기(ideology)와 담론의 실천이 그 대표적인 현상들이다.[2]

어떻든지 근대 이후의 사회는 '지식은 힘'이라는 베이컨(F. Bacon)의 명제를 바탕으로 해서 인간들을 위해 발전하였지만, 그 발전의 원동력이었던 과학과 기술이 인간과 자연을 지배하고 파괴하였음도 부정할 수는 없다. 이제부터라도 다시 돌이킬 수 없을 정도로 인간의 삶과 인간다움을 심각하게 훼손하고 위협하는 과학기술의 폐해를 극복하기 위해서 르네상스(Renaissance) 시대와 같은 휴머니즘의 재생을 기획해야 한다. 더구나 '포스트'라는 새로운 시간과 공간을 인정해야 하는 상황이라면 진정으로 인류를 파멸에 이르지 않는 지속가능한 번영을 기약할 수 있는, 인간성의

---

2 그람시(A. Gramsci)가 지배계층에 종속되는 하층 민중을 지칭한 서발턴(subaltern, 下位主體)이라는 개념을 도입하고 있는 스피박(G. C. Spivak) 등의 포스트식민주의나 페미니즘 논의가 그 예이다.[R. C. Morris(ed), 2010]

회복을 담보할 수 있는 학문을 추구해야 한다.

인간 중심주의를 넘어 생태학적 학문

COVID-19라는 전 지구적 재앙은 그동안 인류가 파괴하고 훼손한 자연과 생명의 균형과 섭리(攝理)가 인류에게 보내는 무서운 경고라고 생각한다. 머지않은 미래에 이 위협으로부터 어느 정도 벗어난다고 하더라도, 자연과 생명에 대한 훼손과 파괴가 계속된다면 조만간에 또 다른 위협이 닥칠 것이다. 어쩌면 현재의 재앙도 인간 종이 아닌 존재들과 같이 살지 않기 위해서는 미리미리 대비하라는 경고에 지나지 않을 수 있다. 또한 동시대성 너머와 가상공간이 존재하는 포스트 휴먼 시대에 피할 수 없는 또 다른 위협을 극복하기 위해, 인간의 생명을 보전하면서 발전을 추구할 수 있는 방법을 찾으라는 사전 예고일 수도 있다.

그리고 이러한 현대사회의 재앙과 인류에 대한 위협을 극복하기 위한 현대의 학문은, 인간의 이익과 행복을 우선시하는 인간 중심주의를 넘어 인간과 자연의 조화와 생명 존중을 추구하는 생태학을 지향해야 한다. 즉 포스트 휴먼 시대의 학문적 경쟁력은 그동안 다양한 자리에서 제기된 '인간을 위한 지식을 실천(praxis)하는 학문', '인간의 지속가능한(sustainable) 성장을 추구하는 학문', '인간의 미래를 위한 상상력(imagination)에 기초하는 학문' 등이라고 할 수 있으며, 이와 같은 희망적인 전망(展望)을 바탕으로 하여 인간 중심주의 학문을 넘어 인간과 자연의 조화로운 삶을 지향하는 생태 중심주의 학문을 추구해야 한다.

문화적 평등주의를 실현하는 학문

그리고 다중언어문화사회라는 맥락에서는 다양한 우리 인간들의 개별성과 특수성을 인정하고 존중해야 한다. 특히 현대사회에서 중요 문제로 제기되고 있는 젠더(gender), 성소수자(性少數者, sexual minority), 장애인, 사회적 약자 등에 대한 편견과 불평등을 극복하여 진정한 의미에서의 사회정의(social justice)와 평등 사회를 실현해야 한다. 이들 하위문화(下位文化, subculture)의 주체는 계급적으로는 프롤레타리아, 세대적으로는 청소년, 성적으로는 여성이나 성소수자, 인종적으로는 유색인종 등이며, 문화적으로는 이들에 의해 형성된 노동자 문화, 청년문화, 여성문화나 퀴어(queer)문화, 소수민족 문화 등이 있다. 이러한 하위문화는 지배 문화에 저항하는, 또 다른 주체인 타자(他者)들의 대항문화(對抗文化, counter culture)이며, 언젠가는 대안 문화(代案文化, alternative culture)를 넘어 주류 문화로 자리매김할 수도 있다.

현대사회의 세계화와 산업기술의 발달은 이와 같은 문화적 평등주의 실현이라는 과제에 새로운 문제를 제기하고 있다. 특히 그동안 인류의 발전을 견인하고 담보해 온 미디어와 디지털 기술이 현대사회에서는 오히려 불평등한 분배를 가속화하고 있다. 특히 경제적, 사회적 불평등으로부터 기인하는 문화적 불평등이 심화되면서 문화적 다원화와 특수화 현상도 두드러지고 있다. 이러한 맥락에서 새로운 기술의 발달은 다양한 타자로서의 문화적 주체를 만들어 내고 있으며, 하위문화의 주체들은 이념적인 치원에서의 차이로부터 생긴 차별보다 실제 생활에서의 차별로 인해 생기는 불평등을 더 심각한 사회 문제로 받아들이고 있다.

그 한 예로 최근의 비대면 상황에서 미디어와 디지털 기술의 불평등한 분배로 인해 소외되고 외면 받는 주체들의 문제를 들 수 있다. 즉 경제적 차이, 세대(나이)와 성적(性的) 차이, 지역적 한계 등과 같은 복합적인 원인으로부터 생겨난 불평등은 '비대면 마케팅', '비대면 교육' 등 실생활적인 측면뿐만 아니라 문화적인 측면에서도 그 불균형과 차별의 정도를 심화시키고 있다. 그래서 현대사회에는 이와 같은 불균형과 불평등을 극복할 수 있는 문화적 평등주의의 실현이라는 과제가 새롭게 제기되었으며, 이를 해결하기 위해서는 문화와 기술의 평등한 분배와 향유를 위한 학문적인 추구뿐만 아니라 평등과 사회정의의 실현을 지향하는 실제적이고 실천적인 교육적 노력(P. Freire, 1990)을 지속해야 한다.

다중문식성(multiliteracy)을 실천하는 학문

현대사회를 다중언어문화사회라고 규정하기도 한다. 이러한 사회 인식은 세계화와 미디어 기술의 발달로 인해 언어와 문화의 교류가 잦아지고 다양해졌다는 현실 인식에 바탕을 두고 있다. 그리고 이러한 다중언어문화사회에는 새로운 문식성이 요구된다는 주장이 제기되었다. 1996년 '뉴 런던그룹(The New London Group)'에 의해 주창된 새로운 교육적 요구로서의 다중문식성은 '신문식성(new literacy)'이라고도 하는데, 현대사회의 언어, 문화의 다양성과 미디어와 같은 새로운 산업기술의 산물들이 통합적으로 작용하는 복합 양식적인 의사소통 능력을 강조하는 교육적 시도(The New London Group, 1996, 60-92)이다.

'뉴 런던그룹'의 이와 같은 문제 제기는 현대사회에서 언어나 문화의 다양성 교육이라는 근원적인 문제일 뿐만 아니라 인류의 삶을 위기로까지 몰고 갈 수 있는 산업과 기술을 올바르게 통제할 수 있어야 한다는 교육적 명제로부터 출발하고 있다. 그래서 이들은 다중문식성이 의사소통 능력과 학습의 사회적, 기술적 맥락을 극적으로 변화시키고, 교육적 맥락에서의 의사소통이나 표현과 관련된 언어를 개발하고, 우리 시대를 위한 적절한 문식성 교육의 문제를 해결해 줄 것(B. Cope and M. Kalantzis, 2009, 164-195)이라고 주장하였다. 이러한 다중문식성은 언어, 문화, 사회적 다양성을 인정하면서 이를 사용하는 주체들의 조화로운 소통과 평등을 추구한다는 점에서 이 글과도 맥락을 같이한다(윤여탁, 2018a, 39-57; 윤여탁, 2018b, 231-256; 윤여탁, 2018c, 1-21).

특히 최근 COVID-19라는 전 지구적 재앙으로 인해 보편화된 비대면 소통 상황을 계기로 다양한 소통 방식이 개발 · 실천되고 있는 현실은 이와 같은 다중문식성의 당위성과 필요성을 제고하고 있다. 즉 문화적 다양성뿐만 아니라 현대 기술의 발달이 만들어 낸 소통 환경과 소통 방식은 앞으로 더욱 다양하게 진보하면서 그 영향력을 확대할 것이기 때문에, 다중문식성을 실천할 수 있는 학문적 추구는 필연적이라고 할 수 있다.

3. 포스트 휴먼 시대의 한국어교육

상호문화주의를 지향하는 한국어교육

현대사회에서 한국어교육은 실용적인 언어 사용의 필요성은 축소되고, 특별한 학문 영역이나 문화적 특수성에 기초한 실천 교육으로 나아가야 한다고 이야기한 바 있다. 아울러 다중언어문화사회에서의 한국어교육은 언어와 문화를 통합하는 관점에서 교육 이론을 모색하고 그 교수-학습의 실천을 담보해야 한다고 하였다. 이러한 맥락에서 한국어교육은 일차적으로 기능적 의사소통 능력을 넘어 문화 능력 함양을, 이차적으로는 다문화주의를 넘어 상호문화주의로서의 한국어교육을 지향해야 한다.

어떻든지 언어교육은 문화와 분리해서 교육할 수 없으며, 이러한 언어와 문화는 우리 인간의 모든 국면에 작용하는 총체적인 것이다. 그런데 세계화라는 흐름 속에서 국가 간 경계가 낮아지면서, 어느 국가나 단일 문화가 아닌 다문화라는 상황에 직면하게 되었고, 이에 따라 서로 다른 문화에 대한 교육과 실천의 필요성이 증대되었다. 그리고 다문화 정책은 그동안 용광로(melting pot) 정책, 샐러드 볼(salad bowl) 정책을 거쳐 서로 다른 문화적 차이와 그 정체성을 인정해야 한다는 모자이크(mosaic) 정책으로 발전하였다. 이러한 다문화주의를 미국이나 캐나다 등에서는 모자이크 정책, 유럽에서는 상호문화주의라고 규정하고 있다.

이러한 상호문화주의를 지향하는 상호문화교육(M. Abdallah-Pretceille, 1999)

의 관점에서 한국어교육은 학습자의 목표 언어 사용 능력 함양을 넘어, 목표 문화와 모어(母語) 문화의 차이에 대해 이해하고 주체적으로 실천하는 문화 능력 함양을 목표로 해야 한다. 그리고 이를 위해서는 한국어 학습자들이 자신의 문화에 대한 정체성을 조정할 뿐만 아니라 목표 언어의 문화에 대한 정체성(제2문화 정체성)을 형성할 수 있도록 해야 한다. 즉 한국어교육에서 문화교육은 목표 문화와 모어 문화에 대한 이해 능력과 문화적 정체성을 학습자의 언어생활이나 일상생활과 같은 실천 현장에 적용하여 사용할 수 있는 능력을 길러 주는 것을 목표로 하는 상호문화주의를 견지해야 한다(민병곤 외, 2010, 401-424).

비대면 가상공간에서의 한국어교육

비대면의 가상공간에서 제공되는 다양한 교육 콘텐츠(contents)는 그동안에도 비약적인 발전을 거듭하였다. 한국어교육에서도 온라인, 사이버 강의 등의 형태에 적합한 교육 내용을 개발하여 교육의 실제에 적용함으로써 일정한 성과를 보여 주었다. 그런데 전 지구적 재앙인 COVID-19 상황은 다양한 방면에서의 비대면 가상공간의 혁명적인 전환을 촉진하였다. 이와 같은 비상적인 상황이 아니었다면 우리 사회 전반에서 비대면 방식으로 소통해야 하는 다양한 시도들이 전면적으로 실시되기 어려웠을 것인데, COVID-19라는 전 지구적 위기는 이러한 소통을 강제하여 단기간 내에 이를 실질적으로 가능하게 하였다.

즉 제대로 대처할 시간도 여유도 없었던 긴급한 상황에서, 전 지구적 재앙이 가져다준 '언택트'라는 환경은 랜선(lan線) 여행, 랜선 공연, 랜선 전시회, 랜선 장터, 랜선 행사 등과 같은 '랜선 라이프'를 가능하게 하였다. 이에 따라 그동안 면대면(面對面, face to face)의 강점을 생명처럼 생각하고 있던 교육계 역시 여러 측면에서 새로운 도전에 직면해 있다. 다만 언택트 마케팅, 언택트 문화와 같이 경제적 효과나 효용성을 생명으로 하면서 단기간에 검증 가능한 실용적인 영역과는 달리, 교육적인 적용은 경제성, 효용성 등 모든 측면에서 역할이나 효과에 대한 제대로 된 검증 없이 장기적인 실행을 지속하고 있다. 그리고 이와 같은 실험이나 다름없는 실행은 여전히 계속되고 있다.

아울러 최근의 비대면 상황은 우리 일상생활의 패턴을 바꾸었을 뿐만 아니라 문화 및 교육의 향유 방식에 커다란 변화를 가져왔다. 우리의 생활, 문화, 교육 등의 분야에서 이제는 어느 정도 익숙해진 줌(Zoom), 구글 미트(Google Meet), 웹엑스(Webex), 스카이프(Skype) 등의 솔루션(solution)을 우리 모두가 활용해야 하는 상황이 되었다. 이러한 맥락에서 한국어교육 역시 기존의 온라인, 사이버의 교육 방법이나 효과의 노하우(knowhow)를 바탕으로 보다 적극적으로 새로운 가상공간을 확보하고, 비대면 가상공간에서의 교육 내용과 방법을 개발하여 실제에 적용해야 한다.

한국학과 연계(連繫, connections)하는 한국어교육

한국어교육이 기능적인 의사소통 교육을 넘어 지속가능한 학문 영역이 되기 위해서는 한국학의 학문 분야와 연계해야 한다. 즉 한국어교육학의 독자성을 유지하면서 한국학의 한 분야로 자리매김할 수 있는 학문적 정체성을 확보할 필요가 있다. 그동안의 실용적, 도구적 특성을 중심으로 발전해 온 실용 학문으로서의 한국어교육을 넘어 한국학 교육과 연구의 다양한 성과를 담보할 수 있는 한국어교육학으로 위상을 강화해야 한다. 그리고 이러한 한국어교육학의 지향은 미국의 외국어교육 표준인 5C (communications, cultures, connections, comparisons, communities)에서 제시하는, 다른 학문 분야와의 학문적 연계를 강조하고 있는 연계라는 표준과도 맥락을 같이해야 한다.

Connections: Connect with Other Disciplines and Acquire Information

The Connections Goal includes two standards. The first focuses on target language support for content from other disciplines. The second focuses on information now available to the learner through the target language.

3.1 학습자는 외국어를 통해 다른 학문 분야들(disciplines)에 대한 자신들의 지식을 보강하고 증대시킨다.

3.2 학습자는 외국어와 외국 문화를 통해서 얻을 수 있는 유효한 정보를 체득하고 변별되는 견해를 인식한다(National Standards in Foreign Language Education Project, 2012, 63-65).

이와 같은 미국의 외국어교육의 표준은 다른 학문 분야와의 연계를 강조하고 있다. 그리고 이 외국어교육 표준을 한국어교육의 목적에 따른 분류에 적용해 보면, 일반목적 한국어교육에서는 의사소통이나 문화, 공동체 등의 표준이 중요하지만, 특수목적 한국어교육에서는 다른 학문 분야와의 연계를 적극적으로 모색해야 한다는 것이다. 특히 취업목적 한국어교육이나 학문목적 한국어교육은 해당 직업이나 학문 분야의 용어나 학문적 글쓰기 등을 중심으로 교수-학습의 실제가 설계되어야 한다. 예를 들어 경영 한국어, 관광 한국어를 넘어 공학 한국어, 법학 한국어 등 한국어교육을 한국학의 다양한 학문들과 연계하는 교육을 기획하고 실천해야 한다.

포스트 휴먼 시대의 한국문학 교육

한국어교육에서 문학교육은 실용주의적인 한국어교육학의 한계를 극복하게 할 수 있는 대표적인 영역이다. 실제로 한국문학은 지역학으로서의 한국학 분야에서도 중심이 되는 학문 영역이라는 특성을 바탕으로, 한국어교육에서도 한국학의 영역이자 인간의 기본적인 소양인 한국문학을 매개로 하는 한국어교육의 이론과 실제를 개발해야 한다. 구체적으로 최근에 제기된 한국어교육에서 문학 문식성(윤여탁, 2016, 156-176)에 대한 연구와 같은 원론적인 연구뿐만 아니라 한국문학 교수-학습 및 평가 등과 같은 실천적 연구를 통해서 한국어 문학교육을 한국어교육학의 주변부에서 중심부로 그 자리를 옮겨 놓아야 한다.

그리고 앞에서 언급한 바와 같이 미래 사회에서는 기능적인 문식성이나 의사소통 교육 차원에서의 한국어교육의 역할과 위상은 크게 위축될 것으로 예측되고 있다. 이에 비하여 인간들의 개별성이나 개성과 관련이 있는 정서적인 영역이나 창의적인 사고력과 관련된 한국문학 교육 등이 한국어교육의 중요 쟁점이 될 것이다. 아울러 학습자의 모어 문학이나 문화와의 비교하는 상호문화주의의 관점에서 외국어로서의 한국문학 교육을 실천해야 한다. 이와 같은 한국어교육에서 문학교육의 중요성이나 당위성은 영어교육에서 문학 텍스트의 효용성을 제시한 외국어교육 논의(J. Collie and S. Slater, 1987, 3-6)에서도 확인된다. 즉 한국문학 교육은 이러한 맥락에서 실용적인 학문으로서의 한국어교육학의 과거, 현재의 한계를 지양(止揚)하고, 그 미래의 전망을 제시할 수 있는 학문 영역으로 자리매김하는 데에도 공헌할 수 있을 것이다.

이러한 맥락에서 문학 작품은 언어교육의 중요한 제재이자 교육의 내용이기도 하다. 그렇기 때문에 한국어교육에서도 한국문학 작품을 활용한 교수-학습을 통해서 한국어교육의 목표를 실현해야 한다. 특히 한국문학 교육에서 보다 적극적으로 문학 작품에 형상화된 내용이나 정서를 학습자 자신의 문화 학습이나 정서 교육으로 확대하는 문학 문식성 교육을 탐구해야 한다. 이를 통해서 한국문학 작품을 활용하여 의사소통 능력과 같은 언어 사용 능력을 함양함은 물론 한국어 학습자 자신의 경험과 결부시켜서 한국어 사회 · 문화 능력을 함양하고, 학습자의 문학 능력인 정의(情意)적인 능력과 태도를 함양할 수 있을 것이다.

실천적 학문으로서의 한국어교육

외국어로서의 한국어교육은 의사소통 능력 함양을 중요 목적으로 하는 학문이기 때문에, 태생적인 차원에서 실용성을 전제로 한다. 즉 사회과학의 한 분야인 교과교육학의 한 영역이기 때문에, 교수-학습 과정에서 실천이 필수 불가결한 것일 뿐만 아니라 그 결과는 효용성을 담보해야 했다. 비록 포스트 휴먼이라는 상황이나 COVID-19와 같은 전 지구적 재앙 상황에서 한국어교육의 현실적인 요구나 실용적인 필요성은 약화될 수 있지만, 그 학문적 위상과 역할은 크게 위축되지 않을 것이다. 다만 빠른 속도로 발전하는 과학기술이 상당 부분 실용적인 한국어교육의 위상을 위협하겠지만, 교과교육학의 실천 학문이라는 강점이 있기 때문에 한동안은 어느 정도의 역할과 위상은 보장될 것이라고 생각한다.

이에 따라 앞에서 언급한 포스트 휴먼 시대, 세계화 시대, 4차 산업혁명 시대라는 현대사회의 시대적 요구는 한국어교육을 실용과 기능의 영역에 머물게 두지 않을 것으로 예측된다. 예를 들면 앞에서 언급한 것처럼, 인간의 탐욕 때문에 파괴되고 훼손되는 자연과 환경, 그리고 그 훼손된 자연이 주는 재난을 방지하거나 극복할 수 있는 학문적 모색을 기획해서 실천해야 한다. 이를 위해서는 인지적인 측면뿐만 아니라 정의적인 측면에서 환경과 생태의 회복을 꿈꾸는 인문학이나 인간 상상력의 산물인 서정과 서사라는 문학과의 연계를 통해서 인간의 특성으로 설명되는 언어를 연구하는 학문적 특수성을 실천해야 한다.

이제 한국어교육은 양적인 팽창의 밑거름이 되었던 실용성을 넘어 질적인 성장을 담보할 수 있는 한국학의 학문적 정체성을 확보하는 노력도 함께 기울여야 한다. 특히 현대사회의 기술 발전은 한국어의 실용적 필요성을 충족시킬 것으로 예측되기 때문에, 앞으로는 한국 문화, 한국학의 다른 영역과 연계된 한국어교육의 필요성에 대응해야 한다. 구체적으로 한국학의 문학, 역사, 철학 등 인문학이나 정치, 사회, 경제, 법학 등 사회과학과 적극적으로 연계하는 한국어교육의 이론과 실제를 개발하고, 이를 실행하여 그 효용성을 확보할 수 있는 실천 학문을 지향해야 한다.

4. 한국어교육의 지향

인간의 생명을 존중하는 학문

우리는 인간의 탐욕과 욕망의 추구가 만들어 낸 현대사회의 여러 문제들에 직면해 있다. 그동안의 포스트 휴먼에 대한 학문적, 철학적 논의들에서 언급된 포스트 휴먼의 조건이나 형상들[드론(drone) 등]과 같은 무인기, 자율주행 자동차, 로봇, 사이보그(cyborg)[복제 동물 등]이 그 실제이다. 지금 이 순간에 우리는 이런 조건이나 형상들이 만들어 낼 것으로 생각되는 혜택뿐만 아니라 시련을 동시에 대면하고 있다. 달리 설명하면 포스트 휴먼 그리고 '포스트 코로나'라는 상황에서 동시대성 너머라는 시간과 가상공간이라는 공간에 와있다. 그렇기 때문에 앞으로가 아니라 이 순간에 우리는 새로운 시대의 주체로서 자리를 지켜야 하는 인간들의 태도와 책무, 그리고 그 방법에 대해 탐구하여 그 해결책을 모색해야 한다.

포스트 휴머니즘에 대해서 다음과 같은 논의가 있다.

> (브라이도티의: 필자 주) 논의는 유럽, 남성, 이성, 건강, 이성애에 기반을 두어 구성된 대문자 '인간(Man)'을 중심에 두고, 그것과의 차이를 열등함으로 폄훼한 고전주의 휴머니즘과 1970년대 철학적 세대를 중심으로 형성된 반휴머니즘 양자 모두의 한계를 비판하면서 출발한다. 이러한 '포스트' 휴머니즘에 대한 논의는 문화가 물질적으로 구성되는 만큼이나 자연도 문화적으로 구성된다는 비이분법적 자연·문화 상호작용에 대한 논의로 이어지고, 모든 물질이 지성적이고 자기조직적이라는 일원론적 유물론에

기반을 둔 탈인간(종)중심주의에 대한 논의는 인간 개체의 생명을 넘어선 생기론적 생성력인 대문자 생명(Life; 필자 주) 개념에 기반한 조애(zoe)[3] 평등주의로 나아간다(이경란, 2017, xxiv).

나는 이러한 논의에 동의하지 않는다. 다만 내 생각을 이야기하기 위해서 인용해 보았다. 오히려 우리 인류는 포스트 휴먼을 이야기하는 사람들이 이야기하는 현상적인 논의나 해법 찾기보다는 현실적인 문제를 해결하면서 '동시대 너머'를 살고 있으며, 이에 대한 학문적 논리와 실천은 인간 개개인의 생명을 중심에 놓았다고 생각한다. 그리고 인간의 생명 존중을 학문적 실천의 중심에 놓아야 한다는 이러한 관점은 인간 중심주의를 넘어 생태학에 기반을 둔 인간학을 지향하는 맥락과도 결을 같이한다. 우리 인류는 지금까지 이러한 학문적 실천을 지향해 왔으며, 이와 같은 실천 노력은 현재에도 계속되고 있다고 생각한다.

이처럼 포스트 휴먼 시대에도 인류의 미래를 긍정적으로 바라보는 나는 일원론적 유물론에 기반을 둔 인간 중심주의자인가?

한국어교육 연구의 심화

한국어교육은 인간의 기본적 특성으로 설명하는 언어와 문화를 다루는, 인간으로부터 분리할 수 없는 학문 영역이다. 그렇기 때문에 다양한 인간의 삶과 존재 방식만큼이나 그 존재 현상도 다르고, 그 현상을 설명하는 방법 역시 다르다. 이에 따라 한국어교육은 일반화하기 어려운 특수성을 어떤 학문보다 많이 가지고 있다. 이는 기본적으로는 다문화라는 학습자의 개별적 특수성이 중요한 변수이기 때문이며, 최근에는 현대사회

---

3 생명(life)이라는 영어 단어에 해당하는 고대 그리스어는 육체의 생명을 가리키는 비오스(beos), 혼 생명을 가리키는 푸슈케(psuche), 하나님의 신성한 생명을 가리키는 조애(zoe)가 있다.

의 개인주의적 성향도 이런 특수성을 심화시키고 있다. 여기에 개별성이 강조될 수밖에 없는 비대면 상황도 한몫하고 있다. 한국어교육은 이런 인간을 대상으로 실천을 담보해야 하는 학문이라는 점을 기억해야 한다.

이제 이러한 특성을 반영하여 한국어교육의 교육과 연구 방법을 심화해야 한다. 예를 들면, 인간학에 기반을 두는 한국어교육 연구 방법을 탐구해야 한다. 구체적으로는 COVID-19라는 현대사회의 특수한 상황에서는 교수-학습 현장을 대상으로 하는 실천 연구나 양적 연구 방법과 같은 연구는, 언택트라는 특수한 환경이라서 일반화할 수 없을 뿐만 아니라 많은 참여자를 대상으로 하는 연구를 수행하기 어렵다는 한계를 가지고 있다. 이러한 상황에서는 상대적으로 시간과 노력이 많이 요구되고, 소수를 대상으로 할 수 있는 질적 연구 방법이 적절할 것이다.

특히 문화 기술지, 내러티브 연구, 실행 연구, 심층 면담 등과 같은 질적 연구 방법(한상미, 2016, 51-77)을 수행하여 그 연구 결과를 교육의 장으로 적극적으로 송환(送還, feedback)해야 한다. 그리고 이러한 연구를 통해서 포스트 휴먼 시대에도 경쟁력을 가질 수 있는 한국어 교사의 역량(박민신 · 윤여탁, 2019, 329-349)을 함양하는 실천적인 학문이 되어야 한다. 또한 조만간에 끝나지 않을 것 같은 비대면 상황에서의 한국어교육에 대한 심화된 연구와 교육을 실천함으로써, 다시 도래할 것으로 예측되는 미래의 새로운 재앙 상황에서 이 결과를 적용할 수 있어야 한다.

한국어교육은 이러한 지향을 통해서 포스트 휴먼 시대에도 학문적 경쟁력을 가진 미래 지향적이고 지속 가능한 학문 분야로 발돋움할 수 있을 것이다.

참고문헌

김건우(2016), 「포스트휴먼의 개념적, 규범학적 의의」, 한국포스트휴먼연구소·한국포스트휴먼학회 편, 『포스트휴먼 시대의 휴먼』, 아카넷.

민병곤 외(2020), 『한국어교육학개론』, 태학사.

박민신 · 윤여탁 (2019). 「한국어 교사의 역량 강화를 위한 교사 재교육의 실태와 개선 방향: 온라인 한국어 교사 재교육 프로그램을 중심으로」, 『교육문화연구』, 25-6, 인하대 교육연구소.

윤여탁(2016), 「문학 문식성의 본질, 그 가능성을 위하여: 문화, 창의성, 정의(情意)를 중심으로」, 『문학교육학』 51, 한국문학교육학회.

윤여탁(2018a), 「국어교육의 융복합적 특성과 문식성」, 『국어교육학연구』 53-1, 국어교육학회.

윤여탁(2018b), 「다중언어문화 한국어 학습자의 문식성 교육」, 『국어교육연구』 42, 서울대 국어교육연구소.

윤여탁(2018c), 「지구 언어 생태계의 변화와 (한)국어교육의 미래」, 『국어교육』 163, 한국어교육학회.

이경란(2017), 『로지 브라이도티, 포스트휴먼』, 커뮤니케이션북스.

한상미 (2016). 「한국어교육 연구에서의 질적 연구 동향 분석」. 『언어와 문화』, 12-1, 한국언어문화교육학회.

Abdallah-Pretceille M.(1999), *L'éducation interculturelle*, 장한업 옮김(2010), 『유럽의 상호문화교육: 다문화 사회의 새로운 교육적 대안』, 한울.

Braidotti Rosi(2013), *The Posthuman*, 이경란 옮김(2015), 『포스트휴먼』, 아카넷.

Collie J. and Slater S.(1987), *Literature in the Language Classroom: A Resource Book of Ideas and Activities*, Cambridge University Press.

Cope B. and Kalantzis M.(2009), "'Multiliteracies': New Literacies, New Learning", *Pedagogies: An International Journal* 4-3.

Freire, P.(1990), *Pedagogy of the Oppressed*, 남경태 옮김(2002), 『페다고지』, 그린비.

Morris R. C.(ed)(2010), *Can the Subaltern Speak?: Reflections on the History of an Idea*, 태혜숙 옮김(2013), 『서발턴은 말할 수 있는가?: 서발턴 개념의 역사에 관한 성찰들』, 그린비.

National Standards in Foreign Language Education Project(2012), *Standards for Foreign Language Learning in the 21st Century*(3rd Ed.), Allen Press, Inc

The New London Group(1996). "A Pedagogy of Multiliteracies: Designing Social Futures", *Harvard Educational Review,* 66-1.

3부

문학 문식성의 본질과 특성

1. 문식성과 문화, 창의성, 정의

이 글은 현대 문식성 교육의 변화의 흐름을 검토하면서, 문학 문식성 개념과 본질에 대해서 논의하려고 한다. 그리고 이러한 논의를 통해서, 문화적, 창의적, 정의(情意)적인 특성을 지니는 문학 문식성의 가능성을 설명하고자 한다.

현대사회의 문식성 개념과 본질의 변화에서 중요한 흐름은 문화적 또는 상호문화적 측면에 대한 고려와 미디어의 발달에 따른 의사소통 방식의 변화에 초점을 맞추는 것이다(C. Lankshear & M. Knobel, 2006; 윤여탁, 2015, 535-548). 이러한 맥락에서 최근까지 진행된 문식성 교육이나 본질에 대한 논의는 인지적, 기능적 문식성[1]을 넘어 문화적, 비판적, 매체 문식성으로 그 영역을 확장하였다. 즉 문식성이 단순하게 말이나 글을 이해하고 사용하는 능력이나 이에 대한 지식을 습득하는 것을 넘어서 문화적 맥락에서

1 'functional literacy'는 기능적 문식성으로 번역, 통용된다. 이 글에서는 이 문식성이 주로 인지적 측면에서 작용함에 주목해서 '인지적'이라는 용어를 병행하여 사용한다.

의 사용 능력과 의사소통에 중요한 영향을 끼치는 사용자의 정의적 맥락을 고려해야 함을 강조하고 있다. 그리고 이러한 문화적 문식성은 문학에 대한 학습과 활용 능력이라고 할 수 있는 문학 문식성으로 그 개념 영역을 확장할 수 있을 것이다.

다음으로 문식성 개념의 교육적 변화와 함께 창의성에 대해서 생각해 보도록 하자. 일반적으로 영어의 'creativity'를 번역한 용어인 '창의성'은 "새롭고(독창적이고 기대되지 않은) 질적으로 수준이 높으며, 적절한(유용하고 과제에서 요구하는 바를 충족시키는) 산물을 생산해 내는 능력"(R. J. Sternberg, E. L. Grigorenko, J. L. Singe(ed), 2004, 15)이며, 대체로 새로움(novel)과 적절함(appropriate)이라는 본질이 핵심을 이룬다. 이처럼 창의성의 핵심 원리는 새로운 조합을 추구하고, 새로운 관계를 지향하는 것이다(윤여탁, 2014, 188).

또 창의성은 그동안 적절함이라는 본질에 초점이 맞추어지면서 인지적인 능력과 관련된 교육이나 과학의 영역에서 주목을 많이 받았다. 그리고 창의성의 새로움이라는 본질에 주목하는 예술, 문학, 언어 등에서의 창의성은 천재적인 작가의 영역이라고 신성시하거나 문제 해결로서의 사고력 등으로 치환하는 경우가 많았다. 그러나 이 글에서 논의하려는 문학 문식성과 관련한 창의성은 인지적인 특성보다는 문화적이고, 정의적이라는 특성과 더 밀접하게 관련되어 있다. 그 이유는 문학뿐만 아니라 예술은 공적으로는 사회·문화적이지만, 사적으로는 개인적이고 정서적인 창의성의 구체적인 실천태이기 때문이다.

이 글은 현대사회에서 진행되고 있는 문식성 교육에 대한 기존 논의(윤여탁, 2015, 535-561)를 바탕으로, 새롭게 주목해야 할 문식성 교육의 변화를 살피고자 한다. 이러한 논의를 통해서 먼저 현대의 학교교육에서 이루어지는 언어교육, 매체 교육 등의 영역에서 문식성의 개념이 확장되고 있으며, 문학은 이러한 문식성 교육에서 중요한 자료임을 밝힐 것이다. 그리고 문학 문식성의 본질을 문화,[2] 창의성, 정의라는 개념을 중심으로 설명하려고 한다. 즉 문학의 상위 개념인 문화, 그리고 문학의 하위 개념인 창의와 정의를 중심으로 문학 문식성을 개념화하고자 한다. 이러한 논의를 통해서 문화적이고, 창의적이며, 정의적인 문학 문식성의 본질과 그 가능성을 제안할 것이다.

2. 문학 읽기와 쓰기 능력으로서의 문식성

현대사회의 문식 환경이 복잡해지면서 기본적으로 '문자를 읽고 쓰는 능력'이라는 뜻으로부터 시작된 문식성의 개념도 큰 변화를 맞아서 매체, 문화 등으로 그 영역을 확대하고 있다. 그럼에도 불구하고 이러한 문식 능력을 기르고 사용하는 활동은 일차적으로는 학교교육에서 체계적으로 이루어진다. 따라서 학교교육은 이처럼 확장되고 변화하는 문식성 개념을 받아들이고, 이를 적극적으로 교수-학습하기 위한 지침과 실천 방안을 마련해야 한다. 이러한 맥락에서 '미국영어교사협회[NCTE(National Council of Teachers of English)]'의 「21세기 문식성 정의(The Definition of 21st Century Literacies)」를 주목해 볼 필요가 있다.

> 문식성은 항상 특정 그룹의 구성원들과 더불어 나눌 수 있는 문화적, 의사소통적 실천의 모음이다. 사회와 기술 변화에 따라, 문식성도 변화한다. 기술은 문식 환경의 강도와 복잡성을 증대시키기 때문에 21세기는 넓은 범위의 능력들과 다양한 문식성을 지닌 식견이 있는 사람들을 요구하고

---

2 문화의 개념이 다양하고 범주가 넓어서 창의성이나 정의와는 층위가 맞지 않지만, 이 글에서는 인간의 행동, 태도, 신념, 가치 체계 등을 포괄하는 'small c'보다는 문학이나 예술, 건축과 같이 인간이 만들어 낸 대표적인 인공물인 'big C'로 제한하여 논의한다. (N. Brooks, 1964)

있다. 이러한 문식성들은 복잡하고, 동적이며 유연하다. 과거와 마찬가지로, 문식성은 특정한 역사, 삶의 가능성, 그리고 개인과 집단의 사회적 궤도와 어쩔 수 없이 연결되어 있다. 21세기 글로벌 사회의 능동적이고 성공적인 참여자들은 다음과 같은 능력을 가진 사람이다.

- 기술적 도구를 활용해서 수월성과 유창성을 개발한다;
- 공동으로 문제를 제시 · 해결하고, 독립적인 사고를 강화하기 위하여 타인들과 의도적인 상호문화적 연결과 관계를 구축한다;
- 글로벌 공동체를 위한 정보를 다양한 목적에 맞게 설계하고 공유한다;
- 동시적인 정보의 복합적인 동향을 관리하고, 분석하고, 통합한다;
- 멀티미디어 텍스트를 만들고, 분석하고, 비판하고, 평가한다;
- 복잡한 환경에서 요구되는 윤리적 책임에 주의를 기울인다.[3]

이처럼 학교교육에서 '상호문화', '멀티미디어'라는 키워드를 중심으로 새로운 문식성에 대한 교육의 필요성과 문식성 교육의 '윤리적 책임'을 강

---

3 "Definition of 21st Century Literacies"(NCTE, 2013, Updated February 2013. Adopted by the NCTE Executive Committee, February 15, 2008)
Literacy has always been a collection of cultural and communicative practices shared among members of particular groups. As society and technology change, so does literacy. Because technology has increased the intensity and complexity of literate environments, the 21st century demands that a literate person possess a wide range of abilities and competencies, many literacies. These literacies are multiple, dynamic, and malleable. As in the past, they are inextricably linked with particular histories, life possibilities, and social trajectories of individuals and groups. Active, successful participants in this 21st century global society must be able to
- Develop proficiency and fluency with the tools of technology;
- Build intentional cross-cultural connections and relationships with others so to pose and solve problems collaboratively and strengthen independent thought;
- Design and share information for global communities to meet a variety of purposes;
- Manage, analyze, and synthesize multiple streams of simultaneous information;
- Create, critique, analyze, and evaluate multimedia texts;
- Attend to the ethical responsibilities required by these complex environments.
(http://www.ncte.org/positions/statements/21stcentdefinition)

조하고 있으며, 문식 환경의 변화에 따른 학교 언어교육의 목표와 책무를 실천할 것을 요구하고 있다. 이와 같은 문식성 개념의 변화는 미국 '공통핵심국가기준(Common Core State Standards)'[4]에서도 확인할 수 있다. '영어와 역사/사회 연구, 과학과 기술적 주제에 대한 문식성을 위한 공통핵심국가기준(Common Core State Standards for English Language Arts & Literacy in History/ Social Studies, Science, and Technical Subjects)'이라는 제목에서도 확인할 수 있는 것처럼, 이 기준은 학생들이 대학 진학이나 직업 준비를 위해서 필요한 능력과 기준을 설명하고 있다.

이 기준은 학생들이 읽기, 쓰기, 말하기, 듣기와 언어(English Language Arts) 등의 영역에서 성취해야 할 기준으로, 특히 새로운 미디어 기술의 사용 능력과 다른 관점의 문화(상호문화)에 대한 이해를 중요하게 다루고 있다. 아울러 이러한 언어능력에 도달하기 위해서 정보 전달 텍스트뿐만 아니라 문학 작품 등 다양한 언어 자료를 적극적으로 활용할 것을 제안하고 있다. 구체적으로 문학 독서의 기준을 K–5와 6–12학년으로 크게 나누어서 그 성취기준을 설명하고 있으며, 중요 내용을 '핵심 아이디어와 세부 사항(Key Ideas and Details)', '기술과 구조(Craft and Structure)', '지식과 아이디어의 통합(Intergration of Knowledge and Ideas)', '독서의 영역과 텍스트 복잡성의 수준(Range of Reading and Level of Text Complexity)'으로 세분해서 자세하게 제시하고 있다.[5]

---

4 이 문서는 미국의 국가 단위 교육과정으로 오해되기도 하지만, 읽기, 쓰기, 말하기, 듣기, 언어, 문학 등에 걸쳐 핵심적으로 성취해야 할 기준을 제시한 것일 뿐이다. 이 기준은 참조 기준이고, 주(state) 단위의 교육과정이 있고, 이를 재구성한 지역 자치단체(county) 단위의 교육과정이나 목표 등이 절대적인 영향력을 지니고 있다.

5 (Common Core State Standards, 2010, 7): "Students Who are College and Career Ready in Reading, Writing, Speaking, Listening, and Language"
The descriptions that follow are not standards themselves but instead offer a portrait of students who meet the standards set out in this document. As students advance through the grades and master the standards in reading, writing, speaking, listening, and language, they are able to

이러한 맥락에서 이제 학교교육에서의 문식성이라는 개념은 정보적인 텍스트나, 역사, 사회, 과학, 기술적 텍스트에 대한 읽기 능력이나 말하기 능력뿐만 아니라 문학 읽기 능력으로 확장되었다. 그리고 현대사회의 문학 개념 역시 전통적인 고전(classic)이나 정전(canon)이라고 할 수 있는 문학을 넘어 확대된 문학 개념, 즉 대중 매체를 매개로 생산되는 대중문화나 일상적인 정서 표현의 글로 그 영역을 확대했으며, 이에 따라 문학과 관련된 문식성의 범주도 그 영역을 확장하였다. 특히 현대사회 기술문명의 발달은 문식성 개념이 확대, 변화하는 데 중요한 역할을 했다.

이러한 점은 앞에서 살핀 두 자료에서 쉽게 확인할 수 있다. 아울러 이처럼 확장된 문식성 개념이나 학교교육의 공통 핵심 기준 등을 통해 학교교육에서 기르고자 하는 능력은, 내용의 측면에서 '문화, 매체', 활동의 측면에서 '이해, 비판, 실천, 태도'의 측면에서 '능동성, 윤리성' 등을 포함하게 되었다.[6] 또 이와 같은 문식 능력을 기르는 것을 목표로 하는 국어교육은 교수-학습 제재의 측면에서 일상적인 텍스트뿐만 아니라 확대된 문학으로 그 영역을 확장하고 있다. 예를 들면, 최근 학교교육의 다양한 현장에서는 전통적인 예술 장르인 문학 작품뿐만 아니라 대중문학, 대중문화, 일상적인 글 등을 문식성 교육에 적극적으로 활용하고 있다. 이에 따라

---

exhibit with increasing fullness and regularity these capacities of the literate individual.
(Common Core State Standards, 2010, 11-12): "Reading Standards for Literature K-5" / (Common Core State Standards, 2010, 36-38): "Reading Standards for Literature 6-12"
The following standards offer a focus for instruction each year and help ensure that students gain adequate exposure to a range of texts and tasks. Rigor is also infused through the requirement that students read increasingly complex texts through the grades. Students advancing through the grades are expected to meet each year's grade-specific standards and retain or further develop skills and understandings mastered in preceding grades.
(http://www.corestandards.org/wp-content/uploads/ELA_Standards.pdf)

6 문식성 교육에서 '윤리적 책임'을 강조하는 문제의식 등이 이 글의 출발점이라고 할 수 있으며, 문식성 논의에서 '평등', '사회정의', '민주주의' 등의 책무를 강조하는 것도 이와 맥락을 같이한다.

문학뿐만 아니라 확대된 문학은 국어교육의 핵심적인 교수–학습 제재인 동시에 문식성 교육의 중요한 교수–학습 제재가 되고 있다. 이 점은 다음과 같은 글에서도 확인할 수 있다.

> 일반적으로 연구 주제는 스토리에 무게 중심을 두면서 서사나 설명 텍스트를 포함하는, 전통적인 의미에서의 문학에 초점을 맞추고 있다. (중략) 이러한 주제는 포스터, 편지, 잡지, 지도, 전단지, 차트, 저널, 컴퓨터 자료와 같은 것을 포함한 전통적인 의미의, 고급의 '현실 세계' 자료와 고급 문학의 조합을 중심으로 구축될 필요가 있다. 본질적으로, 문식성 개념을 확대하는 것은 우리의 문학에 대한 개념을 개인들이 삶에서 읽고 반응하기 위해 배워야 할 모든 가능한 대상들을 포함하는, 확대된 것으로 이끈다.[7]

> 문학은 문식성 학습의 완벽한 매개 수단이며, 이것은 자연스럽게 교실을 넘어서도 실현된다. (중략) 우리는 문학을 이용해서 학생들을 비판적 읽기, 쓰기, 협동 학습, 말하기와 듣기 능력을 소유하고 실천하는 파수꾼이자, 교실 안팎은 물론 그들이 속한 공동체의 안팎에서 비판적으로 사고할 수 있는 사람으로 바꿀 수 있다.[8]

---

7 "Literacy, Literature, and Learning for Life"(J. David Cooper, 2016), 'Real World' Literacy & 'Real World' Themes: Typically, themes of study have focused on literature in the traditional sense, including narrative and expository texts, with a heavy emphasis on stories.(……) These themes need to be built around a combination of high-quality literature in the traditional sense and high-quality "real world" resources, including such things as posters, letters, magazines, maps, brochures, charts, journals, computer resources, and so forth. In essence, broadening our concept of literacy leads us to broaden our concept of literature to include all possible things that individuals might need to learn to read and respond to in life.
(http://www.eduplace.com/rdg/res/literacy.html)

8 Literature is a perfect vehicle for literacy learning, one that naturally transcends our classrooms. (……) We can use literature to transform our students into sentinels who own and practice critical reading, writing, collaborating, speaking, and listening to become critical thinkers in and

이러한 논의들은 문학이 문식성 교육의 중요한 자료이자 실체라는 점을 확인시켜 주고 있다. 즉 비판적 사고 능력과 정의적인 표현 능력을 기를 수 있는 교수-학습 제재로, 전통적이고 고전적인 문학뿐만 아니라 대중적이고 일상적인 문학을 조합하여 가르쳐야 한다고 밝히고 있다. 현재 한국의 학교교육에서 이루어지는 국어교육이나 문학교육에서 주(主)텍스트는 정전적인 문학으로, 부(副)텍스트나 활동 텍스트는 습작이나 대중문학, 문화, 매체 텍스트를 활용하는 방법이 그 실례라고 할 수 있다. 이러한 점은 문화적 문식성 교육에서 통시적인 맥락에 해당하는 전통문화와 공시적인 맥락에 해당하는 현실문화를 조화롭게 활용해야 한다는 주장(박인기, 2002, 27-39)과도 맥락을 같이한다.

어떻든지 현대사회에서 문식성은 글로벌 공동체 사회를 살아야 하는 학습자들이 기본적으로 갖추어야 할 문자적 문식 능력뿐만 아니라 멀티미디어를 사용할 수 있는 능력까지를 포함하는 것이라고 할 수 있으며, 서로 다른 문화에 대한 배려와 윤리적 책임을 강조하는 것이기도 하다. 그리고 이러한 문식성 교육은 정보 텍스트뿐만 아니라 확대된 의미에서의 문학을 활용해야 하며, 문화적, 정의적인 텍스트인 문학을 읽고 쓸 수 있는 문학 문식 능력, 즉 문학 문식성을 요구하고 있다.

3. 문학 문식성의 본질

이 장에서는 미시적인 측면에서 문학을 읽고 쓸 수 있는 능력인 문학 문식성의 근본적인 특성에 대해서 논의해 보려고 한다. 이를 위해서 문학의

outside the classroom, in their community and beyond it.(J. A. Chadwick · J. E. Grassie, 2016, 5-14)

본질적인 특성과 관련된 중요 개념인 문화, 창의성, 정의를 중심으로 문식성 교육에 대해서 이야기하고, 이러한 개념들을 중심으로 문학 문식성의 본질을 설명하고자 한다.

3-1. 문학 문식성과 문화

먼저 문학 문식성의 본질을 논의하기 위해 문화라는 개념에 대해 살펴보자. 일반적으로 문화라는 개념은 우리 인간들의 의식이나 행동뿐만 아니라 인간 사회의 제도, 관습 등과 관련된 단어들과 결합하여 그 개념과 범주, 특성을 설명해 주고 있다. 문화는 19세기에 근대 사회와 근대 학문의 발달에 따라 정립된 개념으로 근원적으로는 제국주의적이고 지배 이데올로기적인 특성을 지닌 담론(談論)이었다. 이 시기 문화는 "광범위한 민족지적 견지에서 볼 때, 지식, 신념, 예술, 도덕, 법률, 관습 그리고 사회의 일원으로서 인간이 습득한 다른 모든 능력들과 습관들을 포함하는 바로 그 복합적인 총체물"(E. B. Tylor, 1871)이라고 정의되었다.

20세기 들어 문화를 근대 제국주의 국가의 선진 문화와 식민지 국가의 미개 문화로 나누었던 이분법은 극복되었지만, 근대 사회가 복잡해지면서 고급문화와 저급문화로 문화를 구분하게 된다. 이후 문화연구의 패러다임은 고급문화뿐만 아니라 이에 상대되는 개념이었던 저급문화에 속하는 대중문화, 민중문화의 내용과 가치, 교육적 의의를 인정하는 쪽으로 바뀌게 된다. 즉 문화연구는 과거를 대표하는 전통문화뿐만 아니라 지금, 여기를 대표하는 현실문화에도 관심을 가지게 되며, 수용자의 관점에서는 후자의 중요성이 강조되기도 한다.

기능적 문식성에 대한 반성적 대안으로 등장한 문화적 문식성은 이와 같은 문화의 개념이나 범주가 다양하고 광범위하다는 근본적인 특성 때문에 비판적 문식성이나 매체 문식성 등의 다양한 개념으로 확장되었다.

이러한 이유로 문화적 문식성의 본질과 범주에 대한 회의도 제기되지만, 문학이나 예술 등 문화의 하위 범주들과 관련된 문식 능력으로 확장되면서 그 정체성과 독창성을 확보하기도 한다. 이와 같은 문화적 문식성은 인지를 중시하는 기능적 문식성과는 달리 정서나 정의 등과 연관하여 그 본질을 논의할 수 있다.

또 허쉬(E. D. Hirsch Jr.)는 경제적 번영뿐만 아니라 사회정의(social justice)와 효과적인 민주주의를 성취하기 위한 높은 단계의 문식성에 도달하는 것을 목표로 해야 한다고 하였다. 아울러 "문화적 문식성은 일종의 세계 지식 또는 배경 정보 등을 가리키는, 기본적인 읽고 쓰는 기술적 능력을 넘어서서 한 사회가 공유하고 있는 사회 · 문화적 정보와 지식, 맥락 등을 습득하는 것"(E. D. Hirsch Jr., 1988, 1-2), 즉 특정 공동체 안에서 그 문화를 이해하고, 소통하고, 생산하는 능력으로 정의하였다. 이러한 문화적 문식성 개념은 개인이 사회 · 문화적 소통을 하는 데 기본적으로 필요한 문화 지식으로, ① 개인의 전통에 대한 인식, ② 문화적 유산(cultural heritage)과 그 가치에 대한 인식, ③ 어떤 문화의 장단점을 이해할 수 있는 능력(A. C. Purves 외, 1994) 등으로 설명되었다.

허쉬와 같은 보수주의 교육관에서 문화적 문식성이 강조하는 흐름에는 아이러니하게도 영국과 미국의 비판적 문화 연구(cultural studies)의 성과와 지향도 중요하게 작용하였다. 즉 비판적 문화론 관점에서의 문화 개념과 문화 소통론을 강조한 영국 버밍엄(Birmingham) 학파는 전통문화뿐만 아니라 민중문화, 대중문화를 교육의 장(場)으로 끌어들였다(윤여탁, 2007, 71-83). 특히 20세기 후반기 텔레비전 등 대중 매체가 발달하면서 대중문화의 영향력이 증대되었다. 이에 따라 문화교육에 대한 보호주의적인 관점(대중문화는 청소년에게 유해하니 가르치지 말아야 한다는 견해)을 지양(止揚)하여 대중문화가 학교교육의 중요한 내용으로 자리 잡게 된다. 그리고 이러한 비판적 문화론과 매체언어 교육의 관점은 각각 비판적 문식성과 매체 문

식성 등과도 관련이 있다.[9]

통시적으로는 예술로서의 문학과 문화적 전통으로서의 고급 문학 그리고 공시적으로는 일상적인 현실 문학과 문화적 소통으로서의 대중문학/통속문학/의사(擬似) 문학 등이 문화의 범주에서 논의될 수 있다. 이러한 예술로서의 문화와 현실로서의 문화 모두 학습자들이 습득해야 할 문화 대상이다. 좀 다르게 설명하면, 문화적 문식성은 수직적 범주로서의 전통문화와 수평적 범주로서의 현실문화를 창조/수용하는 능력이다. 즉 문화적 문식성은 전통문화(고전문학), 현실문화(현대문학, 대중문학 등) 등을 대상으로 한다는 점에서 문학교육[10]과 연관된다.

이에 따라 문학교육에서 추구하였던 문학 능력[11]은 문학 문식성이라는 개념으로 재개념화할 수 있다. 구체적으로 문화적 소통에 초점을 맞추는 문화적 문식성은 정의적 특성을 지닌 문학을 매개로 하여 문학 문식성과 연관되며, 이를 통하여 문화적 문식성의 본질과 영역을 확대하고 있다(윤여탁, 2015, 543-544). 즉 학습자의 인지적 능력이나 비판적 능력이 강조되었던 문화적 문식성의 개념을 학습자의 문학적 감수성이나 정의적인 능력으로 확대할 수 있다.

이처럼 이 글에서 논의하고자 하는 문학 문식성은 문학의 상위 개념인 문화를 이해하고 표현하는 능력인 문화적 문식성의 실제라고 할 수 있으

---

9 이러한 맥락에서 '2015 개정 국어과 교육과정'에서 국민공통기본교육과정(1-9학년)에서는 '국어 자료의 예'로 매체를 포괄하고 있지만, 고등학교 선택 과목으로는 '언어와 매체'라는 교과목을 설정하고 있다(김창원 외, 2015).

10 문학교육을 통한 문식성의 신장을 '자발적 문식성', '기능적 문식성', '문화적 문식성', '비판적 문식성'이라는 맥락에서 설명한 연구(이재기, 2009, 125-140)도 있다. 이 논의는 문학 이해를 위해 필요한 문식성에 대해서 설명하고 있다. 이에 비하여 본 연구는 문학 문식성의 본질과 내용이 무엇인가를 밝히는 것이라는 점에서 차별된다.

11 문학교육의 관점에서 문학의 창작과 수용 능력에 종합적인 고찰을 보여 주고 있는 연구(한국문학교육학회 엮음, 『문학능력』, 역락, 2010)는 문학 문식성이라는 용어를 사용하지는 않고 있지만, 문학 문식성의 연구사적 측면에서 중요하다.

며, 문화의 하위 영역인 문학에 대한 학습자의 인지적 능력뿐만 아니라 정의적인 능력이 작용한다는 특성을 지니고 있다.

3-2. 문학 문식성과 창의성

이제 문학 문식성의 특성을 창의성과 관련해서 이야기해 보도록 하자. 일상생활이나 보편적인 이해로부터 새로움을 추구하는 일반적인 창의성 개념과는 달리 언어와 관련된 창의성은 문학적 창조성과 형상화 작용을 통해서 구체화된다. 그리고 이러한 문학적 창의성은 일상적인 언어의 풍요화에 기여하게 되며, 이와 같은 언어적 풍요화는 다시 문학적 창의성 실현, 실천으로 이어지게 된다. 이러한 맥락에서 문학의 매재(媒材)인 언어의 창의성 실현은 문학의 성취와도 밀접하게 연결되어 있으며, 문학 문식성은 이러한 언어적, 문학적 창의성에 대한 수용과 창조라고 할 수 있다.

국어교육에서 요구하는 창의성은 인지적인 것에만 국한되지 않는다. 국어교육에서 추구해야 할 창의성은 인지적 창의성뿐만 아니라 정서적인 창의성도 포함해야 한다. 국어 창의성은 일정 부분 정서적이며, 일상적이고, 대인관계 지향적이며, 문화적이고 이데올로기적이기 때문이다(윤여탁, 2014, 192). 이러한 맥락에서 문학은 문화와 이데올로기뿐만 아니라 작가의 창의성과 상상력이 작용해서 형상화된 산물이다. 작가의 상상력은 창의적인 언어 표현을 통해서 구체화되고 실현된다는 것이다. 그렇기 때문에 문학의 창작과 수용에 관련하는 문학 능력에는 창의성이 다양한 국면에서 작용하게 된다. 즉 생산으로서의 창작에서뿐만 아니라 수용으로서의 이해와 감상에도 창의성이나 상상력[12]은 작용한다. 특히 이러

12 창의성은 일상의 보편적인 맥락에서 작용하는 것이다. 이에 비하여 상상력은 콜리지의 '공상(fancy), 일차적 상상력, 이차적 상상력'으로 나누어 설명한 견해도 있지만, 언어적, 문학적 창조의 맥락에서 작용하는 능력이다. 이 외에도 인간의 생각하는 능력,

한 문학의 창작과 수용에는 언어와 언어적 상상력이 중요하게 작용한다.

구체적으로 문학에서의 창의성은 문학의 창작과 수용에서 작용하는 중요 원리인 상상력과 밀접하게 연결되어 있다. 그리고 이러한 문학에서의 창의성이나 상상력의 작동에 대해서는 상상력에 대한 콜리지(S. T. Coleridge, 1772–1834)의 낭만주의적인 관점에서나 바슐라르(G. Bachelard, 1884–1862)의 창조적, 역동적 상상력(장경렬 외 편역, 1997, 185–223)의 개념들에서 확인할 수 있다. 구체적으로 이러한 창의성, 상상력 등은 문학 창작 과정인 문학 이전의 세계와 문학으로 구현된 문학 세계 사이에 작용한다. 작가는 창의성, 상상력을 동원하여 언어로 형상화된 문학 세계를 구현하며, 이 과정에서 현실 세계와 작품 세계 사이에는 작가의 언어 구사 능력과 상상력 등이 작용하게 된다.

예를 들면, 시의 창작 과정에는 시인의 상상력이 중요하게 작용하며, 이와 같은 시인의 상상력은 시 작품의 형상적 완성도를 가늠하는 기준이 되기도 한다. 시인은 자연이나 세계, 현실 등이라는 용어로 정의할 수 있는 세계 대상을 인식하고, 이를 언어적으로 형상화하는 과정에 시인의 상상력이 작용한다. 그리고 이러한 시인의 상상력은 직관적이고 초월적인 계기를 통하여 작동하며, 이 과정에는 시인의 개인적인 기억이나 경험, 관념 등이 영향을 미치기도 한다.

또 문학의 수용 측면에서도 상상력을 이야기할 수 있다. 문학 작품의 수용에서 독자의 상상력이나 창의성은 문학의 이해와 감상에 있어 중요한 역할을 하고 있다. 예를 들면, 문학 교수–학습 활동의 과정에서 학습자

문제 해결 능력 전반을 가리키는 사고력이라는 개념이 국어교육의 영역에서 논의될 수 있다.

철학적으로 상상력은 과거나 현실 경험에 매달리지 않으면서 감성과 오성(悟性)을 연계시켜서 새로운 형태로 재구성하는 창조적 상상력이어야 하며, 과거와 현실의 경험을 바탕으로 하여 사물을 재생하는 재생적 상상력이나 과거나 현실에 의존하지 않고 독자적인 추상의 세계를 만들어 내는 사고와는 구별된다.

의 상상력이나 창의성이 작동된다. 즉 시인이 상상력을 동원하여 표현하는 단계뿐만 아니라 독자가 문학을 읽어 내는 과정에서도 상상력은 중요하게 작용한다는 말이다. 이때 시인이 만들어 낸 텍스트라는 공간과는 다른, 학습자나 독자가 텍스트를 읽으면서 작품(work)으로서의 공간이 새롭게 만들어지며, 이 공간에서는 수용자에 의해서 텍스트의 의미가 재구성된다.

이처럼 문학과 관련된 생산과 수용 활동에는 상상력, 창의, 창조 등이 중요하게 작용하고 있으며, 이 글에서는 이러한 개념을 창의라는 용어로 정리하여 문학 문식성의 특성으로 설명하였다. 이러한 논의를 통해서 언어적 창의성 발현의 정점이라고 할 수 있는 문학 창작뿐만 아니라 이를 향유하는 수용의 측면에서도 문학 문식성의 본질인 창의는 중요하다는 점을 확인할 수 있었다.

3-3. 문학 문식성과 정의

일반적으로 정의[13]와 관련되어 문학에서는 감정, 정서 등의 용어가 같이 사용된다. 이러한 정의 관련 용어 중에서 학문적인 차원에서는 정서라는 용어의 개념이 비교적 잘 정리되어 있다. 예를 들면, 심리학에서 정서(情緖)는 "인간 정서 관념이 서로 다르면서도 불완전하게 연관된 네 가지 현상—(1) 선택적 유발자극에 대한 뇌 활동 변화, (2) 감각적 성질을 지니고

13 'affect'의 번역으로 주로 'affective'로 사용되며, 이 글에서는 "따뜻한 마음과 참된 의사를 통틀어 이르는 말."이라는 정의(情意)의 사전적 정의(定義)보다는 정서, 감정 등의 개념과 공유하는, '인지'와 상대어 관계에 놓이는 교육학적 개념을 총칭한다. 구체적으로 블룸(B. S. Bloom), 앤더슨과 크래스홀(L. W. Anderson & D. R. Krathwohl) 등은 교육목표 분류학에서 '인지적 영역', '정의적 영역', '신체적(심리 · 운동적) 영역'으로 나누었으며, 이 중에서 '정의적 영역'은 개인의 태도, 흥미, 자아개념, 동기, 인성, 가치관 등 인간의 심리적 특성과 관련된 교육 목표라고 규정하였다(서울대학교 교육연구소 편, 1999, 2327-2338).

있으며 의식적으로 탐지된 감정 변화, (3) 감정을 해석하고 단어 표지를 붙이는 인지 과정, (4) 행동 반응의 준비나 표현—을 가리키는 추상적이고 가치중립적인 구성 개념"(J. Kagan, 2009, 49)으로 이해된다. 이 네 가지 범주 중에서 두 번째 현상을 '감정(feeling)'으로 세 번째 현상을 '정서(emotion)'로 부르기도 한다. 그러나 문학에서는 감정과 정서, 정의가 분명하게 구분되거나 정서 주체에게 변별적으로 받아들여지거나 작용하지는 않는다.

그리고 문학은 이러한 인간의 감정이나 정서를 형상화한 예술이다. 소설이나 희곡의 경우에는 감정이나 정서를 직서(直敍)하기도 하지만, 시의 경우에는 이미지, 비유, 상징, 리듬을 통해서 감정이나 정서를 표현한다. 앞에서 논의한 것처럼 감정과 정서를 구별하여, 시와 같은 서정적인 장르에서 문학적으로 형상화된 감정을 정서라고 명명하기도 한다. 특히 서정시는 정서를 표현한 문학 갈래이고, 이러한 서정시에서는 시인이 시에 표현한 자연을 통해서도 자신의 정서와 사상을 표현한다. 따라서 문학에 형상화된 자연 대상은 자연 자체이거나 단순한 서경(敍景)이 아니다. 정과 경이 서로 조응하는 정경교융(情景交融), 물과 아가 하나가 되는 물아일체(物我一體)의 시학을 지향하는 것이다.

이처럼 정서적 언어 표현이자 정서적 글쓰기의 대표적인 형식인 문학 작품의 창작과 수용 또는 표현과 이해 과정에 작용하는 문식성은 대략 세 단계로 나누어 설명할 수 있다. 문학을 창작하는 표현의 단계에 작용하는 경우, 문학을 수용하는 이해의 단계에 작용하는 경우, 문학을 수용해서 표현하는 이해/표현 단계에 작용하는 경우 등이 그것이다. 이 단계들에 대한 내용을 요약하여 설명하면, 문학 작품의 창작과 수용의 과정에 전반적으로 인지적 능력과 정의적 능력(정의적 문식성, 문학적 감수성 등)을 가진 문학 문식성이 작용하지만, 대체로 정의적 능력이 중요하게 작용한다.

먼저 문학 표현의 단계, 예를 들어 시를 창작하는 단계에서는 시의 표현 대상이나 현실에 대한 글쓴이의 인지적 능력이 작용하여 이를 미적, 정서적, 윤리적으로 형상화하게 되는데, 이러한 형상화 과정에는 주로 시인의 정의적 능력이 작용한다. 이 단계에서는 특히 문학 형상화에 중요하게 작용하는 상상력의 힘을 빌려 글쓴이의 생각이나 느낌을 구체화하게 되는데, 감정이나 정서(정의)를 문학적으로 형상화하는 과정에는 상상력이 같이 작동하기 때문이다. 따라서 문학적 형상화에서 정서와 상상력의 관계를 엄밀히 규명하거나 그 작용의 경계를 명확하게 짓기는 어렵다.

다음으로 이렇게 창작된 문학 작품을 이해하고 감상하는 단계에서는 독자나 학습자의 인지적 능력과 정의적 능력이 동시에 또는 시의 종류에 따라 각각 달리 작용한다. 예를 들어, 시를 언어, 리듬, 비유, 이미지 등 시의 속성을 중심으로 분석하고 이해하는 활동 단계에서는 인지적 능력이, 이러한 분석적 이해를 넘어 동화(同化), 감동, 내면화(內面化), 이화(異化), 비판 등과 같은 정의적 감상 활동 단계에서는 정의적 능력이 작용한다. 또 개인의 느낌이나 생각을 표현한 서정시의 경우에는 정의적 능력이, 고전적인 시의 경우에는 문화적 능력이 주로 작용한다. 사회 현실에 대한 글쓴이의 현실 인식이 표현된 모더니즘 시나 리얼리즘 시의 경우에는 독자와 학습자의 인지적, 비판적 능력 등이 이러한 시의 이해와 감상에서 중요한 역할을 담당한다.

마지막으로 문학에 대한 이해를 표현하는 이해/표현의 단계에서는 표현의 욕구와 필요성에 따라 차이가 있지만, 기본적으로 비평가나 학습자의 정의적인 능력은 독자로서 느낌이나 생각을 표현한 감상문이나 감상 말하기 형식으로 실현된다. 이때 문학 이해의 과정에서는 정의적 능력이, 감상 표현의 단계에서는 인지적 능력이 작용한다. 아울러 독자나 학습자가 시를 인지적인 차원에서 이해했다고 하더라도 정서적으로 동감하지 않는다면 다음 단계의 표현으로 확장 또는 전이될 수 없다. 따라서 이러한 확장 · 전이의 과정에는 독자의 정의적 능력이 무엇보다 중요하게 작용한다.

4. 문학 문식성을 위하여

이 장에서는 문학 문식성을 거시적으로 종합하는 맥락에서 그 특성을 살펴보도록 한다. 문학 문식성으로 규정할 수 있는 다양한 문식 능력의 작용 양상을 살핌으로써, 문학의 다양성이라는 특성에서 비롯하여 나타나는 문학 문식성의 복합적인 특성을 설명하고자 한다.

먼저 정보 전달 텍스트, 설득 텍스트, 문학 텍스트는 그 표현과 이해의 과정에 공통점도 존재하지만 각각의 소통 목적이나 소통 방식이 다르기 때문에 이 과정에서 작용하는 능력도 다를 수밖에 없다. 대체로 정보 전달의 텍스트는 정확한 표현과 이해를 목표로 한다는 점에서 인지적 능력이 중요하게 작용하지만, 설득 텍스트는 화자를 지향하는 표현과 청자 지향의 이해라는 양면성이 있어서 인지적 능력뿐만 아니라 정의적 능력도 작용한다. 이에 비하여 문학 작품을 포함한 정서적 텍스트는 정의적 능력을 기본으로 하면서, 그 생산과 수용에는 문화적 능력과 창의적 능력이 중요하게 작용한다.

어떻든지 문학의 생산과 수용 능력, 즉 문학 능력을 문학 문식성으로 설명할 수 있을 것이며, 이러한 문학 문식성은 앞에서 설명한 문화, 창의성, 정의만으로 다 설명할 수는 없다. 그 이유는 문학 문식성은 인간의 표현과 이해 능력의 총화를 보여 주는 것인데, 근본적으로 문학과 예술이 종합적이고 복합적이라는 장르적 특성 때문에 인간의 다양한 능력이 작용하기 때문이다. 즉 문학이나 예술의 다양성과 복합성으로 인해 이를 생산하고 수용하는 능력도 복합적인 것이다. 이를 몇 가지 층위로 나누어 그 양상을 분절적으로 설명할 수 있다.

실제로 문학의 본질을 설명하는 명제적이고 실체적인 지식, 즉 문학 이론 지식이나 한국문학의 역사를 설명하는 문학사 지식의 학습에는 인지적 문식 능력이 작용한다. 그리고 문학에 대한 동감적 수용이나 이해(동화)

가 아니라 비판적 이해와 감상(이화)이나 이러한 이해를 표현하는 문학 학습 활동에는 비판적 문식 능력이 작용한다. 이에 비하여 문학의 계승과 창조, 소통을 통한 전승 등과 관련된 문화의 맥락에서 전통문화와 현실문화를 향유하기 위해서는 문화적 문식 능력이, 문학의 창조적 생산과 수용 활동과 관련해서 필요한 문학 능력의 측면에서는 창의적, 정의적 문학 문식 능력이 중요하게 요구된다.

이와 같은 문학을 읽고 쓰는 능력인 문학 문식성의 중층적이고 복합적인 특성을 정리하면 다음과 같다.

	문학의 생산	문학의 수용
인지	문학 이론과 문학사 지식 학습	
비판	문학에 대한 비판적 이해와 감상, 이해의 비판적 표현	
문화	문학 전통의 계승/창조	문학 전통의 소통/전승
창의	창조적 형상화, 상상력	창의적인 문학의 이해/감상, 다양성
정의	정서적 형상화	정서적 동화/이화, 감정이입(感情移入)

이처럼 국어교육에서 다루는 다양한 텍스트 중에서 문학은 중요하게 교수-학습되고 있는 정의적인 텍스트이다. 문학과 같은 정의적인 텍스트는 정의적으로 접근해야 한다. 화자가 되어 감정이입하거나 화자의 입장이 되어 이야기를 따라가면서 작품을 읽어야 한다. 근본적으로 문학이 창조한 세계에 대한 이해는 정의적이라는 장르적 특성에 주목해서 다가가야만 문학의 세계에 도달할 수 있기 때문이다. 그리고 이러한 예술 장르인 문학 문식성의 정의적인 특성은 (다른 텍스트의 문식 능력에 비하여) 문학 문식성의 본질과 특성을 설명해 주는 중요한 변별점이라고 할 수 있다.

현대 문식성 교육의 쟁점은 그동안 인지적 능력, 비판적 능력, 매체 문식 능력 등에 초점이 맞추어져 있다. 최근에 문화적 문식성에 대한 관심이 증대되었으며, 상호문화적 이해 능력으로 그 영역을 확장하고 있다. 이에 비하여 문학 문식성은 논의된 바가 없고, 문학 능력이라는 정도로 특성화되는 수준이었다. 그러나 앞에서 설명한 것처럼 문학 문식성은 국어교육, 문학교육에서 중요하게 다루어야 할 능력이며, 국어교육이 다른 교과교육과 구별되는 특수한 국면이기도 하다. 이러한 측면에서 문학 문식성의 가능성은 충분하다고 할 수 있다.

현대사회의 문식성 교육은 '상호문화', '멀티미디어', '사회정의', '윤리' 등에 초점을 맞추어서 논의와 실천이 이루어지고 있다. 이밖에도 문학 문식성의 본질이자 특성인 문화, 창의성, 정의에 주목하는 문식성 논의로 그 영역을 확대해야 한다.

참고문헌

김종철 외(2005), 『창의와 융합의 국어교육』, 사회평론.

김창원 외(2015), 『2015 개정 교과 교육과정 시안 개발 연구-국어과 교육과정(Ⅰ, Ⅱ)』, 한국교육과정평가원.

박인기(2002), 「문화적 문식성의 국어교육적 재개념화」, 『국어교육학연구』 15, 국어교육학회.

서울대학교 교육연구소 편(1999), 「정의적 특성의 평가」, 『교육학 대백과사전』, 하우동설.

윤여탁(2007), 「비판적 문화 연구와 현대시 연구 방법」, 『한국시학연구』 18, 한국시학회.

윤여탁(2013), 「다문화 사회의 문식성 신장을 위한 한국어교육의 전략: 문학교육의 관점을 중심으로」, 『새국어교육』 94, 한국국어교육학회.

윤여탁(2014), 「창의성의 재개념화와 국어교육의 지향과 과제」, 『새국어교육』 98, 한국국어교육학회.

윤여탁(2015), 「한국에서의 문식성 교육의 반성과 전망」, 『국어교육연구』 36, 서울대학교 국어교육연구소.

이재기(2009), 「문학교육과 문식성 신장」, 『독서연구』 22, 한국독서학회.

장경렬 외 편역(1997), 『상상력이란 무엇인가』, 살림.
한국문학교육학회 엮음(2010), 『문학능력』, 역락.

Brooks, N.(1964), *Language and Language Learning: Theory and Practice,* Harcourt Brace & World Inc,

Chadwick J. A., Grassie J. E.(Foreword by Hall Holbrock)(2016), *Teaching Literature in the Context of Literacy Instruction*, Heinemann.

Freire P. & D. Macedo(1987), *Literacy: Reading the Word and the World*, Praeger, 허준 옮김(2014), 『문해교육: 파울로 프레이리의 글 읽기와 세계 읽기』, 학이시습.

Gee J. P.,(1996) "Literacy and the Literacy Myth: From Plato to Freire", *Social Linguistics and Literacies: Ideology in Discourses*(2nd ed), Taylor & Francis, 오선영 옮김(2010), 「문식성 신화: 플라톤에서 프레이리까지」, 『사고와 표현』3-2, 한국사고와표현학회.

Hirsch Jr. E. D.(1988), *Cultural Literacy: What Every American Needs to Know*, Random House Inc.

Kagan J.(2007), *What Is Emotion?: History, Measures, and Meanings*, Yale University Press, 노승영 옮김(2009), 『정서란 무엇인가』, 아카넷.

Lankshear C. & Knobel M.(2006), *New Literacy: Everyday Practices and Classroom Learning*(2nd ed.), Open University Press.

Purves Allan C.(1994), Papa Linda, Jordan Sarah(ed), *Encyclopedia of English Studies and Language Arts*(vol 1), Scholastic.

Sternberg R. J., Grigorenko E. L., Singer J. L.(ed)(2004), *Creativity: From Potential to Realization*, Washington DC: American Psychology Association, 임웅 역(2009), 『창의성: 그 잠재력의 실현을 위하여』, 학지사.

Tylor E. B.(1871), *Primitive Culture*.[S. Greenblatt, 「문화」, 정정호 외 공역(1994), 『문학연구를 위한 비평용어』, 한신문화사, 292면에서 재인용.

Cooper J. David, "Literacy, Literature, and Learning for Life"
(http://www.eduplace.com/rdg/res/literacy.html)

http://www.ncte.org/positions/statements/21stcentdefinition

http://www.corestandards.org/wp-content/uploads/ELA_Standards.pdf

시 교육에서 학습 독자의 경험과 정의

1. 시의 이해와 감상

이 글에서는 시 교육에서 학습 독자[1]의 경험과 정의(情意)의 위상과 역할에 대해서 논의하고자 한다. 이를 위해서 먼저 시의 감상이나 교육에서 학습 독자의 경험과 정의의 기능과 역할에 대해서 이야기할 것이다. 그리고 이러한 논의를 통해서 시 교육에서 학습 독자의 경험과 정의가 어떻게 작용하며, 시의 교수-학습 과정에서는 경험과 정의를 어떻게 활용될 수 있는가를 알아보려고 한다. 이를 위해서 이 글은 다음과 같은 문제에 초점을 맞추어 논의를 구체화할 것이다.

일반적으로 문학 작품을 이해하고 감상하는 과정에는 독자의 문학 능력, 문학 문식성(윤여탁, 2016, 155-176)뿐만 아니라 독자의 경험이나 정의적 능력이 중요하게 작용한다. 이러한 관점에 따르면, 시 교육에서도 학습

1 이 글에서 '학습 독자'라는 용어는 시 교육에 한정해서, 독자로서의 학습자, 학습자로서의 독자라는 의미를 함축한다. 이 외에도 문맥에 따라서는 '학습자'나 '독자'라는 용어도 같이 사용한다.

독자의 인지적 능력뿐만 아니라 정의적 능력과 개인적인 경험이 더 중요하게 작용한다. 그렇기 때문에 문학 문식성은 학습 독자의 인지적, 문화적, 정의적 능력뿐만 아니라 학습 독자의 창의성이나 경험적 요인 등과도 밀접한 관련을 맺고 있다. 그 이유는 문학 작품을 이해하고 감상하는 능력인 문학 문식성이 인간의 생각뿐만 아니라 다양한 감정을 형상화한 것이라는 문학의 본질적 속성과 관련이 있기 때문이다.

이와 같은 문학 문식성의 인지적, 정의적 특성은 시의 향유나 교수-학습이 이루어지는 과정, 그리고 학습 독자가 학습하고자 하는 시의 갈래나 내용에 따라 각각 다른 역할을 담당한다. 예를 들어, 시를 감상하거나 학습하는 과정 차원에서, 시의 속성을 중심으로 분석하고 이해하는 활동 단계에서는 인지적 능력이, 분석적 이해를 넘어 동화(同化)나 이화(異化), 감정이입, 내면화 등과 같은 시 감상을 표현하는 활동 단계에서는 학습 독자의 경험이나 정의적 능력이 중요한 역할을 한다(윤여탁, 2003, 230-237). 또 시의 갈래나 내용에 따라, 서정적 주체의 감정이나 생각을 표현한 순수 서정시를 감상하는 경우에는 정의적 능력이, 해석이나 정서적인 거리 조정이 필요한 고전시가를 감상하는 경우에는 인지적 능력과 문화적 능력이 우선적으로 요구된다. 그리고 사회 현실에 대한 시인의 인식을 시로 형상화한 모더니즘 시나 리얼리즘 시를 학습할 경우에는 학습 독자의 인지적 능력과 비판적 능력이 시의 이해와 감상에서 중요한 역할을 한다.

이처럼 시 텍스트에 대한 이해를 표현하는 단계, 즉 이해/표현의 단계에서는 표현 주체의 욕구와 필요성의 정도에 따라 다를 수 있지만, 기본적으로 학습 독자의 경험이나 정의적인 능력이 작용하여 형성되는, 내면화된 느낌이나 생각이 감상문 쓰기나 감상 말하기 형식으로 실현된다. 예를 들어, 학습 독자가 시 텍스트를 인지적인 차원에서 이해했다고 하더라도 정서적으로 동감하거나 감동하지 않는다면, 다음 단계의 표현 활동으로 확장 또는 전이할 수 없게 된다. 이러한 맥락에서 학습 독자의 정의적 능력과 이에 영향을 주는 학습 독자의 경험이나 상상력(윤여탁, 2003, 247-255)이 시 교육에 작용하는 중요 변인이라고 할 수 있다.

따라서 이 글은 시 교육에서 학습 독자의 경험이나 정의적 능력이 시 텍스트 감상의 이해와 심화 과정뿐만 아니라 표현으로의 확장 · 전이 과정에 작용한다는 점에 주목해서 구체적인 논의를 진행할 것이다.

2. 시 교육에서 학습 독자의 경험과 정의

2-1. 시 교육에서 학습 독자의 경험

일반적으로 시의 서정적인 주체는 자신의 감정이나 생각을 표현하기 위해서 어떤 형태로든지 시적 형상을 창조한다. 그리고 이러한 시적 형상은 시인 자신이 직접 또는 간접적으로 경험한 세계와 그 체험[2]을 바탕으로 구체화된다. 즉 시적 표현 활동뿐만 아니라 인간의 사유 활동 전반은 일차적으로 자신의 삶이나 경험에 바탕을 두고 이루어진다. 그리고 이와 같은 인간의 사유나 삶을 표현하는 과정에 표현 주체의 경험이 어떻게 작용하고, 이 경험이 어떤 기능과 역할을 하는가에 대해서는 그동안도 많은 논의가 있었다. 이러한 논의들 중에서 특히 자서전이나 자전적 문학 작품과 같은 인간들의 삶을 제재로 하는 저작들은 작가 자신의 경험을 바탕으로 해서 구체화, 형상화한 기록이라고 할 수 있다.

---

2 일상적인 '경험'과 체득되고 내면화된 '체험'으로 구분해서 사용하기도 하는데, 이 글에서는 표현 주체가 삶의 과정에서 직 · 간접으로 겪은 일이라는 정도의 의미로, 경험과 체험이라는 용어를 같이 사용한다.

> 자신의 삶을 파악하고 해석하기 위해서는 일련의 오랜 단계들을 통과하게 된다. (중략) 그리고 역사적 그림(자서전: 필자 주)만이 그 삶에 일정한 한계와 동시에 의의를 부여해 줄 수 있다. 그리하여 삶은 체험을 통해 전달되고 이런 심층적인 것으로부터 자기 자신의 자아, 그리고 세계에 대한 자아의 관계가 이해된다. 자기 자신에 대한 한 인간의 성찰은 준거점이자 토대로 남게 된다(W. Dilthey, 1979, 39).

이와 같은 맥락에서 문학적 형상화에 관련을 맺고 있는 주체, 체험, 타자의 관계를 이야기하면, 문학적으로 형상화된 세계는 대상 그 자체로서가 아니라 주체의 체험을 매개로 해서 작용한다고 할 수 있다. 일반적으로 문학의 창작 주체는 자신의 인식을 직설적으로 이야기하기도 하지만, 시적 화자에 의해 타자화된 대상이나 객체를 통해서 시적 주체의 인식을 표현하기도 한다(윤여탁, 2015, 126-127). 또 문학 표현 단계에서의 주체, 체험, 타자의 관계는 문학 작품을 감상하고 이해하는 과정에서도 비슷한 과정과 양상을 보인다.

그렇다고 해서 표현 단계의 문학적 형상화 방식이나 형상성이 문학 이해의 단계에서 그대로 재현되거나 재생된다는 것은 아니다. 예를 들면, 독자반응이론이나 수용미학, 대화주의 문학론의 관점에서는 학습 독자들의 각기 다른 감상 내용들이 존중되며, 이 과정에는 학습 독자들의 배경지식뿐만 아니라 특히 독자의 개인적인 경험이 중요하게 여겨진다. 그 이유는 문학 작품의 해석과 감상이 수용자인 학습 독자가 자신의 체험에 조회(照會)하여 생산자인 작가의 체험이 표현된 창작물을 읽어 낸 결과이기 때문이다. 딜타이(W. Dilthey)도 일찍이 이에 대해서 다음과 같이 언급하였다.

> 역지사지(易地思之, Hineinversetzen: 필자 주), 또는 전위(轉位)를 근거로 해서

> 이제 정신적 삶의 총체성이 이해 속에서 작동하게 되는 최고의 방식, 즉 모방(Nachbilden) 혹은 추체험(追體驗, Nacherleben)이 생겨난다. 이해는 그 자체로 작용 과정 자체와 반대되는 작용이다. (중략)
>
> 그래서 서정시는 시구들이 이어지는 가운데 하나의 체험 연관에 대한 추체험을 가능하게 해 준다. 그러나 그 연관은 시인이 시를 쓸 때 느꼈을 실제적인 그것이 아니라 그것을 근거로 시인이 어떤 이상적인 사람에게 말을 하는 것의 연관이다(W. Dilthey, 1979, 54-55).

즉 시의 창작과 수용에 체험이 중요하게 작용한다는 주장이다. 그렇기 때문에 시 교육은 시의 표현 단계에서 작용하는 시인의 체험을 이해해야 할 뿐만 아니라 시의 이해 단계에서 작용하는 학습 독자의 체험에 대해서도 주목해야 한다. 그 이유는 학습 독자의 체험이 시를 이해하고 감상하는 교수-학습의 과정에서도 중요하게 작용하기 때문이다. 특히 문학 교사는 학습 독자들이 자신의 삶에 초점을 맞추어 문학 텍스트와 관계 맺기(engage)(J. A. Chadwick & J. E. Grassie, 2016, 61-74)할 수 있는 다양한 방법을 제공하여, 학습 독자들이 자연스럽게 문학의 즐거움을 향유할 수 있도록 도와주어야 한다.

2-2. 시 교육에서 학습 독자의 정의(정서)

문학교육은 이해 단계와 표현 단계로 나누어 설명할 수 있는데, 이는 학습 독자가 시를 이해 및 감상하는 과정을 거쳐 이러한 이해와 감상의 내용을 말이나 글로 표현하는 것을 말한다. 특히 시 교육에서는 시가 시인의 정서를 표현하는 것이라는 장르적 특성 때문에 시 텍스트에 대한 이해를 넘어 학습 독자의 감상 능력에 특별히 주목해야 한다. 그리고 감상에는 학습 독자의 정의가 (부정적이든 긍정적이든) 작용하게 되는데, 이와 같은 정의에 대해서는 느낌, 감정, 정서 등 다양한 용어가 사용되고 있다. 다음의 글에서도 '정의'와 관련된 용어의 다양성을 확인할 수 있다.

> 인간 정서 관념이 서로 다르면서도 불완전하게 연관된 네 가지 현상—(1) 선택적 유발자극에 대한 뇌 활동 변화, (2) 감각적 성질을 지니고 있으며 의식적으로 탐지된 감정 변화, (3) 감정을 해석하고 단어 표지를 붙이는 인지 과정, (4) 행동 반응의 준비나 표현—을 가리키는 추상적이고 가치중립적인 구성 개념이라고 생각한다(J. Kagan, 2009, 49).

이 글에서 케이건(J. Kagan)은 정서와 관련된 네 가지 개념 범주 중에서 두 번째 현상을 '감정(feeling)'으로, 세 번째 현상을 '정서(emotion)'로 구분하였다. 이에 비하여 동양의 시학에서는 매우 제한된 개념[3]으로 정서라는 용어를 사용했는데, 최근에는 꼭 하나로만 규정하기 어려우며 복잡하고 다양한 사람들의 마음을 표현하는 어휘 개념으로 널리 사용되고 있다. 일례로, 정서의 개념을 정조(情調), 기분(Stimmung)의 개념과 비교하여, 문학교육은 '정서(emotion)와 기분(Stimmung)'를 모두 포함해야 하지만 '기분'에 보다 깊은 관심을 기울여야 한다는 견해(고정희, 2010, 241-255)도 있다. 또 인지적(cognitive) 영역과 정의적(affective) 영역을 연결하는 고리를 정서적 문식성(emotional literacy)으로 설명(Park, 2003, 13-16)하여, 정의와 정서를 구별하기도 한다. 이처럼 정의, 감정, 정서, 정조 등의 용어들은 중첩되는 영역이 있고, 그 개념 역시 서로 넘나든다.

---

3 정서(情緖)는 정(情)을 말의 골간으로 하여, 서(緖)로써 그것을 형용하는 구조로 되어 있는 어휘이다. 이 어휘를 처음 만들어 쓴 이는 육조 시대 남조(南朝)의 양(梁)나라 사람 강엄(江淹)이다. (중략) '정서'라는 말은 그(강엄이 쓴 삼부작: 필자 주) 중 〈울음을 노래함〉에 들어 있다. 여기서 강엄은 가을의 쓸쓸한 정경으로부터 기인한 끝없이 이어지는 마음들, 심란(心亂)하다고나 할 마음의 상태를 말하고자 하면서 마음의 갈래라는 표현으로써 이 정서라는 말을 사용했다(김성룡, 2010, 7-8).

그리고 시에 표현된 정서나 정의와 학습 독자가 시 텍스트에서 느끼는 정서나 정의 사이에는 거리가 존재한다. 그 이유는 문학 작품의 세계, 예를 들면 작가가 문학 작품으로 형상화하거나 호출(呼出)된 자신의 경험이나 정서 등이 학습 독자의 그것과 다르기 때문이다. 그렇기 때문에 문학 감상은 시 텍스트와 만나 접촉하는 과정에서 작품 세계와 독자의 거리를 조정하는 활동이라고 할 수 있으며, 문학교육적인 관점에서는 이와 같은 작품 세계와 학습 독자의 정서적 거리를 좁힐 수 있는 교수-학습 활동에 초점을 맞추어 실천되어야 한다.

이처럼 문학교육은 문학 작품이 환기하는 감정을 가르치는 것이며, 이 점이 교육에서 문학 작품을 활용하는 중요한 이유라고 할 수 있다. 이러한 맥락에서 문학교육은 교육을 통해서 학습자들이 새로운 통찰에 이르고, 강렬한 감정을 유발시킬 수 있도록 설계해야 한다. 그런데 실제 학습자들은 이에 대해서 무관심하기 때문에, 문학 작품 읽기에서 전경화되는 감정이나 정서적 요소를 알아차리고 학습자 스스로 정서적으로 반응할 수 있도록 유도해야 한다(G. Hall, 2005, 175-176). 다음의 논의 역시 이러한 학습자의 정서적 거리 조정 문제와 그 의의를 설명하고 있다.

> 감상 전략이 공감과 거리두기를 포괄할 경우 문학 감상 능력은 선형적(線型的)인 지표를 갖지 않는다. 공감에 있어서도 정서적 공명(대상과 같은 정서를 경험하는 것)과 공감적 관심(대상에 대한 동정, 관심의 정서를 경험하는 것)이 변별되는 것처럼, 문학 텍스트에 대한 정서적 거리는 다양하게 조성될 수 있다. 게다가 감상의 가능성 확대라는 측면에서 문학 감상 능력을 살필 경우, 문학 텍스트에 대한 정서적 거리가 다양하게 분기하는 것은 바람직하다(최지현, 2003, 49).

그리고 이러한 시 감상이나 교육의 단계는 문학교육의 관점에서 두 단계로 설명할 수 있다. 즉 1차적으로는 학습자와 시 사이에 존재하는 인지적, 심미적 거리를 좁혀야 하는 인지주의적 관점이다. 이 경우에는 문학에 대해 배워야 하는 객관적으로 인정되는 문학 지식 등이 제공되고, 문학교육은 문학이나 문학교육의 명제적, 속성적 지식들을 활용해서 시를 이해하는 활동을 하게 된다. 이에 비하여 2차적으로는 학습자와 시 사이에 존재하는 경험적, 정의적 거리를 좁혀야 하는 구성주의적 관점이다. 그리고 이와 같은 구성주의 관점에 의하면, 문학 작품의 감상이나 수용 활동에는 학습 독자 개인의 경험이나 정의적 요인이 주로 작용하며, 문학교육을 통해 형성되는 지식이나 경험도 학습 독자들 사이에서 일어나는 관계적 대화와 상상적 구성 활동을 통해서 형성된다.

물론 시 교수-학습에서 인지주의적 단계와 구성주의적 단계가 선후 관계로 나뉘지는 않는다. 특히 비유나 상징적인 표현과 함축적인 언어로 시적 주체의 정서를 형상화한 짧은 서정시를 교수-학습하는 경우에는 인지적 능력이 주로 작용하는 1차적인 과정과 경험이나 정의적 능력이 작용하는 2차적 과정이 동시에 일어난다. 그럼에도 불구하고 이 글에서는 논의의 편의를 위해서 이를 단계화하여, 시를 교수-학습하는 과정을 이해와 감상이라는 차원으로 나누어 1차적인 과정은 이해의 단계로, 2차적인 과정은 감상의 단계로 설명하고자 한다.

2-3. 시 교육에서 학습 독자의 경험과 정의의 관계

이 부분에서는 "경험이 없는 정의를 이야기하는 것이 가능한가?"라는 질문으로부터 논의를 시작하고자 한다. 대체로 학습 독자의 정서나 감정 등 정의적 능력이나 반응들은 선험적(先驗的)인 것이 아니라는 사실은 널리 인정되는 바이다. 인간의 인지적 능력은 학습이나 교육을 통해 형성되지만, 정의적 능력은 우선적으로는 인간 주체 스스로의 경험을 통해서 형성된다. 그리고 부분적으로는 정의적 능력도 교육이나 학습을 통해 형성되지만, 이 경우에도 학습 독자의 실제 경험이나 문학적 경험을 통해 환기될 때 자신의 주체적인 능력으로 전환되어 내면화된다. 즉 학습 독자의 정의적 능력은 주체의 경험을 바탕으로 한다.

이와 같은 인간의 경험과 정의의 관계에 대해서, 랑시에르(J. Rancière)는 인간이 '감각(감성)'[4]할 수 있는 것과 그러지 못하는 것으로 나눌 수 있으며, 예술 중에서 시학적 · 재현적 체제는 감각의 분할 영역에 의해 이루어지는 모방이라고 하였다. 그리고 예술가가 재현하고자 하는 세계 역시 재현할 수 있는 것과 재현할 수 없는 것으로 나뉘며, 선험적인 것과 감각적 인식 사이에 존재하는 불일치에 따라 예술이나 장르의 위계가 생기게 된다(Rancière, 2008, 27-32, 115)고 하였다. 즉 '감성의 분할'은 모방이나 생산 단계뿐만 아니라 감상이나 수용 단계에서도 작용하여 '감각할 수 있는 것'과 '그러지 못하는 것'으로 나뉜다. 이 글은 경험과 정의의 관계보다는 이러한 감정의 분할에 주목하였다.

다시 시 교육의 측면에서 학습 독자의 경험을 바탕으로 환기되는 정의적 반응에 대해서 이야기하면, 우선 시를 읽거나 배우는 과정에서 학습 독자들의 감정의 울림이 작동하기 위해서는 그들의 과거 경험이 호출 또는 환기되어야 한다. 이 점은 서정시의 생산과 수용 과정을 체험과 관련시키는 추체험으로 본 딜타이(W. Dilthey)의 견해에서도 확인할 수 있다. 또 문학 작품의 이해와 감상 과정에서 학습 독자가 작품 세계와의 사이에 존재하는 심미적 거리를 학습 독자 자신의 사전 지식 등에 조회해서 미적 지평(地平, prospect)을 전환하는 것처럼, 학습 독자의 선험적인 감정이나 정서의 기억이 없는 경우에는 자신의 과거 다른 경험에 조회해서 정의적 거

---

4 번역본에서는 'sensible'을 '감성'으로 번역했는데, 감성보다는 지각이나 감각에 가까운 개념이다. 이 글에서는 감각이라는 용어를 사용하였다.

리를 조정하는 활동을 시도하게 된다. 그리고 이러한 정의적 반응 조정 활동을 통해서 새로운 정의와 정서가 형성되게 된다.

이러한 측면에서 시 교육은 시 작품의 세계와 학습 독자 사이에 존재하는 심미적 · 정의적 거리[5]를 좁힐 수 있는 방법을 구체화 및 체계화하여 실천하는 활동이다. 특히 시 교수-학습 과정에서 학습 독자는 자신의 경험을 활성화하여 시를 감상하고, 자신의 경험이나 정서에 조회해서 정의적 능력을 신장시켜야 한다. 시를 이해하고 감상한다는 것이 학습 독자의 삶과 생활의 차원에서는 정의적 · 정서적 체험 활동이고, 예술 향유의 차원에서는 미적 체험 활동이기 때문이다.

3. 시 교육에서 경험과 정의의 교수-학습

3-1. 시 교육과 대화주의, 구성주의 교육 이론

시 교육의 이론을 설명하기 위해서는 바흐친(M. M. Bahktin)의 대화주의, 비고츠키(L. S. Vygotsky)의 사회적 구성주의 등의 교육학 이론을 참고할 수 있다. 그리고 이러한 교육학 이론에서는 학습 독자의 경험과 정의의 활성화 방법으로 비고츠키의 근접발달영역(ZPD, Zone of Proximal Development)과 브루너(J. S. Bruner)의 비계(飛階, scaffolding)라는 개념을 도입하고 있다. 이 글은 대화주의와 구성주의라는 교육관에 바탕을 두고 있기 때문에 먼저 이에 대해서 살펴보고자 한다.

5 수용미학의 개념이기도 한 심미적 · 정의적 거리는 시의 교수-학습 과정에서 학습 독자의 수준과 학습 독자가 학습해야 할 발달 수준 사이에 존재하는 인지적, 심리적 거리에 주목하는 구성주의 교육관의 '근접발달영역'과도 유사한 개념이다.

> 우리의 목적에 특별히 관련된 Vygotsky의 기본틀에 대한 Bakhtinian의 개념 확장은 현대 소련의 기호학자인 Yuri Lotman의 연구에서 발견할 수 있다. Lotman은 두 가지 기능들이 모든 텍스트의 특성이라고 주장하였다. 그가 묘사하는 '기능적 이중성'은 우리가 한 편으로 **일방적으로 말하는**(univocal) 기능이라고 일컫는 것과 또 다른 한편으로 **대화의**(dialogic) 기능이라고 일컫는 것을 포함한다(강조: 번역서 원문)(L. P. Steffe and J. Gale, 1995, 163-164).

> (브루너가 제안한 비계라는 개념에 의하면: 필자 주) 발달은 학습자 개인이 해나가는 과정이고 여기에 교수자가 살짝 비계를 놓듯이 학습에 도움을 주면 된다는 의미가 담겨 있습니다. (중략) 올바르게 조직된 교수-학습, 즉 발달을 이끄는 교수-학습을 설명하기 위해 비고츠키가 제안한 개념이 '근접발달영역'입니다. 가장 널리 알려진 의미는 '현재적 발달 수준'과 교사와의 체계적 '협력을 통해 수행할 수 있는 발달 수준 사이의 거리'입니다(진보교육연구소 비고츠키교육학실천연구모임, 2015, 105-108).

바흐친의 이론에 기반을 둔 대화주의와 비고츠키의 구성주의는 맥락을 같이하는 교육관이다. 그리고 구성주의 교육관에서 사용되는 중요 용어인 비계와 근접발달영역은 개념과 이해에 있어 차이가 있지만 대화주의 관점에서도 중요하게 작용한다. 즉 비계라는 개념은 구성주의 교육학에서 근접발달영역을 형성하기 위해서, 또는 교수-학습 목표에 도달하는 과정에서 교사나 다른 학습자가 학습에 도움을 주기 위해서 학습자들에게 제공하는 모든 정보나 방법을 일컫는다. 이와 같은 비계는 대개 교사가 시의 이해와 감상을 촉진하기 위해서 학습자들에게 제공하지만, 구성주의적 교수-학습 환경에서는 학습자들 사이에서 다른 동료 학습자의 관점이 비계로 활용되는 대화주의 양상이 나타난다.[6]

그리고 바흐친 등의 대화주의 관점에 따르면, 학습자가 감상이나 지식을 구성하는 과정에는 학습자 자신만의 내적 대화와 동료 학습자와의 횡적 대화가 이루어지게 된다. 뿐만 아니라 학습자와 교사 사이에 이루어지는 종적 대화도 나타난다(최미숙, 2006, 235-244). 이러한 맥락에서는 학습 독자들의 자발적인 교수-학습 활동과 학습 독자 스스로의 지식 구성 과정이 특히 중요하며, 교사는 기존의 문학 지식을 학습자들에게 전수하는 전달자가 아니라 학습 독자들이 교수-학습 과정에서 자신의 배경지식을 활용해서 자신만의 지식을 새롭게 구성할 수 있도록 도움을 주는 촉진자이자 안내자, 조언자의 역할을 담당한다. 이와 같은 구성주의와 대화주의에서 각 교육 주체의 역할과 조정 양상에 대해서는 다음을 참고할 수 있다.

> Vygotsky식 인식론에 대한 주장은 내부의 무의식적인 의미와 의식적 지성을 획득하는 문화수단 사이의 조화를 위한 것이다. 우리는 Vygotsky식 주장이야말로 개인의 지적 발달의 핵심적인 측면이며, 그에 대한 개념적 확장은 구성주의 인식론과 교육 간의 관계에 대한 이해를 촉진시키는 데 도움이 될 것이라고 생각한다(L. P. Steffe and J. Gale, 1995, 436).

> 독자 자신이 조정의 주체로 기능한다. (중략) 독자 자신에 의해 촉발되는 조정, 즉 자기 조정도 반응 조정 활동의 중요 유형으로 설정할 수 있다. 그리고 다수의 학습 독자들이 존재하는 일반적인 교실에서는 동료 학습 독자들이 중요한 조정 촉발자로 기능한다. (중략) 마지막으로 교사도 반응의 조정을 촉발하는 중요한 주체이다. 교사 또한 시 텍스트에 대한 한

6 브루너는 2016년 6월 5일에 100세의 삶을 마감하였다. 그는 인지주의 교육의 관점에서 '지식의 구조'를 강조하여 나선형 교육과정, 학문 중심 교육과정을 주장하였지만, '학생 스스로 어떤 사실로부터 원리를 발견하도록 안내하는 학습'(발견 학습)이나 비계 설정 등 인지적 구성주의 교육관과 맥락을 같이하는 관점도 보여 주었다.

사람의 독자로서 개별 학습 독자의 반응에 대해 질문과 평가를 할 수 있으며, 다른 반응의 가능성을 보여 줄 수 있다(강민규, 2016, 52-53).

이처럼 구성주의 교육관은 학습 독자 외부에서 제공되는 자극뿐만 아니라 학습 독자 내부의 의식적, 무의식적 인식 활동이 중요함을 강조하고 있다. 또한 인간 교육은 궁극적으로 학습 독자 자신의 발달이자 변화라는 측면에서 학습 독자 자신의 변화와 목표 달성을 위한 자발적이고 주체적인 활동이 바람직하고 효과적이라고 주장하고 있다. 궁극적으로 대화주의와 구성주의 관점에서의 감상은 교수-학습의 과정에서 학습 독자의 감상을 조정하는 활동이라고 할 수 있다.

3-2. 시 교육에서 경험과 정의의 작용과 양상

시를 교수-학습하는 과정에서 학습 독자의 경험과 정의에 주목하는 관점은 교육학적 측면에서는 대화주의와 구성주의에, 문학교육적 측면에서는 수용미학과 독자반응이론에 근거를 두고 있다. 그리고 수용미학과 독자반응이론을 중요시하는 문학교육관은 시를 가르치고 배우는 과정에 작용하는 교사, 텍스트, 교실, 학습자라는 변인들 중에서 교수-학습이 이루어지는 교실 현장과 시를 배우는 학습 독자 변인을 주목하는 관점이다. 아울러 이 글은 교사나 텍스트 변인을 고려하지 않는 것은 아니지만, 특히 학습 독자에 초점을 맞추어서 논의를 진행하고자 한다.

이 글의 논의는 이러한 수용미학적인 문학교육관을 전제하고 있다. 즉 시 교육은 시 해석을 통해 경험과 정의를 공유하는 것이고, 시 교수-학습은 학습 독자가 문학 작품의 내용이나 세계를 해석하는 활동이라는 사실을 전제로 하고 있다. 그리고 딜타이(W. Dilthey)의 다음과 같은 설명도 이와 크게 다르지 않다.

> 지속적으로 고정된 삶의 표현들에 대한 기술적인 이해를 우리는 **해석**(解釋, Auslegung)이라고 부른다. 그리고 정신적인 삶은 언어를 통해서만 자신의 완전하고 창조적이며 따라서 일정하게 객관적으로 파악하게 해 주는 표현이 가능하기 때문에, 해석은 **창작물**[작품] 속에 포함된 인간적 현존의 나머지 것들에 대한 세부적인 해석을 통해 완성된다(강조: 번역서 원문)(W. Dilthey, 1979, 59).

그리고 앞에서 설명한 대화주의 교육학 이론에 의하면, 시 교수-학습의 과정에서는 먼저 학습 독자와 텍스트 사이에 내적 대화가 일어나서 자기 조정 활동이 이루어진다. 이 단계에서는 학습 독자의 사전 지식, 배경 지식(schema)이 작동하여 시를 감상하고 이해하는 활동이 이루어지며, 대개 이 과정에서는 학습 독자에게 시 텍스트와 같이 제공되는 해석 텍스트, 해석 정전(正典, canon)이 중요한 영향을 끼친다. 특히 고등학교 '문학' 교과서에서처럼 시 텍스트와 같이 제공되는 '감상의 길잡이'와 같은 해석 정전은 상호 소통하는 대화로 작용하기보다는 학습 독자의 시 감상과 이해에 절대적인 영향력을 행사하는 권위의 담론(談論)으로 작용한다. 그렇기 때문에 이에 대한 교육적 처치가 필요하다.

이와 같은 내적 대화의 다음 단계로, 교수-학습 과정에서 동료 학습 독자들 사이에 일어나는 상호 소통의 대화 활동을 이야기할 수 있다. 즉 발표나 토론이 이루어지는 시 교실에서 학습 독자는 자신과 비슷한 수준의 감상 능력을 가진 다른 학습 독자가 제공하는 감상 내용을 능동적, 비판적으로 수용하게 된다. 이때 학습 독자들 사이에 존재하는 시 감상이나 이해의 편차(수용미학의 개념으로는 기대지평의 차이, 미적 거리 등)가 클 경우에는 더욱 활발한 횡적 대화와 동료 조정 활동이 이루어진다. 또 동료 학습 독자와의 대화와 조정 활동은 자발적인 학습 행위이기 때문에 그 교육적 효과도 크다고 알려져 있다.

그리고 시 교육의 마지막 단계에서는 교수-학습의 또 다른 주체인 교사와의 종적 대화와 문학 교사에 의한 조정 활동도 활발하게 이루어진다. 이 경우 시 교실에서 문학 교사는 대체로 학습 독자보다는 비교적 높은 감상 능력과 풍부한 문학 감상 지식을 가진 권위 있는 수용 주체이다. 그렇기 때문에 이런 능력을 가진 문학 교사와 미숙한 학습 독자와의 대화는 쌍방향적인 소통이라기보다는 일방향적으로 작용하지만, 교수-학습 환경이나 방법에 따라서는 학습 독자와 교사 사이에도 활발하고 다양한 양상의 대화와 소통이 이루어질 수 있다.

아울러 문학 교사는 시 교수-학습의 평가자라는 위치이기 때문에 교사와 학습 독자 사이에는 특별한 관계의 대화가 이루어진다. 그리고 이 대화는 교수-학습의 목표와 밀접한 관련이 있으며, 교사의 능력과 선택, 지도에 따라 학습의 효과와 성패가 좌우되기도 한다.

논의의 편의를 위해서, 이와 같은 시의 이해와 감상, 교수-학습 과정을 몇 가지 단계와 양상으로 나누어 정리하면 다음과 같다. 학습 독자는 우선 자신의 경험이나 사전 지식을 활용하여 시 텍스트를 접하게 된다. 이런 경우 학습 독자가 인지적 차원에서 시의 내용이나 형식을 이해한 경우와 이해하지 못한 경우로 나눌 수 있다. 이와 같은 과정에는 문학이나 시 읽기와 관련된 학습 독자의 사실적, 개념적 지식이 작용하여 텍스트 이해를 촉진하는데, 이때 학습 독자의 경험은 시의 내용과 자신을 연결해 주는 매개체 역할을 한다.

이 과정을 거쳐서 학습 독자는 시 텍스트에 대한 이해와 미(未)이해한 경우로 나뉘며, 각각의 양상에 따라 서로 다른 교육적 처치가 이루어져야 한다. 시 텍스트를 이해한 경우는 시의 내용에 대해서 정의적인 차원에서 동화하거나 동감을 보이는 경우와 시의 내용을 거부하거나 거리두기를 선택하는 경우로 다시 나눌 수 있다. 이와 같은 시 텍스트에 대한 학습 독자의 반응 단계는 감상 단계라고 할 수 있으며, 이때에는 학습 독자의 정의나 정서 등 정의적 능력이 작용한다. 그리고 이 단계에서 시의 내용에 대해 거부하거나 거리를 두는 경우 문학 교사는 동화적 이해를 활성화시키기 위해서 계기(契機, momentum)를 제공하는 절차적 학습 과정과 방법을 구안해야 한다.

시 텍스트를 이해한 경우와는 달리 시 텍스트를 이해하지 못한 경우에는 시의 내용에 대해 거부하거나 거리두기를 하는 경우처럼, 시 교수-학습 과정에서 동료 학습 독자와의 대화나 교사의 비계 제공 등 방법적 · 절차적 지식을 활용해서 이해에 도달할 수 있는 교수-학습 방법을 적극적으로 구안해서 제공해야 한다(윤여탁 외, 2010, 237-254).

3-3. 시 교육에서 경험과 정의 교육의 실제

이 부분에서는 구체적인 시 텍스트 읽기의 과정과 양상을 예로 들어 시 교육에서 경험과 정의에 대해서 설명하고자 한다.

> 어려선 그 냄새가 그리 좋았다
> 모기를 죽이는 것도
> 뱃속 회충을 죽이는 것도 그였다
> 멋진 오토바이를 돌리고
> 삼륜차 바퀴를 돌리고
> 누런 녹을 지우고 재봉틀을 매끄럽게 하던
> 미끈하고 투명한 묘약
> 맹탕인 물과는 분명히 다르다고
> 동동 뜨던 그 오만함도, 함부로 방치하면
> 신기루처럼 날아가버리던 그 가벼움도 좋았다

알라딘의 램프 속에 담겨진 것은
필시 그일 거라 짐작하기도 했다
개똥이나 소똥이나 물레방아나
나무장작과 같은 신세에서 벗어나
그가 있는 곳으로 가고 싶었다 그렇게
기름때 전 공장노동자가 되었다
빨아도 빨아도 지워지지 않는 얼룩도
그의 것이라는 것을 알았다

— 송경동,[7] 「석유」의 전문

이 시는 문명화된 현대의 삶을 가능하게 했던, '묘약'과도 같은 '석유'와 연관된 시적 화자의 삶을 감각적인 표현으로 이야기하고 있다. 그리고 이 시의 내용은 '모기를 죽이는 것도 / 뱃속 회충을 죽이는 것도 그였다'라는 부분을 제외하고는 대체로 쉽게 이해된다. 현대의 독자들이 이해하기 어려운 이 표현의 내용은 비교적 나이가 좀 든 중장년층이나 기억할 수 있는 가난한 시절에 있었던 이야기로, 요즘의 학습 독자들은 경험해 보지 못했기 때문에 그 내용을 짐작할 수 없는 이야기다. 아울러 우리 현대사회의 곳곳에서 각기 다른 모습과 기능으로 자리 잡고 있는 '석유'에 대한 기억과 경험을 다양하게 형상화하고 있다.

이러한 시의 이해 과정에는 시에 대해서 배운 문학 지식 외에도 학습 독자의 과거 경험이나 공유할 수 있는 배경지식들이 작용한다. 예를 들어 현대의 학습 독자들이 이해하기 쉽지 않은 표현 부분을 이해하려면, 예전

7 1967년 전남 보성 벌교 출생. 2001년 『내일을 여는 작가』와 『실천문학』에 작품을 발표하면서 등단. 『꿀잠』(삶이 보이는 창, 2006), 『사소한 물음들에 답함』(창비, 2009), 『나는 한국인이 아니다』(창비, 2016) 등 시집이 있음. '천상병시문학상'(2010), '신동엽창작상'(2011), '아름다운 작가상'(2016) 등을 수상하였음.

에 모기나 해충을 잡기 위해서 석유를 섞어 만든 살충제를 뿌리거나 모기의 유충인 장구벌레가 많이 사는 더러운 물웅덩이에 석유를 뿌렸던 기억(공기 호흡하는 장구벌레는 물 위에 뜬 석유에 호흡기가 막혀 죽음.), 기생충약이 널리 보급되기 전에 회충약 대신에 석유를 마셨던 조금은 무섭고 무지했던(?) 그 옛날의 기억 등이 독자들에게 공유되어야 한다. 그래서 현대의 학습 독자들에게 이 시를 교수–학습하기 위해서는 과거의 경험이나 정보를 비계나 단서로 제공해야 한다. 이를 통하여 학습 독자들이 이 시 텍스트의 내용을 일차적으로 이해할 수 있도록 해야 한다.[8]

이상과 같은 시 텍스트 이해 단계 이후에는 학습 독자의 정의적 영역으로 내면화되는 감상 단계로 이어지게 된다. 즉 이 시의 주된 메시지인 고단한 노동자의 삶을 선택할 수밖에 없었던 시적 화자의 이야기는, 이런 이야기에 대한 이해를 바탕으로 학습 독자들의 삶과 연관된 정서적 · 정의적 반응으로 전환된다. 그리고 학습 독자들의 이와 같은 내면화된 정의적 반응들은 독자마다 각각 다를 수밖에 없다. 예를 들면, 시적 화자가 이야기하고 있는 노동자의 삶이 가슴에 와 닿지 않는 학습 독자도 있을 것이고, 쉽게 지워지지 않는 '얼룩'처럼 '기름때 전 공장노동자'가 될 수밖에 없었던 고단한 삶을 동정하는 학습 독자도 있을 것이다. 그리고 화자인 노동자의 삶이 자신의 삶과 별로 다르지 않음을 체감(體感)하여 동일시하는 학습 독자도 있을 수 있다.

시의 감상 단계에서는 학습 독자 자신의 경험 유무뿐만 아니라 시적 화자로 형상화된 타자를 이해하려는 학습 독자의 정서나 정의가 발현되어야 한다. 그리고 학습 독자의 정의는 주체의 경험을 통해서 내면화되어

---

8 이와는 다르게 실제 학습 독자의 경험은 배경지식과 밀접하게 관련되어 있거나 배경지식과 같을 수 있다. 특히 고전문학의 이해와 감상에는 이처럼 인지적인 측면이 강한 배경지식이 많이 작용하지만, 현대시의 경우에는 정의적인 특성과 관련된 학습 독자의 경험이 중요하게 작용한다.

발현되며, 시 교수-학습은 학습 독자의 경험에 조회하여 학습자의 정의와 정서를 환기시키는 역할을 한다.[9] 이 과정에서 정의는 학습 독자의 시 이해와 감상 과정의 토대로 작용하는 것이면서, 시 교육의 내용이자 목표가 되기도 한다.

이처럼 시의 이해와 감상에 작용하는 경험과 정의가 단순하지 않기 때문에 시를 교육하는 과정이나 절차에는 다양한 요소들이 작용한다. 이러한 점을 고려하여 시 교육에서 정서와 체험의 교수-학습은 다양한 맥락에서 특성화하고 단계화(유영희, 2007, 158-164)해야 하며, 이러한 활동을 통해서 학습 독자는 시적 상황이나 화자의 정서를 이해할 수 있도록 해야 한다. 이를 위해서는 학습 독자들이 시적 상황이나 화자의 정서를 자신의 경험에 조회하며 이해할 수 있도록 내용이나 활동을 교수-학습의 과정에서 구체화하여 제시해야 한다.

궁극적으로 시 교육이 이루어지는 문학 교실은, 앞에서 논의한 바와 같이 학습 독자 자신의 내적 대화, 동료 학습 독자와의 횡적 대화, 그리고 교사와의 종적 대화를 통해 이해에 도달할 수 있도록 해야 한다. 특히 이 단계에서 문학 교사는 탐구 학습이나 문학 토론 등의 교수-학습 방법을 활용해서, 시의 메시지를 거부하거나 비판하는 학습 독자의 정서적 반응을 동감하는 방향으로 유도해야 한다. 그리고 학습 독자에 따라 시에 대한 이해와 감상이 각각 다를 수 있다는 생각을 할 수 있도록 교수-학습 내용

---

9 시를 교수-학습할 때 이해와 감상 활동이 선후 관계나 인과 관계에 놓이는 것만은 아니다. 일반적으로 서술적인 시나 길이가 길어서 많은 정보를 포함하고 있는 시의 교수-학습, 이해-감상에는 선후 관계나 인과 관계가 작용한다. 이 글에서 예를 든 시에는 '석유'의 물성(物性)이나 기억, 이야기가 제시되어 있으며, 이에 대한 이해를 바탕으로 감상이 이루어진다. 이와는 달리 서정 주체의 정서나 사상을 직설적으로 서술하거나, 함축적인 언어 표현으로 짧게 전달하는 순수 서정시의 경우에는 대체로 이해와 감상 활동이 동시에 이루어진다.

과 방법을 설계해야 한다.

4. 학습 독자의 경험과 정의

이 글은 시 감상과 시 교육에서 중요 변인이자 능력으로 작용하는 학습 독자의 경험과 정의의 관계를 논의하였다. 특히 시 교수-학습의 여러 국면 중에서 문학 교사나 시 텍스트, 교실 현장보다는 수용 주체인 학습 독자의 경험과 정의가 시 감상이나 시 학습에 어떻게 작용하고 기능하는가를 중점적으로 논의하였다.

이상의 논의를 통해 시 감상 교육에서 시의 본질인 형식이나 내용 등에 대한 학습 독자의 이해 능력도 중요하지만, 학습 독자의 개인적인 경험이나 정의적인 문학 감상 능력이 중요하다는 점을 확인하였다. 아울러 현대 교육의 중심이 교사로부터 학습 독자로 이동하고 있음에 주목하여, 문학 교사나 텍스트보다는 교수-학습이 이루어지는 교실이나 학습 독자의 활동에 초점을 맞추어야 한다. 같은 맥락에서 학습 독자의 1차적인 문학 능력으로는 시에 대한 사실적, 개념적 지식 등이 작용하겠지만, 2차적인 문학 능력으로는 학습 독자의 경험과 정의적 지향이 지배적이라는 사실도 확인할 수 있다.

특히 문학 문식성의 중요 요소이기도 한 학습 독자의 정의적 능력은 문학 감상, 특히 시 감상이나 학습 과정에서 발현된다. 이 점은 시가 다른 문학 갈래에 비하여 감정이나 정서를 전달하는 것에 초점을 둔 문학 갈래라는 점과도 관련이 있다.

> 분명히 현대사회는 인지적인 지식을 보다 높은 차원으로 증가시키지 않고서는 기능할 수 없다. 그러나 행동을 유발하는 것은 감정이다. 예를

들면 우리 사회에서의 소수민족에 대한 부당한 처사를 모두 알고 있다. 그러나 우리가 그것에 관해 강하게 느끼지 않고서는 행동을 취하지 않는다. 따라서 학습자의 정서적 · 정의적인 세계와의 관련이 필요하다. 지식이 학습자의 정서적인 상태와 관계되지 않는다면 그것이 행동에 영향을 줄 가능성은 희박하다(G. Weinstein & M. D. Fantini, 1970, 39).

이처럼 우리 인간의 실천력은 앎이라는 인지적 지식에 기반을 두기도 하지만, 주체 개인의 주관적인 체험과 이런 체험으로부터 유발된 심정적인 동의(同意)[10]가 바탕이 된다. 즉 인간 삶의 여러 장면들 속에서 앎이라는 인지적 능력이 실천력으로 작용하지만, 이런 실천력은 정의적 능력이 동반될 때 더 큰 힘을 발휘할 수 있게 된다. 궁극적으로 학습 독자의 경험과 정의가 학습 독자를 행동하고 실천하게 하며, 학습 독자의 경험을 환기하고 정의를 촉진하는 방법을 모색하는 교육이 시 감상 교육의 실천상이라는 점을 강조하고자 한다.

참고문헌

송경동(2009), 『사소한 물음에 답함』, 창비.

강민규(2016), 「독자 반응 조정 중심의 시 교육 연구」, 서울대 대학원.

고정희(2010), 「정서 교육에 대한 예비적 고찰: 고문헌에 나타난 '정서(情緖)' 개념을 중심으로」, 『고전문학과 교육』 20, 한국고전문학교육학회.

10 독자의 맥락에서 일어나는 '심정적인 동의'는 슈타이거(E. Staiger)가 '주체와 객체의 간격 부재(不在)이자 서정적인 상호 융화(Ineinander)가 일어나는 회상(回想, Erinnerung)', 카이저(W. Kayser)가 '시인의 심혼적(心魂的)인 자기표현이나 정조(情調)의 순간적 고조를 띤 대상성의 내면화'라고 설명한 서정시의 본질에 다가간 상태이다.

고정희(2010), 「시의 정서(emotion)와 기분(Stimmung)에 대한 연구: 마종기의 〈낚시질〉가 〈중년의 안개〉를 대상으로」, 『문학치료연구』 14, 한국문학치료학회.
김성룡(2010), 「정서(情緖)와 문학교육」, 『고전문학과 교육』 20, 한국고전문학교육학회.
김 인(2001), 「블룸과 《교육 목표 분류학》」, 『문학과 교육』 18, 문학과교육연구회.
김정우(2003), 「국어과 교육과정에서의 정의교육 범주에 대한 연구: 내용 체계와 위계의 문제를 중심으로」, 『문학교육학』 12, 한국문학교육학회.
민재원(2013), 「시 읽기 교육에서 정서 체험의 구조와 작용 연구」, 서울대 대학원.
박치범(2015), 「문학교육에서의 공감에 관한 연구」, 고려대 대학원.
서울대학교 교육연구소 편(1999), 「정의적 특성의 평가」, 『교육학 대백과사전』, 하우동설.
유영희(2007), 「현대시의 정서 표현과 정서 체험 교육」, 『우리말글』 39, 우리말글학회.
윤여탁(2003), 『리얼리즘의 시 정신과 시 교육』, 소명출판.
윤여탁(2015), 「한국 근대시의 만주 체험: 시적 형상화와 그 의미」, 『한중인문학연구』 46, 한중인문학회.
윤여탁(2016), 「문학 문식성의 본질, 그 가능성을 위하여: 문화, 창의성, 정의(情意)를 중심으로」, 『문학교육학』 51, 한국문학교육학회.
윤여탁 외(2010), 「현대시 교육에서 지식의 성격과 교육의 방향」, 『국어교육연구』 27, 서울대 국어교육연구소.
진보교육연구소 비고츠키교육학실천연구모임(2015), 『관계의 교육학, 비고츠키』, 살림터.
최미숙(2006), 「대화 중심의 현대시 교수·학습 방법」, 『국어교육학연구』 26, 국어교육학회.
최지현(1997), 「한국근대시 정서체험의 텍스트 조건 연구」, 서울대 대학원.
최지현(2000), 「국어과 교육에서 정의적 교육 내용」, 『국어교육학연구』 11, 국어교육학회.

최지현(2003),「감상의 정서적 거리: 교육과정변인이 문학감상에 미치는 영향」, 『문학교육학』 12, 한국문학교육학회.
한국고전문학교육학회 편(2014),『고전문학과 정서 교육』, 도서출판 월인.

Chadwick J. A. & Grassie J. E.(Foreword by Hall Holbrock)(2016), *Teaching Literature in the Context of Literacy Instruction*, Heinemann.
Dilthey W.(1979), *Erleben, Ausdruck und Verstehen, Der Aufbau der geschichtlichen Welt in den Geisteswissenschften*, B. G. Teubner ; & Vandenhoeck & Ruprecht, 이한우 옮김(2002),『체험 · 표현 ·이해』, 책세상.
Hall Geoff(2005), *Literature in Language Education*, Palgrave Macmillan.
Kagan J.(2007), *What Is Emotion?: History, Measures, and Meanings*, Yale University Press, 노승영 옮김(2009),『정서란 무엇인가』, 아카넷.
Levinas E.(1991), *Le Temps et l'autre*, Presses Universitaires de Frae, 강영안 옮김(1999),『시간과 타자』, 문예출판사.
Park James(2003), *The Emotional Literacy Handbook: Promoting whole-school strategies*, David Fulton Publishers.
Rancière J.(2000), *Le Partage du Sensible: esthétique et politique*, La Fabrique, 오윤성 옮김(2008),『감성의 분할: 미학과 정치』, 도서출판 b.
Steffe L. P. and Gale J.(1995), *Constructivism in Education*, Lawrence Erlbaum, 조연주 · 조미헌 · 권형규 공역(1997),『구성주의와 교육』, 학지사.
Weinstein G. & Fantini M. D. Ed.(1970), *Toward Humanistic Education: A Curriculum of Affect*, Praeger Publishers, 윤팔중 역(1989),『인간중심 교육을 위한 정의 교육과정』, 도서출판 성원사.

시 감상에서 독자의 해석과 정서

— 시가 아니고, 사람을 읽어야 한다.

1. 대화로서의 시 감상

문학이란 무엇인가를 설명하는 자리에는 문학 작품과 독자와의 관계를 설명하는 두 가지 관점이 있다. 그 하나는 문학 작품을 완전체 또는 유기체[1]로 보고, 독자들이 이 완성된 예술품을 잘 이해하고 감상해서 설명하는 것이 중요하다는 시각이다. 다른 하나는 문학 텍스트는 미완의 것으로 '빈 공간(미정성, 불확정성 부분, 미확정성의 자리)'[2]이 많아서, 독자들이 이러한 텍스트 읽기를 통해서 이 빈 공간을 적극적으로 메꾸어 주어야 비로소 완성된 문학 작품이 될 수 있다고 보는 견해다.

일반적으로 시에 표현된 정서와 독자가 시 텍스트에서 느끼는 정서 사이에는 인식되지 못한 빈 공간과 같은 심리적 거리가 존재한다. 그 이유

1 리처즈(I. A. Richards)의 『실제 비평(*Practical Criticism: A Study of Literary Judgment*)』(1929), 브룩스(C. Brooks)의 『잘 빚어진 항아리(*The Well Wrought Urn: Studies in the Structure of Poetry*)(1947)』 등에서 문학 작품을 바라보는 관점이다.

2 인가르덴(R. Ingarden)으로부터 비롯된 이 용어는 이저(W. Iser)나 로젠블렛(L. M. Rosenblatt) 등의 수용미학과 독자반응비평이 문학 텍스트를 바라보는 관점이다.

는 대체로 시 작품의 세계, 즉 시인이 시 작품에서 시적 화자를 통해 소환하여 형상화된 시인의 정서가 독자의 정서와 다르기 때문이다. 그렇기 때문에 시 감상은 독자가 시 텍스트와 만나 접촉하는 과정에서 시적 세계와 독자 사이에 존재하는 거리를 조정하는 활동이라고 할 수 있으며, 시 교육은 이와 같은 시적 세계와 독자 사이의 정서적 거리를 조정할 수 있는 교수-학습 활동에 주목해야 한다.

이와 같은 시 감상의 과정에서 시 작품과 독자 사이 대화가 이루어지며, 이러한 대화에 주목하는 감상의 관점은 시 읽기를 소통의 맥락에서 보는 것이다. 또한 감상이라는 소통 과정에서 일어나는 대화는 작품의 내용에 대해 독자의 동화(同化)를 지향하기도 하지만 작품의 내용과 독자의 정서 사이에 존재하는 차이를 확인하기도 한다. 이러한 시 읽기의 과정을 동일시를 지향하는 감정이입으로서의 시 읽기와 놀이와 경쟁을 지향하는 조정과 경합으로서의 시 읽기로 설명하기도 한다.

이러한 시 감상에는 독자의 인지적, 정의적 능력이 순차적으로 작용한다. 즉 독자와 시 텍스트와 교섭하는 대화 과정에는 인지적 능력이 먼저 작동하고, 이어서 독자의 정의적 능력이 작동하여 시적 화자의 정서와 대화를 시도한다. 이 글에서는 시 텍스트를 이해, 감상하는 과정에서 작용하는 독자의 인지적 능력에 따라 시 해석이 어떻게 달라질 수 있는가를 먼저 이야기할 것이다. 그리고 시의 화자의 정서를 상대하는 독자의 자세와 태도에 따라 독자의 정서가 어떻게 작용하는가를 전문 독자의 비평문 분석을 통해 살펴보고자 한다.

2. 시 감상에서 독자의 해석 능력

동양의 전통적인 시 감상에서는 좋은 시의 교훈적 기능과 시인의 창작적 표현 능력을 중시하여, 『시경(詩經)』의 시나 당송(唐宋)의 명시(名詩)들을 암송하고 계승[차운(次韻), 용사(用事)]하여 새로운 의미[신의(新意)]의 시를 창작하는 것을 시 읽기의 목표로 삼았다. 현대의 문예학 이론으로 설명하면, 시 해석과 창작 방법으로서의 상호텍스트성(intertextuality)을 중요시했기 때문에, 독자들은 중국과 한국의 명시들을 외우고 이를 새롭게 해석하는 표현 활동을 반복하였다. 이와는 달리 근대에 이르러서는 인문과학의 한 영역으로 문예학이 자리를 잡게 되면서, 시를 읽어 내는 체계적인 지식이나 시 해석 방법이 시 감상이나 시 읽기에서 중요해졌다. 그리고 이러한 경향은 또 다른 학문의 체계였던 문학교육, 시 교육 등 사회과학의 영역에 속하는 교과교육학과 만나면서 더욱 견고한 학문 제도이자 지식 체계로 자리 잡기에 이르렀다.

즉 근대 이후의 시 읽기나 시 감상은 독자가 이전에 학습한 지식이나 배경지식(schema)을 활용하여 시의 내용이나 형식에 대해서 상세하고 꼼꼼하게 설명(close reading)하는 것을 목표로 했다. 이를 위해서는 그동안 독자가 학습이나 조사를 통해서 알게 된 시인의 생애나 전기(傳記), 시가 쓰인 시대적 배경, 문학 작품 해석 방법 등 객관적인 지식을 전부 동원해야 했다. 그리고 시 교육은 학습자들이 이러한 문학 지식을 재생산할 수 있도록 문학 지식과 문학 해석 방법을 학습하는 활동을 제공하여 수행하게 하였고, 그 결과 시 교육에서 활용된 문학 지식이나 문학 해석 방법은 시를 학습하기 위한 배경지식으로 다시 송환되는 구조였다.

그래서 이와 같은 문학 작품의 이해와 감상에는 독자의 인지적 능력이 작품의 이해와 감상에 중요하게 작용하였다. 즉 시 읽기에 적용된 독자의 인지적 능력(시에 대한 객관적인 지식이나 해석 방법)은 '해석의 무정부주의'를 지양(止揚)할 뿐만 아니라 다른 독자들도 동의할 수 있는 해석의 가능성을 보장하는 것으로 생각되었다(물론 이러한 문학 작품 감상에 대한 비판도 많이 제기되었다). 이 부분에서는 독자의 인지적 능력을 적용한 시 해석과 감상의 다양한 실제를, 윤동주의 「쉽게 씌어진 시」를 예로 들어 확인해 보도록 한다.

창(窓) 밖에 밤비가 속살거려
육첩방(六疊房)은 남의 나라,

시인(詩人)이란 슬픈 천명(天命)인 줄 알면서도
한 줄 시(詩)를 적어 볼까,

땀내와 사랑내 포근히 품긴
보내 주신 학비 봉투(學費封套)를 받아

대학(大學) 노―트를 끼고
늙은 교수(敎授)의 강의(講義) 들으러 간다.

생각해보면 어린 때 동무를
하나, 둘, 죄다 잃어버리고

나는 무얼 바라
나는 다만, 홀로 침전(沈澱)하는 것일까?

인생(人生)은 살기 어렵다는데
시(詩)가 이렇게 쉽게 씌어지는 것은
부끄러운 일이다.

육첩방(六疊房)은 남의 나라.

창(窓) 밖에 밤비가 속살거리는데.

등불을 밝혀 어둠을 조금 내몰고,
시대(時代)처럼 올 아츰을 기다리는 최후(最後)의 나,

나는 나에게 작은 손을 내밀어
눈물과 위안(慰安)으로 잡는 최초(最初)의 악수(握手)

— 윤동주, 「쉽게 씌어진 시」

이 시에 대한 다양한 해석들을 차례로 살펴보면, 먼저 이 시는 학병(學兵) 관련 사건으로 고종사촌이었던 송몽규와 같이 일제에 검거되었다가, 1945년 2월 후쿠오카[福岡] 형무소에서 옥사(獄死)한 윤동주라는 시인 개인의 삶과 관련시켜서 일제 강점기 저항시의 대표작으로 평가받고 있다. 이 시는 그의 마지막 작품(1942. 6. 3)으로 1941년 12월 연희전문학교를 조기 졸업한 후에 일본으로 유학을 가서 도쿄[東京]의 릿쿄[立教]대학 문학부 영문학과에 입학해서 첫 학기를 마칠 무렵에 쓰였다. 이후 윤동주는 1942년 10월에 시작하는 가을 학기부터 교토[京都]의 도시샤[同志社]대학 문학부 영어영문학과에 편입하여 이듬해 봄 학기까지 수학하였다. 그리고 봄 학기를 마칠 무렵 귀향을 앞두고 1943년 7월 14일에 특고(特高, 특별 고등) 형사에게 체포되어 수감되었다.[3]

이와 같은 윤동주 시인의 삶과 일제 말이라는 시대적 배경이 시 감상과 시 해석에 직접적으로 적용되어 일제 강점기 대표적인 저항시로 평가하

---

3 『윤동주 평전』에 의하면 윤동주는 1943년 여름 귀향(歸鄕)을 결심하고, 귀향 교통편을 예약하고, 자신의 짐을 미리 부쳤다. 그러나 그는 연길 고향에는 돌아가지 못했고, 그 대신 그의 체포 소식이 먼저 전보로 전해졌다. 그리고 그때 윤동주가 미리 부쳤던 짐은 한동안 연길역에 묶여 있었다고 한다(송우혜, 1988, 289-291).

고 있다. 구체적으로는 조국의 독립과 민족 해방에 대한 간절한 염원을 표현한 시로 보고, '등불을 밝혀 어둠을 조금 내몰고, / 시대처럼 올 아츰을 기다리는 최후의 나'라는 부분을 구체적인 증거로 제시하기도 한다. 아울러 이 시구에는 일제 강점기라는 '어둠'을 내몰고 해방의 '아츰'이 시대처럼 필연적으로 올 것이라는 믿음이 상징적으로 표현되어 있으며, 애국시인 윤동주의 민족 해방에 대한 강렬한 염원이 '최후의 나'라는 표현에 집약되어 있다는 것이다.

다음으로 이 시가 식민지 지식인이었던 시인의 자기 성찰과 반성이 표명된 시라는 해석이다. 앞에서 설명한 것처럼 타국의 감옥에서 옥사한 시인 윤동주는 29년이라는 짧은 생애의 많은 시간을 타향과 타국에서 보내면서 정서적으로 예민한 식민지 지식인으로 성장하였다. 즉 1917년 12월 북간도 명동이라는 작은 농촌 마을에서 태어난 윤동주는, 성장기 청소년이었던 1935년 평양 숭실학교 유학을 시작으로, 1938년 경성의 연희전문학교, 1942년 동경의 릿쿄대학, 교토의 도시샤대학으로 옮겨 다니면서 떠돌이의 삶을 살았으며, 이러한 타향살이는 윤동주를 독서와 사색, 산책을 즐기는 청년으로 성장하게 하였다.

이처럼 사색적이고 감상적인 식민지 지식인으로 성장한 윤동주는 남의 나라 육첩방에서 외톨이가 되어 '홀로 침전하는' 상황에도 불구하고 시가 쉽게 쓰이는 것에 대한 부끄러움을 표현하고 있다. 즉 시인은 타고난 운명이거나 하늘의 명령[天命]을 받아야 함에도 불구하고 그렇지 못한 자신이 쉽게 시를 쓰고 있음('시인이란 슬픈 천명인 줄 알면서도 / 한 줄 시를 적어 볼까')을 부끄럽게 생각하고 있으며, 이러한 시 쓰기를 통해서 시인은 또 다른 '나에게' 화해의 손('나는 나에게 작은 손을 내밀어 / 눈물과 위안으로 잡는 최초의 악수')을 내밀고 있다. 다만 '최초의 악수'라는 표현으로는 그것이 무엇을 위한 화해인지 구체적으로 확인할 수는 없지만, 이주(移住)와 전학(轉學)을 넘어 귀향으로 이어지는 시인의 새로운 선택과 다짐을 읽어 내는 데에는 큰 어려움이 없다.

이 시에 대한 이와 같은 이해와 감상의 두 관점(일제 강점기의 애국시인이었던 시인의 저항 정신과 시대정신을 반영한 것이라는 맥락과 나라를 빼앗겨서 식민지 지배를 받아야만 했던 식민지 지식인 청년이었던 윤동주라는 개인의 자기 성찰과 반성을 표현한 것이라는 맥락)은 '최후의 나'와 '최초의 악수'라는 대비적 표현으로 집약되고 있다. 이처럼 이 시에 대한 해석은 반영론과 표현론의 관점에서 이루어지고 있다. 아울러 시인의 자기반성과 성찰이라고 해석하는 표현론의 맥락은, 복잡한 상황 속에서 선택의 기로에 서서 망설일 수밖에 없는 현대의 독자들에게는 효용론의 맥락으로도 작용할 수 있다.

끝으로 앞에서 설명한 외재적 접근 방법과는 달리 이 시를 내재적인 관점에서 해석할 수 있는데, 시의 형식과 내용에 대한 꼼꼼한 읽기를 중심으로 이해와 감상의 내용을 객관적으로 설명하는 방식이 그것이다. 이러한 관점에 따라 이 시의 형식을 설명하면, 이 시는 한국 전통 시가의 구조인 기(1연), 승(2~4연), 전(5~7연), 결(8~10연)의 4단 구조를 보여 주고 있다. 이와 같은 4단 구조는 시의 내용 전개의 완결성과 안정성을 추구하는 형식으로, 전통적인 한시, 향가, 시조 등 고전시가뿐만 아니라 '설(說)'이나 상소문 등 고전 산문에서도 두루 쓰였던 방식이다. 또 이 시가 7연을 제외하고는 한 문장으로 정리되는 2행 1연의 시행을 반복적으로 배열하고 있다는 점 역시 이러한 완결의 구조와 밀접하게 관련된다.

이러한 시의 구조뿐만 아니라 이 시는 시인 자신이 처한 상황('창 밖에 밤비가 속살거려 / 육첩방은 남의 나라)'을 반복하여 제시함으로써 시적 화자의 정서를 강조하여 표현하고 있다. 또한 이러한 정서가 집약되어 표현된, 밤비 내리는 남의 나라 '육첩방'에서 '홀로 침전'할 수밖에 없는 시적 화자의 상황 자체가 '객관적 상관물(objective correlative)'로 작용하고 있다. 이러한 상징적인 정서 표현들을 통해 이 시는 심미적 완결성을 추구하고, 시의 형식과 내용의 측면에서도 안정, 통일, 조화를 성취하게 된다. 이처럼 이 시는 형식적인 측면뿐만 아니라 내용적인 측면에서도 조응(照應)하는 완결의 구조를 지향하고 있다고 설명할 수 있다.

궁극적으로 이 시는 일제의 식민 통치에 항거를 표현한 저항시, 식민지 지식인의 자기반성과 성찰을 보여 주고 있는 서정시이면서도, 형식이나 내용의 측면에서는 기승전결의 완결성과 안정성을 갖추고 있다는 평가를 받고 있다. 그리고 이와 같은 이 시의 해석과 평가에는 윤동주라는 시인의 생애와 관련된 배경지식뿐만 아니라 시의 형식이나 내용을 설명하기 위한 문학 연구 방법과 같은 독자의 인지적인 문학 지식들이 동원되고 있다.

3. 시 감상에서 시적 화자와 독자의 정서

이 부분에서는 시 작품의 이해와 감상에 독자의 정서적 측면이 어떻게 작용하고 있는가를 살펴보고자 한다. 특히 시에 표현된 시적 화자의 정서가 독자의 정서와 어떻게 관계 맺기를 시도하는가를 중심으로 논의를 진행할 것이다. 일반적으로 시적 화자의 기능과 위상(位相)이라는 측면에서 보면, 시적 화자는 시인에 의해 창조되어 창작 주체인 시인의 정서를 시 작품에 형상화하여 전달하는 매개자이며, 시인에게도 독자에게도 타자(他者)로 작용하는 중간적인 존재이다.

모든 문학 작품이 그렇듯이 시 작품에도 시인의 정서가 반영되는데, 이러한 시인의 정서는 시적 화자 또는 시적 주체의 목소리를 통해서 시 작품에 형상화된다. 시의 독자는 이렇게 형상화된 시적 화자의 정서를 인식하여 자신의 정서와 관계 맺기를 시도한다. 구체적으로 독자의 관점에서는 일차적으로 시 작품에 있는 시인이나 시적 화자라는 타자의 정서에 반응하고, 다음 단계에서는 이러한 타자의 정서와 교섭하거나 조정하여 소통하는 과정을 거치며, 궁극적으로는 독자 자신의 정서와 관계를 새롭게 정립하는 대화 과정을 거치게 된다.

그리고 이러한 시 텍스트를 이해하거나 감상하는 과정에는 독자의 정의적 능력과 개인적 경험이 중요하게 작용한다. 이때 독자의 경험은 직접적인 체험, 독서와 같은 간접적인 체험으로부터 생성되며, 학습 독자의 경우에는 학습을 통해서 얻게 되는 문학 지식뿐만 아니라 시 감상을 통해 획득하게 되는 경험이나 지식의 형태로 형성된다. 또 이렇게 형성된 독자의 지식이나 경험은 다른 시 작품을 이해하고 감상하는데 작용하는 인지적 지식과 문화적 경험으로 자리를 잡게 되며, 이렇게 배경지식이 된 독자의 경험은 시 작품을 이해하거나 감상하는 과정에 다시 소환된다. 즉 학습이나 독서를 통해서 습득된 문학적 경험은 문화적 지식이 되는 것이다.

이 부분에서는 앞에서 제시한 윤동주의 「쉽게 씌어진 시」에 대한 비평문의 감상 내용을 중심으로 시적 화자의 정서와 독자의 관계에 대해 알아보고자 한다. 특히 독자의 정서가 시적 화자의 정서와 어떤 관계에 있는가를 중심으로 '시적 화자의 정서에 감정이입하는 독자', '시적 화자의 정서와 교섭하는 독자', '시적 화자의 정서를 객관화하는 독자'라는 관점에서 시 감상의 실제를 살펴보도록 한다.

3-1. 시적 화자의 정서에 감정이입하는 독자

일반적으로 시 감상에서 시에 쉽게 다가가기 위해서 독자는 시적 화자의 정서에 감정이입(感情移入)한다. 즉 시적 화자와 동일시(同一視)라는 관점에서 시의 내용을 이해하고, 시적 화자의 정서를 적극적으로 수용하여 시 감상을 시도하는 것이다. 이러한 맥락에서 시 읽기를 시도하는 독자들은 식민지 변방인 북간도 용정(龍井) 출신 유학생 윤동주라는 개인에 주목하여, 이국을 떠돌고 있는 시인의 처지와 외로운 심경을 설명하는 방식으로 시 읽기를 시도하고 있다. 다음과 같은 시 감상이 그 대표적인 예이다.

> '땀내와 사랑내 포근히 품긴 / 보내 주신 학비 봉투를 받아 // 대학 노-트를 끼고 / 늙은 교수의 강의 들으러 간다'에는 육친애에 대한 감읍과 자괴의 심정이 함께 표백되어 있다. 부끄러움이란 보다 큰 덕을 인지하는 순간에 일어나는 자아의 감정일 것이다. 도덕적 완성의 단계를 가장 확실히 입증할 수 있는 감정이 뉘우침과 부끄러움일 것 같다.
>
> '대학 노-트를 끼고……'의 행간에서 우리는 이 시인 특유의 섬세한 부끄러움을 접할 수 있으며, 이 부끄러움의 감정은 자체가 꾸밈 없고 무구하다는 점에서, 어린이의 저 쉽게 신뢰하는 '순진함'과 닮은 데가 있다. 따라서 "생각해 보면 어린 때 동무를"로 이어지는 시상의 전개는, 언뜻 무관한 듯 보이나 긴밀한 맥락의 결합 위에 얹혀 있다(김남조, 1995, 37).

이와 같은 시 감상에서 독자는 시적 화자의 정서를 이해하려는 모습을 보여 주고 있다. 즉 이 시의 시적 화자인 '나'는 멀리 떠나 지금은 그 기약을 알 수 없는 친구들을 그리워하고 있다. 아울러 이국에서의 대학 생활에 회의를 느끼고 있으며, 자신의 현재와 미래에 대한 깊은 고민을 드러내고 있다. 그리고 이러한 자기 성찰을 통해서 자신의 내면에 있는 고독한 '나'에게 손을 내밀어 악수를 청하고 있다고 이야기하고 있다. 이처럼 이 독자는 시적 화자이자 시인인 윤동주가 '등불을 밝혀 어둠을 조금 내몰고' 새로운 아침을 기다리면서 이국의 수도인 도쿄에서의 고달팠던 유학 생활을 회의하고 있다는 점을 강조하고 있다.

3-2. 시적 화자의 정서와 교섭하는 독자

시의 독자가 시적 화자의 정서에 감정이입하는 감상과는 달리 시적 화자의 정서에 동의하지 못하거나 거부하는 태도를 보이는 경우가 있다. 일종의 거리 조정의 시 읽기, 대화로서의 시 읽기라고 할 수 있는데, 이 경우 독자는 시적 화자의 정서에 동화하기보다는 자신의 관점이나 생각을 중심으로 시적 화자의 정서와 거리를 두고 독자의 감상을 이야기하는 방식을 취한다. 이 시를 저항시로 규정하여 그 내용을 이야기하는 비평적 읽기가 그 대표적인 예이다.

> 여기 두 개의 명제가 드러난다. 즉, 남의 나라라는 인식과 '천명(天命)'인 줄 아는 시인의 인식이 그것이다. 그런데 그 '남의 나라'는 바로 원수의 나라 적도(敵都) 도쿄라는 직접성과 '천명'으로서의 시인의 정신의 준엄성이 잠복되어 있었기 때문에 이 시인에 있어서는 전에 없던 각오가 요청되지 않으면 안 되었던 것이다. "등불을 밝혀 어둠을 조금 내몰고, / 시대처럼 올 아침을 기다리는 최후의 나"라는 각오가 '최초의 악수'로 된다는 것은 이로써 이해되리라(김윤식, 1995, 192).

> 독서 모임을 통해, 역사 안에서의 최소한의 역할을 찾기 위해 분투하고, 피체되고, 그리고 감옥 안에서 죽어 간, 이 이후 그의 이력 앞에 '저항적'이라는 수식어를 굳이 붙일 수 없을지는 모른다. 그러나 '흐름 위에 보금자리 친' 유목민의 사유 구조를 통해, 자기 갱신과 작은 실천의 필요성을 발견하고, 그것들 하나하나를 자기 일상 행동의 실천으로 옮겨 놓았고, 그것이 일경(日警)의 감시와 피체를 불러들였다는 사실 자체를 부정할 필요는 없을 것이다. 최초의 나와 최후의 나와의 눈물과 위안으로 잡은 이 악수라는 형상이, 차가운 후쿠오카 형무소에서 숨져간 그의 종말과 상동성을 이룬다는 것을 지적하는 것으로 족하다(이명찬, 2003, 372).

위의 전문 독자들은 이 시의 의미를 시적 화자로 대표되는 시인이 처한 상황과 연결해서 설명하고 있다. 특히 이 시가 시인이 쓴 마지막 작품이라는 사실에 주목해서 윤동주 저항시의 대표적인 작품으로 설명하는 방법이다. 즉 시인이 일제의 옥에 투옥되었다가 옥사했다는 문학 외적 사실에 주목해서 이 시의 시적 화자가 절박한 상황에서도 죽음을 불사하겠다는 결연한 의지를 표현하고 있다고 설명하고 있다. 그리고 일제에 저항이라는 시적 화자의 정서를 설명하기 위해서 시인이 처한 상황에 조회(照會)하여 그 정당성을 확인하고 있다. 이러한 시 해석의 논리는 해방 이후 문학교육에서 윤동주의 시가 저항시로 정당화되어 정전(canon)으로 자리매김하는데 공헌하였다.

3-3. 시적 화자의 정서를 객관화하는 독자

이 시는 시적 화자뿐만 아니라 다양한 독자들이 자신을 돌아보게 하는 부끄러움을 실현하고 있다고 설명할 수 있다. 즉 이 시의 화자의 부끄러움은 화자를 넘어 독자로 전이되어 다성성(多聲性)의 시 읽기를 가능하게 한다. 「쉽게 씌어진 시」와 상호텍스트적인 맥락의 자료를 활용하는 시 읽기와 독자 중심의 자조적 시 읽기를 그 예로 들 수 있다.

먼저 시 감상에서 상호텍스트적인 대화적 읽기는 이 시가 있는 노트의 바로 앞부분에 기록해 놓은 산문[4]과 연관시켜서 시를 이해하고 감상할 수 있다. 이 산문에서 서술자는 지금은 만날 수 없는 친구들에게 미래의 만

4 거리 모퉁이 붉은 포스트 상자를 붙잡고, 섰을라면 모든 것이 흐른 속에 어렴풋이 빛나는 가로등(街路燈), 꺼지지 않는 것은 무슨 상징(象徵)일까? 사랑하는 동무 박(朴)이여! 그리고 김(金)이여! 자네들은 지금 어디 있는가? 끝없이 안개가 흐르는데,
「새로운 날 아침 우리 다시 정(情)답게 손목을 잡어 보세」 몇 자(字) 적어 포스트 속에 떨어트리고, 밤을 새워 기다리면 금휘장(金徽章)에 금(金)단추를 삐였고 거인(巨人)처럼 찬란히 나타나는 배달부(配達夫), 아침과 함께 즐거운 내림(來臨).[윤동주, 「흐르는 거리」(1942. 5. 20)의 부분]

남을 기약하는 편지를 써서 우체통에 넣고서, 아침에 와서 그 편지를 수거해 가는 '금휘장에 금단추'로 치장한 일제의 우편배달부를 '찬란히' 나타나기를 기다리고 있다. 이러한 우편배달부와는 다른 처지에 있는 산문의 서술자와 시의 화자는 똑같이 밤을 새워 자신의 처지를 고민하고서 새로운 길을 선택하기에 이른다. 그리고 이 고민한 결과는 '꺼지지 않는' 가로등이 빛나는 '남의 나라'의 수도를 작별하면서, 지금은 만날 수 없는 친구들에게 미래의 만남을 기약하고 있다.

> 이 시는 타향의 밤비 소리를 들으면서, 가족들의 땀내와 사랑이 담긴 학비를 받아 늙은 교수의 강의를 듣고 있는 자신에 대한 반성에서 시작되고 있다. 아마도 그가 들으러 가는 늙은 대학 교수의 강의는 가족들이 바라는 바와는 거리가 멀 것이다. 그렇기에 부끄럽다. 더구나 어릴 때의 친구들은 하나 둘씩 곁을 떠나고 있다. 여러 가지 이유에서겠지만, 그 자신은 그런 친구와는 달리 혼자 침전하고 있다. 그것도 부끄럽다. 더구나 시라는 것은 범속한 사람들이 쓸 수 없는 천명을 받아야만 쓸 수 있는 것이다. 그러나 천명을 받지 못한 재주 없는 자신도 시를 이렇게 쉽게 쓴다. 인생은 살기 어렵다는 데도 불구하고 말이다. 이것도 부끄럽다(윤여탁, 1995, 272).

이 시에 위와 같이 정리된 시적 화자의 부끄러움은 이 시에 등장하는 또 다른 인물의 부끄러움을 상기시킨다. 그리고 시적 화자인 '나'가 들어야 하는 강의의 담당자인 '늙은 교수'의 부끄러움과도 맥락을 같이한다. 앞에서 설명한 것처럼 그가 들으러 가는 교수의 강의는 시적 화자의 긍정적인 지향과는 좀 거리가 있는 것이라는 사실을 '늙은'이라는 부정적인 어감을 지닌 어휘를 사용해서 드러내고 있다. 즉 이러한 시적 화자의 부끄러움은 또 다른 독자인 학습 독자와 전문 독자에게도 전이되고 있으며, 이 시를 가르치는 교사나 대학 교수의 부끄러움으로 확장되고 있다.

이상에서 살펴본 바와 같이 시 감상에는 내포 독자와는 다르고, 거리가 있는 실제 독자가 다양하게 존재한다. 그리고 굳이 수용미학이나 독자반응비평의 이론을 언급하지 않더라도 시 감상에는 실제 독자의 정서적인 시 읽기가 중요하다. 즉 시를 이해하고 감상하는 데에는 시적 화자로 형상화된 타자의 삶이나 정서를 이해하려는 독자의 정서가 중요하게 작용한다. 특히 정서적인 텍스트인 시를 이해하고 감상하는 활동에서는 시에 형상화된 정서를 간접적으로 체험하는 독서 활동을 통해서 독자 자신의 정의와 정서를 환기하고, 궁극적으로는 독자 자신의 정서로 내면화된다. 이처럼 시적 화자의 정서는 독자의 체험이나 정서와 같은 정의적 측면과 만나게 된다. 그렇기 때문에 실제 독자의 정서는 시를 감상하고 학습하는 데 중요하게 작용한다는 사실이다.

4. 시 감상에서 독자의 상상력

앞에서 살펴본 것처럼 시의 이해와 감상은 두 단계로 설명할 수 있다. 즉 1차 단계로는 독자와 시 텍스트 사이에 존재하는 인지적, 심미적 거리를 좁혀야 하는 인지주의적 이해 단계가 있다. 이 경우에는 학습을 통해 배운 문학 이론이나 문학사 지식들이 작용하여 시를 읽어 내게 된다. 이와는 달리 2차 단계는 독자와 시 텍스트 사이에 존재하는 경험적, 정의적 거리를 좁히는 활동을 강조하는 구성주의적 감상 단계라고 할 수 있다. 이와 같은 구성주의적 감상 단계에서는 독자 개개인의 경험이나 정의적 요인인 정서가 주로 작용하며, 독자들 사이에서 일어나는 관계적 대화도 중요하게 고려해야 한다.

물론 시의 이해와 감상을 인지주의적 이해 단계와 구성주의적 감상 단계가 선후(先後) 관계로 분명하게 구분되지는 않는다. 특히 비유나 상징,

함축적인 언어로 시적 주체의 정서를 상상적으로 형상화한 짧은 단형 서정시의 경우에는 인지적 능력이 주로 작용하는 1차적인 이해 과정과 경험이나 정의적 능력이 작용하는 2차적 감상 과정이 동시에 일어나기도 한다. 그럼에도 불구하고 편의상 시 감상이나 시 읽기의 과정은 인지적인 이해와 정의적인 감상으로 단계화하여 설명할 수 있다.

그리고 문학, 특히 시의 이해와 감상에 작용하는 중요한 요인으로 독자의 인지적, 정의적 능력 외에도 독자의 상상력을 들 수 있다. 그동안 상상력은 시의 생산이나 표현의 측면에서 주로 논의되었다. 그런데 시 읽기라는 수용의 과정에도 독자의 상상력은 중요하다. 그 이유는 다른 문학 양식에 비하여 시는 비유, 상징 등 문학적 수사뿐만 아니라 함축, 내포, 중의적(衆意的)인 시적 언어의 특성 때문에 독자가 보충해야 할 '빈 공간'이 많기 때문이다. 더구나 시는 다른 갈래처럼 시・공간적 순서나 인과 관계에 따라 내용을 제시하지도 않기 때문에, 시의 독자는 자신의 상상력을 동원해서 시 텍스트의 빈 공간을 채워야 한다.

이와 같은 맥락들을 고려할 때, 시라는 갈래에서 상상력은 창작의 측면에서는 창조의 원동력이지만, 수용의 측면에서는 감상을 활성화하고 풍부하게 하는 능력이다. 그래서 이 상상력은 시를 이해하고, 감상하여 이를 언어화하는 데에도 중요하게 작용한다. 이때 독자의 문학적 상상력이 언어 운용 능력과 결합하여 작동하게 되며, 이를 통해서 독자의 시 이해와 감상 능력을 확인할 수 있게 되는 것이다. 즉 문학의 상상력은 문학 창작의 측면에서 중요한 부분이기는 하지만, 시의 경우에는 시 읽기라는 수용의 과정뿐만 아니라 시를 감상한 내용을 표현하는 또 다른 언어화 과정에서도 중요하게 작용한다.

그리고 시 읽기는 전적으로 독자의 몫이라는 사실이다. 시 읽기는 객관적인 지식을 동원해서 타당한 해석을 제시하는 것이 아니라 독자의 경험과 정의에 바탕을 두는 다양한 이해와 감상을 표현하는 것이다. 즉 시에 대한 객관적이고 절대적인 감상이 있는 것이 아니라 독자마다 다른 감상이 있다. 아울러 이를 위해서 문학, 이 중에서 시는 독자와 대중에게 가까이 다가갈 수 있도록 노력해야 하며, 문학의 일상화, 문학의 생활화라는 관점에서 문학과 독자의 거리를 좁혀야 한다. 대부분의 독자들이 시가 어렵고 낯설다는 선입견을 가지고 있음을 고려할 때, 특히 시는 다른 문학 갈래에 비하여 이러한 노력을 해야 한다.

이처럼 생활 속에서 문학을 추구하고, 시에 대한 독자의 인식을 전환하는 것이 중요하다. 이런 독자가 있어야 시의 생명력도 유지할 수 있기 때문이다. 그동안 시는 영화, 텔레비전, 컴퓨터 게임(game), 웹툰(webtoon) 등 대중문화 상품과 경쟁하였고, 여전히 이들의 강력한 도전을 받고 있다. 이 도전을 이겨 내는 것은 독자로부터 사랑을 받는 것이며, 그 해결책은 이러한 대중문화 상품의 오락성과 차별되는 시의 경쟁력을 확보하는 길이다. 그 길은 고대로부터 독자의 사랑을 받았던 시라는 장르의 전통을 계승하면서, 새로운 미디어를 기반으로 하는 문화 상품을 선호하는 독자들의 요구와 교섭을 모색하는 것이다.

특히 시 감상의 관점에서 본다면, 좋은 시의 창작이라는 생산을 넘어 좋은 시의 보급과 수용에 대해서도 고민해야 한다. 이 역할은 전적으로 시라는 문화 상품을 다양한 형태로 배급해야 하는 출판계와 시를 가르치고 설명하는 문학 교사를 넘어, 문학 감상의 주체인 학습 독자의 몫이라는 점도 명심할 필요가 있다.

참고문헌

김남조(1995), 「윤동주 연구: 자아 인식의 변모 과정을 중심으로」, 권영민 엮음, 『윤동주 연구』, 문학사상사.

김윤식(1995), 「어둠 속에 익은 사상: 윤동주론」, 권영민 엮음, 『윤동주 연구』, 문학사상사.

서울대학교 교육연구소 편(1999), 「정의적 특성의 평가」, 『교육학 대백과사전』, 하우동설.

송우혜(1988), 『윤동주 평전』, 열음사.

왕신영 외 엮음(1999), 『사진판 윤동주 자필 시고전집』, 민음사.

윤여탁(1995), 「자아 성찰의 내면적 고백: 윤동주론」, 『시의 논리와 서정시의 역사』, 태학사.

윤여탁(2016), 「문학 문식성의 본질, 그 가능성을 위하여: 문화, 창의성, 정의(情意)를 중심으로」, 『문학교육학』 51, 한국문학교육학회.

윤여탁(2017), 「시 교육에서 학습 독자의 경험과 정의에 관한 연구」, 『국어교육연구』 39, 서울대 국어교육연구소.

이명찬(2003), 「윤동주 시에 나타난 '방'의 상징성」, 『국어국문학』 137, 국어국문학회.

한국문학교육학회 엮음(2010), 『문학능력』, 역락.

Kagan J.(2007), *What Is Emotion?: History, Measures, and Meanings*, Yale University Press, 노승영 옮김(2009), 『정서란 무엇인가』, 아카넷.

근대 시인들의 근대성 실천과 체험

1. 근대성이란 무엇인가?

정치 · 경제학의 맥락에서 근대는 민족주의에 기반을 둔 민족국가들이 탄생하면서 식민지를 개척하여 지배하는 제국주의와 산업혁명을 통해서 전근대적인 봉건제 자급자족 경제체제에서 자본주의 경제체제로의 전환으로 설명된다. 그리고 이와 같은 근대를 추동했던 산업의 발달은 물질문명의 발전으로 이어졌고, 상품으로서의 근대 문물이 인간보다 중시되면서 인간성의 파괴라는 사회 현상으로 이어졌다. 이에 따라 근대 학문은 인간이라는 존재를 탐구하고, 인간성의 회복을 추구하는 인본주의(人本主義, humanism)를 지향하면서 발전하였다. 마르크스의 정치 · 경제학이나 프로이드의 정신분석학 등이 그 예이며, 문예학의 모더니즘이나 리얼리즘 등 근대성을 지향하는 문예사조와 창작방법이 이에 해당한다.

근대 학문이 이처럼 인간이라는 주체(主體)에 대한 연구에 초점을 맞추어 발전했듯이, 문학이나 예술을 학문적으로 연구하는 근대 문예학 역시 문학과 예술의 창작 주체이자 수용 주체였던 인간에 주목하였다. 예를 들면, 시의 창작 주체인 시인은 자신의 감정이나 생각을 표현하기 위해서 어떤 형태로든지 시적 형상을 창조한다. 그리고 이러한 시적 형상화는 시인이 직접 또는 간접으로 경험한 세계와 그 체험을 바탕으로 해서 구체화된다. 즉 시적 표현뿐만 아니라 인간의 사유 활동은 일차적으로 주체 자신의 삶이나 경험에 바탕을 두고 이루어진다. 따라서 근대 문예학 역시 인간의 사유나 삶과 관련된 주체의 경험에 주목하였으며, 이 경험이 어떤 기능과 역할을 하는가에 초점을 맞추어 논의하였다.

이와 같은 문학 형상화의 문제를 인간과 관련된 주체, 체험, 타자(他者)의 관계를 중심으로 이야기하면, 창작 주체에 의해 형상화된 문학의 세계는 대상 그 자체로서가 아니라 주체의 체험을 매개로 해서 구체적으로 인식된다. 이때 문학의 창작 주체는 자신의 인식을 직설적으로 서술하기도 하지만, 타자화된 대상이나 객체로 간접화해서 주체의 인식을 표현하기도 한다. 또 이렇게 문학적으로 형상화된 주체로서 인간의 체험은 문학 작품을 감상하고 이해하는 과정에서 독자라는 수용 주체를 만나게 되는데, 이때에는 문학 작품에 형상화된 주체의 체험은 다시 대상이 되어 또 다른 타자이자 수용 주체인 독자를 만나게 된다.

그렇기 때문에 시에 표현된 시인의 정서나 정의(情意)와 학습 독자가 느끼는 정서나 정의 사이에는 거리가 존재하게 된다. 그 이유는 문학 작품의 세계, 예를 들면 작가가 문학 작품에 호출(呼出)하여 형상화한 경험이나 정서 등이 학습 독자의 경험이나 정서와 다르기 때문이다. 이와 같은 맥락에서 문학 학습이나 감상은 시 텍스트와 접촉하여 만난 작품 세계와 독자의 거리를 조정하는 활동이라고 할 수 있으며, 경험론의 관점에서 이러한 조정 과정은 추체험(追體驗, Nacherleben)으로 설명된다(W. Dilthey, 1979, 39-55). 즉 문학 독자들이 자신의 삶에 조회(照會)하여 문학 텍스트와 관계를 맺기 때문에, 문학교육은 문학 작품 세계와 학습 독자 사이에 존재하는 정서적 거리를 좁힐 수 있는 교수-학습 활동을 구안해야 한다(윤여탁, 2017, 261-287).

랑시에르(J. Rancière)는 이러한 인간의 경험과 정의의 관계에 대해서 인간이 '감성(프랑스 어 'sensible'의 번역으로 '감각'에 가까운 개념임: 필자 주)'할 수 있는 것과 그러지 못하는 것으로 나누었으며, 예술 중에서 시학적 · 재현적 활동은 감각의 분할 영역에 의해 이루어지는 모방이라고 설명하였다. 그리고 예술가가 재현하고자 하는 세계 역시 재현할 수 있는 것과 재현할 수 없는 것이 있으며, 선험적인 것과 감각적 인식 사이에 존재하는 불일치에 따라 예술이나 장르의 위계가 생기게 된다(J. Rancière, 2008: 27-32, 115)고 하였다. 즉 의식적으로 인지하는 것이 아니라 몸으로 감각할 수 있느냐의 여부가 중요한 기준이 되는 '감성의 분할'은 모방이나 생산 단계뿐만 아니라 감상이나 수용 단계에서도 '감성할 수 있는 것'과 '그러지 못하는 것'으로 나뉘며, 궁극적으로는 감각할 수 있다는 것이 창작뿐만 아니라 수용에서도 중요한 기준이 된다.

이러한 맥락에서 근대성 논의의 초점이, 인지(認知)를 관장하는 '두뇌'가 작용하는 거대 담론(談論)이나 이념에서 육체적인 '몸'으로 감지할 수 있는 경험이나 체험과 정의와 관련된 '마음'으로 감각할 수 있는 정서로 옮겨가고 있다. 특히 문학 작품의 이해와 감상에서 이데올로기와 같은 거대 담론보다는 개인의 정서나 체험과 같이 몸으로 체감할 수 있는 물성(物性)의 문학적 형상화에 주목하고 있으며, 이러한 문학적 체험과 정서의 관계를 정서 체험이라는 하나의 개념으로 사용하기도 한다. 아울러 근대성은 거시적인 이론의 보편성이나 정당성보다는 미시적인 개별자의 특수성과 개인적 실천을 중시하고 있다.

2. 이야기로 서술된 민중 현실: 임화

우리 근대 시문학사에서 모더니즘의 한 경향인 다다이즘(dadaism)의 영향은 결코 가볍지 않았다. 특히 근대 시인들은 자신의 문학적 경향을 선택하는 과정의 초창기에는 다다이즘의 경향을 보여 주었다. 계급 문학의 대표적인 시인이자 이론가였던 임화, 박팔양을 비롯하여, 다다이즘과는 다른 경향의 모더니즘 시를 썼던 정지용, 이상, 오장환 등도 이러한 영향으로부터 자유스럽지 못했다. 예를 들어 임화(林和, 1908~1953)는 「설(雪)」, 「혁토(赫土)」, 「화가(畫家)의 시(詩)」(『조선일보』, 1927), 「지구(地球)와 '빡테리아'」(『조선지광』, 1927) 등과 같은 다다이즘적인 경향의 시를 발표하면서 등단하였다. 그러다가 1929년부터 계급 문학론에 바탕을 둔 서술시를 창작하여 방향 전환기를 맞고 있던 프롤레타리아 계급 문학 운동의 선봉에 서게 된다. 즉 임화는 일제 강점기 민중 현실을 구체적인 이야기와 사건으로 형상화한 '단편 서사시'라는 서술시를 창작하여 리얼리즘 시로의 방향 전환을 실천하였다.

「네거리의 순이」, 「우리 오빠와 화로」, 「어머니」, 「우산받은 요꼬하마의 부두」 등으로 대표되는 임화의 리얼리즘 시는 생경한 이념을 구호처럼 나열했던 신경향파계열의 시를 극복하려는 적극적인 시도를 보여 주었다. 즉 이 시들은 시인이 자신의 사상과 감정을 직설적으로 표현하는 방식보다는 시인과 변별적인 자질을 가진 시적 화자를 등장시켜서 식민지 백성이자 프롤레타리아였던 노동자나 농민들의 삶을 이야기로 전달하고 있다. 이와 같이 임화가 주도해서 카프(KAPF)를 중심으로 실천되었던 리얼리즘 시 창작은 이 당시 시문학 운동의 중요한 성과였다.

> 사랑하는 우리 오빠, 어저께 그만 그렇게 위하시던 오빠의 거북무늬 질화로가 깨어졌어요.
>
> 언제나 오빠가 우리들의 '피오닐' 조그만 기수라 부르는 영남이가
> 지구에 해가 비친 하루의 모든 시간을 담배의 독기 속에다
> 어린 몸을 잠그고 사온 그 거북문이 화로가 깨여졌어요.

그리하여 지금은 화젓가락만이 불쌍한 영남이하고 저하고처럼
똑 우리 사랑하는 오빠를 잃은 남매와 같이 외롭게 벽에 나란히 걸렸어요.

오빠!
저는요 저는요 잘 알았어요.
왜- 그날 오빠가 우리 두 동생을 떠나 그리로 들어가실 그날 밤에
연거푸 말은 궐련을 세 개씩이나 피우고 계셨는지,
저는요 잘 알었세요. 오빠!

언제나 철없는 제가 오빠가 공장에서 돌아와서 고단한 저녁을 잡수실 때 오빠 몸에서 신문지 냄새가 난다고 하면
오빠는 파란 얼굴에 피곤한 웃음을 웃으시며
……네 몸에선 누에 똥내가 나지 않니 ― 하시던 세상에 위대하고 용감한 우리 오빠가 왜 그 날만
말 한마디 없이 담배 연기로 방속을 메워 버리시던 우리 우리 용감한 오빠의 마음을 잘 알었세요.
천정을 향하여 기어 올리기는 외줄기 담배연기 속에서 ―
오빠의 강철 가슴 속에 박힌 위대한 결정과 성스러운 각오를 저는 분명히 보았세요.
그리하여 제가 영남이의 버선 하나도 채 못 기웠을 동안에
문지방을 때리는 쇳소리 마루를 밟는 거치른 구두소리와 함께 ― 가버리지 않으셨어요.

그러면서도 사랑하는 우리 위대한 오빠는 불쌍한 저희 남매의 근심을 담배 연기에 싸두고 가지 않으셨어요.
오빠! ― 그래서 저도 영남이도

오빠와 또 가장 용감한 오빠 친구들의 이야기가 세상을 뒤집을 때

저는 제사기(製絲機)를 떠나서 백장에 일전짜리 봉통(封筒)에 손톱을 뚜러트리고

영남이도 담배 냄새 구렁을 내쫓겨 봉통 꽁무니를 붊니다.

지금 — 만국 지도같은 누더기 밑에서 코를 고을고 있습니다.

오빠! — 그러나 염려는 마세요.

저는 용감한 이 나라 청년인 우리 오빠와 핏줄을 같이한 계집애이고,

영남이도 오빠가 늘 칭찬하던 쇠같은 거북무늬 화로를 사온 오빠의 동생이 아니예요?

그리고 참, 오빠, 아까 그 젊은 나머지 오빠의 친구들이 왔다 갔습니다.

눈물나는 우리 오빠 동무의 소식을 전해주고 갔에요.

사랑스런 용감한 청년들이었습니다.

세상에서 가장 위대한 청년들이었습니다.

화로는 깨어져도 화젓갈은 깃대처럼 남지 안었에요

우리 오빠는 가셨어도 귀여운 '피오닐' 영남이가 있고

그리고 모-든 어린 '피오닐'의 따뜻한 누이 품 제 가슴이 아직도 더웁습니다.

그리고 오빠!……

저뿐이 사랑하는 오빠를 잃고 영남이뿐이, 굳세인 형님을 보낸 것이겠습니까?

섧지도 않고 외롭지도 않습니다.

세상에 고마운 청년 오빠의 무수한 위대한 친구가 있고 오빠와 형님을 잃은, 수 없는 계집아이와 동생

저희들의 귀한 동무가 있습니다.

그리하여 이 다음 일은 지금 섭섭한 분한 사건을 안고 있는 우리 동무 손에 싸워질 것입니다.

오빠 오늘밤을 새워 이만 장을 붙이면 사흘 뒤엔 새 솜옷이 오빠의 떨리는 몸에 입혀질 것입니다.

이렇게 세상의 누이동생과 아우는 건강히 오늘 날마다를 싸움에서 보냅니다.

영남이는 여태 잡니다. 밤이 늦었에요.

— 누이동생

—「우리 오빠와 화로」 전문

이 시는 노동 운동을 하다가 감옥에 잡혀간 오빠의 이야기를 서술하고 있는 작품으로, 근대 리얼리즘 시기 성취한 대표적인 업적의 하나라고 평가되기도 한다. 부분적으로 사용된 돈호법과 영탄적인 표현으로 인하여 너무 감상적인 목소리로 서술했다는 비판을 받기도 하지만, 이 시는 노동 일가의 구체적인 삶을 바탕으로 이들 일가의 붕괴를 비유적(객관적 상관물로서 오빠의 구속을 깨어진 질화로, 그리고 자신과 남동생의 존재를 벽에 걸린 화젓가락)으로 표현하고 있다. 이를 통해서 이 시는 일제 강점이라는 현실에서 억압을 받을 수밖에 없는 하위주체(subaltern)였던 식민지 노동자들[R. C. Morris(ed), 2010]의 생활을 진솔하게 표현하고 있다.

아울러 오빠가 끝내지 못한 노동 운동을 남아 있는 오빠의 동료, 그리고 '피오닐(пионер, pioneer, 선구자: 필자 주)'인 남동생과 누이인 자신과 같은 처지에 있는 동무들이 계승하겠다는 다짐을 전달하고 있다. 오빠에게 차입(差入)할 '솜옷'으로 상징되는 이들의 결의는 절망적인 현실에 굴복하지 않겠다는 노동계급의 전망(展望, perspective)도 보여 주고 있다. 즉 식민지 노동자인 하위주체의 삶과 전망을 이야기로 풀어냄으로써, 머리로 받아들인 근대성을 표현하고 있다. 이렇게 타자의 이야기를 서술한 리얼리즘 시는, 시적 화자인 누이동생의 목소리로 설명하고 있는 오빠 관련 사건과 이로 인하여 파생된 일련의 상황에 대한 가치 평가에 독자가 나름의 판단을 유보한 채 따라가기도 하지만, 대부분의 독자는 오히려 서술된 내용의 형상을 통하여 나름의 정서를 느끼게 되고, 이를 바탕으로 독자 나름의 가치를 평가하기에 이른다.

시인 임화는 이 시에서 시적 화자인 '누이동생'의 목소리를 빌려 시적 상황을 대화(對話)의 상대자에게 말 걸기(여인이 노동자 애인에게, 아들이 어머니에게)하는 '단편 서사시' 형식을 선택함으로써 소통으로서의 문학을 지향하고 있다. 그리고 이러한 내적 구조를 통해서 시인은 시적 화자의 목소리를 빌려 독자에게 사상과 감정을 간접적으로 전달하며, 독자는 시적 화자에 의하여 서술된 이야기가 전달하는 사상이나 감정을 직접 받아들이게 된다. 이 과정에서 시적 화자인 누이동생의 개인적 정서가 오빠의 이야기를 통하여 집단적이고 객관화된 정서로 바뀌게 되며, 이를 통해서 보편적인 현실에 대한 인식으로 확대되게 된다. 이처럼 리얼리즘 시는 서정 장르의 서정적 순간성에 의존하는 주관적이라는 양식적 특성에 머물지 않고 서사적 총체성의 객관성(P. Egri, 1979, 215-282; 윤여탁, 1994, 29-43)을 구현할 수 있게 된다.

이와 같은 리얼리즘 시의 창작은 당시 카프 지도부였던 김기진에게서, 프로문학이 지향하는 대중화에 적합한 작품으로 앞으로 프롤레타리아시가 나아갈 방향이라는 극찬을 받는다. 그러나 이러한 김기진이 주창한 프로시의 대중화론은 당사자인 임화를 비롯한 카프 동경 지부의 소장파에게서는 혹독한 비판을 받게 된다. 이를 계기로 리얼리즘 시는 『무산자』파의 예술운동의 볼셰비키화라는 관점을 채택하면서 정치적인 구호시의 모습으로 변모하게 된다. 이는 코민테른의 12월 테제에 의해 제기된 노동자·농민 등의 혁명적 전위들을 중심으로 한 전위당(前衛黨) 재건운동과 밀접한 관련을 가지고 있다. 그리고 이러한 예술운동의 볼셰비키화론은 이후 지나친 정치 편향을 보이는 '뼉다귀 시'의 제작이라는 오류를 낳기도 하지만, 사회운동의 맥락에서 문학의 역할과 기능을 적극적으로 모색했다는 측면에서는 나름대로의 의의를 지니고 있었다.

1935년 카프의 해산 이후에 임화는 『현해탄』(1938)으로 대표되는 내면화, 내성화라는 시적 경향을 보이다가, 해방 이후에는 〈조선문학가동맹〉을 주도하는 문인이 되었다. 1930년대 중반까지 창작된 프로문학 계열의 리얼리즘 시는 1920년대부터 계급 문학의 선봉에 서는 '피오닐'이고자 했던 임화와 운명을 같이한다. 어떻든지 '단편 서사시'는 일제 강점기 노동자와 농민들의 계급의식을 반영하여 표현하고 있다. 그리고 이러한 리얼리즘 시 창작은 일제 강점이라는 상황에서 가능했던 '제국주의 = 지주·자본가'라는 논리의 표현이었으며, 우리 민족의 근대의식이라고 할 수 있는 반제(反帝) 의식의 또 다른 표현이었다.

3. 시적 언어로 표현된 민족: 정지용

비교적 일관되게 순수 서정시를 창작했던 정지용(鄭芝溶, 1902~1950?)은 1923년 일본 근대 사상 운동의 요람이었던 교토[京都]의 도시샤[同志社]대학에 유학하면서, 이 당시 모더니즘과 마르크시즘이 혼재하여 있던 일본의 근대 문예와 사상적 흐름에 노출되어 근대를 받아들이게 된다. 특히 식민지 조선의 충북 옥천이라는 시골 출신의 촌뜨기 이방인이었던 정지용은,

고대 일본 수도의 옛스러운 정취와 새로운 서구 문물이 묘한 조화를 이루고 있던 교토와 기독교 계통 도시샤대학의 자유로운 학문적 풍토가 어우러진 근대를 체험하면서 이에 매료되었던 것 같다.

비교적 이른 시기에 정지용은 교토 유학생 잡지인 『학조(學潮)』(1926. 6)에 「카페 프란스」, 「슬픈 인상화」, 「파충류동물」과 같은 다다이즘적인 경향의 시를 발표하여 등단하였으며, 이후 이미지를 형상화한 근대적인 이미지즘 계열의 시를 창작하였다. 또 1930년대 초반에는 『시문학』, 1930년대 후반에는 『문장(文章)』에 추천위원으로 참여하여 순수시의 시 세계를 펼쳐보였다. 대체로 그의 시는 감각적인 이미지와 섬세한 언어를 구사하고 있는데, 그가 이렇게 순수시를 창작할 수 있었던 가능성은 이미 『조선지광』에 작품을 발표하던 1920년대 후반에 보여 주고 있으며, 이와 같은 양면적인 특징을 잘 보여 주는 대표적인 시가 1927년 『조선지광』에 발표한 「향수(鄕愁)」이다. 그리고 이러한 시적 경향 때문에 정지용은 순수시를 지속적으로 창작한 서정시인이라는 평가를 받기도 한다.

넓은 들 동쪽 끝으로
옛 이야기 지줄대는 실개천이 휘돌아나가고
얼룩백이 황소가
해설피 금빛 게으른 울음을 우는 곳,

— 그 곳이 참하 꿈엔들 잊힐 리야.

질화로에 재가 식어지면
뷔인 밭에 밤바람 소리 말을 달리고
엷은 졸음에 겨운 늙으신 아버지가
짚벼게를 돋아 고이시는 곳,

— 그 곳이 참하 꿈엔들 잊힐 리야.

흙에서 자란 내 마음
파아란 하늘빛이 그립어
함부로 쏜 화살을 찾으려
풀섶 이슬에 함초롬 휘적시든 곳,

— 그 곳이 참하 꿈엔들 잊힐리야.

전설 바다에 춤추는 밤물결 같은
검은 귀밑머리 날리는 어린 누이와
아무러치도 않고 예쁠 것도 없는
사철 발 벗은 안해가
따가운 햇살을 등에 지고 이삭 줍던 곳,

— 그 곳이 참하 꿈엔들 잊힐리야.

하늘에는 성근 별
알 수도 없는 모래성으로 발을 옮기고
서리 까마귀 우지짖고 지나가는 초라한 지붕
흐릿한 불빛에 돌아앉어 도란도란거리는 곳,

— 그 곳이 참하 꿈엔들 잊힐리야.

—「향수」 전문

이 시에서 볼 수 있는 바와 같이 정지용은 잘 다듬어진 우리말의 언어적 세련성을 유감없이 구사하고 있으며, 아울러 시적 형상으로서 감각적 이미지를 구사하여 표현하고 있다. 그리고 이러한 시적 형상화 방식을 통해서 정지용은 우리 인간의 원초적 마음의 한 구석에 자리를 잡고 있는 고향에 대한 다양한 심상을 제시하고 있으며, 지금은 훼손되어 옛 모습을 찾을 수 없는 고향에 대한 그리움의 감정을 구체적으로 그려내고 있다. 이는 일제 강점기 시인들의 시에서 흔히 발견되는 시적 지향으로, 고향 상실 또는 국가 상실의 정서를 이렇게 형상화하여 이를 회복하고자 하는 우리 민족의 간절한 염원을 표현한 것이라고 볼 수 있다.

그러나 1930년대 중반 일제의 가혹한 탄압 앞에서 그의 시 세계는 잠시 근대성과는 거리가 있는 절대적인 신의 세계로 눈을 돌려, 시대적 상황에 무기력한 자신의 정신적인 허기와 갈증을 신앙을 통하여 메우려는 모습을 보인다. 즉 거울이나 유리창을 통해서 본 시적 자아의 모습을 고목이나 전봇대로 표현하여 무기력한 자신의 자화상을 형상화하였다. 이런 시적 실천은 암흑기라는 시대적 질곡(桎梏) 앞에서 나라를 잃은 지성인의 정신사를 대변하고 있다는 적극적인 의미를 부여할 수 있다. 그러나 식민지 사회 현실에서 느끼는 고통을 가톨릭시즘이라는 절대적 종교를 통해서 극복하고자 했던 정지용의 노력은 그렇게 성공적이지 않았던 것 같다. 그는 얼마 가지 않아 다시 동양적 고전과 산수의 풍경을 그리는 여행을 떠나게 된다. 즉 「바다」의 시편을 거쳐 「옥류동」, 「비로봉」, 「장수산」, 「백록담」으로 시선이 옮기면서, 감각적인 언어를 구사하여 자연을 형상화한 시 세계를 보여 주고 있다.

정지용은 이처럼 1930년대 후반에 자연을 시적 대상으로 삼으면서도 시어의 조탁(彫琢)과 섬세하고 선명한 이미지로 독특한 시 세계를 표현하였다. 그의 시적 실천은 몸으로 감각할 수 있는 이미지와 언어를 통해 형상화된 근대성을 표현한 것이라고 할 수 있다. 특히 일제 파시즘이 강화되는 시대적 상황 앞에서 시인이 느꼈던 사상과 감정을 서정적인 자기 단련의 언어로 표현하고 있다. 그 시작(詩作)의 출발이 근대적인 다다이즘이었건 이미지즘이었건 그는 일관적으로 우리말을 지켜서 갈고 다듬는 것에 충실하였으며, 이를 통하여 자신의 자세를 유지할 뿐만 아니라 민족의 희망과 진솔한 정서를 표현하려고 하였다(윤여탁, 1998, 75-94). 그리고 이러한 1930년대 후반시의 전통은 서정시의 전통을 계승한 것이자, 이후 제자격인 '청록파'의 시 세계로 이어져서 우리 시문학사의 중요한 업적으로 평가되고 있다.

그러나 새벽안개처럼 찾아온 해방은, 이 땅의 지식인들을 혼란스럽게 만들었다. 그래서 해방 정국의 많은 시인들은 각기 제 갈 길을 찾아가는 데에 많은 시간이 필요했다. 더구나 정지용 같은 순수 서정시인은 새로운 시대적 현실이 요구하는 과업에 쉽게 적응할 수 없었다. 정지용은 이러한 시대적 상황 속에서 좌파 문학 계열인 〈조선문학가동맹〉의 일원이 되었다. 이제 정지용은 일제 강점기에 보여 준 최소한의 자기 지키기 행위였던, 순수 서정시로 대표되는 우리말로의 시 쓰기에 만족할 수 없었다. 실제로 그렇게 해서는 아무 의미가 없다는 사실도 그는 알고 있었다. 이때 그가 선택한 길은 언론인으로서의 글쓰기와 학교 선생으로서 학생 가르치기였다. 이러한 선택의 기준은 자신을 둘러싸고 있는 정치적 상황에 대한 이해, 즉 민족 국가를 건설하는 작업에 직접 뛰어들어야 한다는 것이었다.

그래서 해방 이후 정지용은 시라는 담론 대신에 산문이라는 담론을 선택하고 있다. "남들이 시인 시인하는 말이 너는 못난이 못난이 하는 소리 같이 좋지 않었다. 나도 산문을 쓰면 쓴다. ― 태준[이태준(李泰俊): 필자 주]만치 쓰면 쓴다는 변명으로 산문 쓰기 연습으로 시험한 것이 책으로 한권은 된다."(정지용, 1948: 1)라고 고백하고 있다. 그는 인민의 자유와 민족 국가의 수립과 같은 정치적 과제 해결을 위해서, 신문 사설과 같은 산문이라는 글쓰기 행위를 선택하였다. 또한 이때 그가 택할 수 있는 시적 선택은 정치적인 구호나 현실의 과제를 직접적으로 설명하는 몇 편의 '정치시'였다. 그동안 일관되게 순수 서정시를 썼던 그가 할 수 있는 다른 시적 선택의 여지는 없었다. 비록 사회주의라는 진보적인 사상이나 학문이 그리 익숙하지 않았지만, 정지용은 민족을 위해 양심적인 지식인이 가야 할 길을 선택하였다.

4. 개인적인 체험과 정서의 표현: 백석

백석(白石, 1912~1995)은 자신이 겪은 현실 체험을 서술하는 방식으로 시를 쓰고 있다. 그리고 이러한 백석의 시에 형상화된 시적 체험은 두 가지 유형으로 나뉘는데, 그 하나는 가족 공동체가 겪은 개인적인 체험이고, 다른 하나는 민족 공동체인 우리 이웃이 겪는 공동의 체험이다. 이 중에서 전자는 「여우난 곬족(族)」이나 「가즈랑집」, 「모닥불」과 같은 시 작품에 잘 나타나 있다. 이러한 시적 체험은 우리 모두의 안식처라고 할 수 있는 고향에서 가족들과 같이 즐길 수 있었던 민속놀이, 세시풍속, 관습 등이나 문화적 요소를 포함하고 있는 음식이나 놀이 등을 통하여 구체적으로 형상화되고 있다.

실제로 그의 시에 그려져 있는 가족 공동체의 문화는 서양은 물론 동양의 다른 나라에서도 찾아볼 수 없는 우리만의 전통적인 문화이며, 대가족 제도와도 관련이 있는 독특한 문화적 유산이다. 특히 고향을 떠나 타향을 떠돌고 있는 시인에게 이 독특한 세시풍속이나 문화가 존재했던 고향이라는 공간은 아련한 추억과 그리움으로 남아 있었고, 백석 시인은 이러한 그리움의 정서를 시적으로 형상화하고 있다. 즉 백석은 가족 공동체가 겪은 세시풍속 등을 통해서 자신과 가족들의 체험을 이야기로 풀어내고 있다. 이러한 맥락에서 다음의 시 한편을 먼저 보도록 하자.

새끼 오리도 헌신짝도 소똥도 갓신창도 개니빠디도 너울쪽도 짚검불도 가랑잎도 머리카락도 헝겊조각도 막대꼬치도 기왓장도 닭의 짗도 개터럭도 타는 모닥불

재당도 초시도 문장(門長)늙은이도 더부살이 아이도 새사위도 갓사둔도 나그네도 주인도 할아버지도 손자도 붓장사도 땜쟁이도 큰 개도 강아지도 모두 모닥불을 쪼인다

모닥불은 어려서 우리 할아버지가 어미 아비 없는 서러운 아이로 불쌍하니도 몽둥발이가 된 슬픈 역사가 있다

—「모닥불」 전문

이 시에도 해석이 필요한 사투리나 어휘들이 사용되고 있다. 그러나 짧은 단시(短詩)인 관계로 시의 전체 내용을 이해하는 데에는 큰 어려움은 없다. 이 시는 하찮은 것들이 모여 피워 내는 따뜻한 모닥불 가에 모인 온갖 사람들, 심지어는 큰 개도 강아지도 모여 불을 쬐는 광경을 묘사함으로써 모두가 하나 되는 세계를 형상화하고 있다. 특히 모닥불 가에 모인 사람들은 상하귀천(上下貴賤)도 가릴 것 없는 존재들이며, 모닥불 주변에 둘러앉아 있다는 자체만으로도 정겨운 모습이다. 또 이 시는 비교적 일상적인 언어를 많이 사용하고 있으며, 우리 가족이나 개인적인 경험과 관련된 사건을 실마리로 제공하고 있다. 아울러 이 시는 초창기 사투리가 중요한 전달 언어였던 빠롤(parole)의 시어에서 랑그(langue)의 시어로 바뀌는 시 세계의 변화를 잘 보여 주기도 한다.

또한 이 시의 마지막 연에서, 시적 화자는 이 모닥불 가에서 불쌍한 '몽둥발이'로 살았던 할아버지의 슬픈 역사를 떠올려서 개인적인 가족사와 연결시킨다. 이처럼 이 시는 향토적인 서정시와 리얼리즘 시라는 백석 시

의 두 특징을 잘 보여 주고 있다. 시인은 사람들이 둥글게 모여 앉은 모닥불 주변의 풍경을 사투리로 표현하여 공동체의 연대 의식을 확인하고 있을 뿐만 아니라, 일찍이 부모 없이 어렵게 성장해야 했던 할아버지의 어릴 적 서러운 모습을 떠올림으로써, 이와 별로 다를 것이 없는 자신의 모습을 모닥불 가에서 만나고 있다. 즉 모닥불 주위에 모인 그렇고 그런 사람들의 얼굴에서 우리네의 정겨운 모습을 확인하고 있으며, 동시에 시인 자신의 개인적인 문제와 연결시키고, 이들이 자신에게는 낯익고 친근한 가족 공동체 관계라는 사실을 확인하고 있다.

백석 시의 또 다른 현실 체험, 즉 자신의 이웃들인 민족 공동체가 겪는 현실 생활의 모습은 「여승(女僧)」, 「고향」과 같은 시에 잘 형상화되어 있다. 백석의 시적 경향의 또 다른 하나인 서술시 또는 리얼리즘 시로 분류되는 시들로, 주로 일제 강점기 후반인 1930년대 후반에 여성이나 민중들이 겪어야 했던 삶을 시의 제재로 하고 있다. 이 시들은 자신들이 살던 터전을 떠나 유랑민이 될 수밖에 없었던 우리 민족의 슬픈 현실을 대변한다(윤여탁, 2015, 134-137). 그리고 이와 같은 시적 실천을 통하여 넓게는 일제에 대한 저항, 좁게는 유교의 가부장적인 남성 중심 사회에 대한 항거라는 리얼리즘 시의 성취에도 도달하고 있다. 다만 가족의 이야기가 유년기에 겪은 현실 세계에 기초하고 있음에 비하여, 민족 공동체의 이야기는 이미 성인이 된 시적 화자의 눈에 비친 일제 강점기 사회 현실과 세계의 모습이라는 차이를 지닌다.

또한 이러한 경향의 시들은 객관화된 짧은 이야기를 통해서 현실을 보는 시인의 관점을 진솔하게 드러내고 있다. 1920~30년대 노동자와 농민의 삶을 비교적 긴 서술시로 형상화하였던 카프 계열의 리얼리즘 시와는 사뭇 다른 내용과 형식의 시로, 당대 민족 현실에 대한 시인의 관점을 서술하여 간접화하는 방식을 선택하고 있는 것이다. 여행 중에 쓴 기행시의 하나인 다음 시에서 이를 확인할 수 있다.

차디찬 아침인데
묘향산행(妙香山行) 승합자동차는 텅하니 비어서
나이 어린 계집아이 하나가 오른다
옛말속같이 진진초록 새 저고리를 입고
손잔등이 밭고랑처럼 몹시도 터졌다
계집아이는 자성(慈城)으로 간다고 하는데
자성(慈城)은 예서 삼백오십리 묘향산 백오십리
묘향산 어디메서 삼촌이 산다고 한다
쌔하얗게 얼은 자동차 유리창 밖에
내지인(內地人) 주재소장 같은 어른과 어린아이 둘이 내임을 낸다
계집아이는 운다 느끼며 운다
텅 비인 차 안 한구석에서 어느 한 사람도 눈을 씻는다
계집아이는 몇 해고 내지인 주재소장 집에서
밥을 짓고 걸레를 치고 아이보개를 하면서
이렇게 추운 아침에도 손이 꽁꽁 얼어서
찬물에 걸레를 쳤을 것이다

—「팔원(八院): 서행시초 3」 전문

이 시에서처럼, 백석은 여행지에서 만난 사람들의 일화(逸話)를 비교적 짧고 간결한 시행으로 형상화하면서, 시적 화자가 여행 중에 경험한 이야기를 서술하는 방식을 취하고 있다. 이 시는 관서(關西) 지방을 여행하는 도중 묘향산으로 가는 승합자동차에서 만난 계집아이를 제재로 하고 있다. 시적 화자는 이 계집아이가 일본인 주재소장의 집에서 '아이보개' 일을 하다가, 묘향산 어디인가에 살고 있다는 삼촌집이 아니라 남의집살이를 위해 자성이라는 낯선 땅으로 가야 한다는 이야기를 서술하고 있다. 또 이 불쌍한 계집아이는 지금까지 숱한 고생을 했으며, 앞으로도 이 아

이의 삶이 고달플 것이라는 점을 상상하여 서술하고 있다.

특히 이 시에는 의지가지없는 어린 계집아이의 딱한 처지가 사실적으로 그려지고 있는데, '손잔등이 밭고랑처럼', '새 하얗게 얼은', '텅 비인 차안' 등이 그 예이다. 그리고 이러한 표현을 통해서 계집아이가 처한 '차디찬 아침'의 적막한 상황을 보여 주고 있을 뿐만 아니라 이와 별로 다를 것이 없는 삶을 살았던 시인과 일제 강점기 우리 민족의 삶을 대변하고 있다. 이처럼 백석은 고향 사람들의 삶을 통하여 가족 공동체를 넘어 좀 더 확대하여 우리 이웃과 민족의 삶을 서술하고 있다. 즉 시적 상황을 이야기로 서술하여 전달할 뿐만 아니라 이런 정황이 유발시키는 시적 정서를 객관화 · 간접화하여 독자에게 전달하고 있다.

그런데 백석의 시에 그려진 고향은 시인 자신의 고향으로 그에게는 아주 익숙한 곳이지만 현대의 평범한 독자들에게는 낯설게 느껴지는 곳이다. 그렇기 때문에 독자들은 이와 같은 과거와 낯설음을 일차적으로 공유할 수 있어야 하며, 이러한 공유 과정을 통해서 정서적 공감으로 나아가야 한다. 이를 위해서 이 시는 이웃 사람의 삶을 시로 서술하면서, 시인은 시적 화자의 입을 빌어 '차디찬'이라는 자신의 정서를 이입(移入)하는 방식을 쓰고 있다. 그리고 이러한 감정이입을 통해서 시적 형상화의 대상이 되고 있는 인물의 정서를 전달한다. 또한 '계집아이는 운다 느끼며 운다'라는 서술을 통해 시적 대상인 계집아이의 정서뿐만 아니라 '차 안 한구석'에 있는 '어느 한 사람도 눈을 씻는다'라는 서술을 통해 시적 화자를 전경화해서 자신의 정서를 표현하고 있다.

이처럼 백석의 시에 형상화된 가족이나 이웃의 이야기는 시적 상황을 객관화하여 전달하는 기능을 할 뿐만 아니라 개인적인 체험과 정서를 형상화함으로써 시인 자신의 현실 인식을 드러내고 있다. 이와 같은 정서 체험의 시적 형상화는 몸과 마음으로 감각되는 근대성을 표현한 것이라고 할 수 있다. 그리고 이렇게 시의 내용으로 형상화된 현실 체험과 시적 정서를 통해서 독자와의 의사소통을 시도하고 있다. 궁극적으로는 시라는 담론이 시인의 생각이나 감정을 전달하는 기능을 하고 있다.

5. 민족문학으로서의 근대문학

문예학의 차원에서 근대는 문학과 예술의 위상을 새롭게 정립하는 계기가 되었다. 근대 이후의 문예는, 봉건 시대에 후원자(patron)들의 도움을 받아 창작된 위안(慰安)의 도구이거나 국가 통치의 철학을 담은 관도지기(貫道之器)였던 전근대시기의 문예가 아니라 근대적인 생산물로 소비자들에게 즐거움과 만족을 제공할 수 있는 것이었다. 그래서 문학이라는 근대 상품의 소비자인 독자에게 사랑을 받기 위해서 독자의 흥미와 요구를 반영하는 작품을 창작해야 했으며, 그러기 위해서는 현실에 바탕을 둔 허구(fiction)의 세계를 창조해야만 했다. 이에 따라 근대는 시라는 서정 장르보다는 소설과 같은 서사 장르의 시대가 되었으며, 근대시 역시 이와 같은 근대사회의 요구를 적극적으로 반영해야 했다. 즉 근대사회에서 문학은 문화 상품으로 기능하게 되었으며, 이러한 맥락에서 문학 또는 문학 활동은 문학 생산자와 소비자 사이의 거래이자 의사소통 행위였다.

그리고 근대의 문학은 근대사회의 다양성, 즉 정치, 경제, 사회, 문화, 종교 등의 다양성 때문에 다원주의(多元主義)라는 특성을 보인다. 특히 근대 이후의 사회는 여러 철학이나 사상들이 출현하여 경쟁하는 경연장이 되었으며, 문학 역시 다양한 경향과 문예사조가 실험되고 창작되었다. 예를 들면 근대의 대표적인 창작 방법이자 문예사조인 모더니즘이나 리얼리즘은 인간들의 삶과 정서를 다양한 방식으로 표현해 냄으로써 세계의 진리를 드러내고 인간들의 진정성을 실천하고자 했다. 이에 따라 근대문학의 실제 역시 그 창작 방법이나 지향에 따라 조금씩은 달랐지만, 인간성의 회복을 기획하는 문학적 실천의 적극적인 모습이라는 지향은 공통적이었다. 즉 근대문학은 다양한 문학적 실험을 통해서 거짓된 것이 아니라 진리 또는 진실한 세계를 진술하게 표현하고자 했다.

또한 일제의 식민 통치를 받아야 했던 우리 근대는 반봉건의 과제뿐만 아니라 반제라는 과제도 같이 떠안고 있었다. 특히 일제 강점기 우리 근대문학은 민족 운동의 차원에서 설명될 수 있어야만 그 역사적 정당성도 인정받을 수 있었다. 이러한 목적 의식성으로 인하여 우리 근대문학은 민족주의(민족 해방)와 인본주의(인간 해방, 계급 해방)라는 과제를 적극적으로 실천해야 했으며, 일제 강점기의 역사적 과제를 정당하게 반영하는 저항문학으로서 민족문학만이 그 정당성을 인정받을 수 있었다. 일제 강점기 임화, 정지용, 백석 등 역시 근대문학의 이러한 지향과 과제로부터 결코 자유스러울 수 없는 시인들이었다. 이에 따라 이 글에서는 계급(임화), 민족(정지용), 개인(백석)의 체험을 표현한 특성에 주목하여 이들 근대 시인들의 근대성 실천 양상을 살펴보았다.

참고문헌

윤여탁(1994), 『리얼리즘시의 이론과 실제』, 태학사.

윤여탁(1998), 「시 교육에서 언어의 문제: 정지용을 중심으로」, 『시 교육론 Ⅱ : 방법론 성찰과 전통의 문제』, 서울대학교 출판부.

윤여탁(2015), 「한국 근대시의 만주 체험: 시적 형상화와 그 의미」, 『한중인문학연구』 46, 한중인문학회.

윤여탁(2016), 「문학 문식성의 본질, 그 가능성을 위하여: 문화, 창의성, 정의(情意)를 중심으로」, 『문학교육학』 51, 한국문학교육학회.

윤여탁(2017), 「시 교육에서 학습 독자의 경험과 정의에 관한 연구」, 『국어교육연구』 39, 서울대 국어교육연구소.

정지용(1948), 「몇 마디 말씀」, 『문학독본』, 박문출판사.

Dilthey W.(1979), Erleben, Ausdruck und Verstehen, *Der Aufbau der geschichtlichen Welt in den Geisteswissenschften,* B. G. Teubner ; & Vandenhoeck & Ruprecht, 이한우 옮김(2002), 『체험·표현·이해』, 책세상.

Egri P.(1979), The Lukácsian Concept of Poetry, J. Odmark, ed., *Linguistic & Literary Study in Eastern Europe*, John Benjamins B. V.

Kagan J.(2007), *What Is Emotion? : History, Measures, and Meanings*, Yale University Press, 노승영 옮김(2009), 『정서란 무엇인가』, 아카넷.

Levinas E.(1991), *Le Temps et l'autre,* Presses Universitaires de Frae, 강영안 옮김(1999), 『시간과 타자』, 문예출판사.

Morris R. C.(ed)(2010), *Can the Subaltern Speak?: Reflections on the History of an Idea*, Columbia University Press, 태혜숙 옮김(2013), 『발턴은 말할 수 있는가?: 서발턴 개념의 역사에 관한 성찰들』, 그린비.

Rancière J.(2000), *Le Partage du Sensible: esthétique et politique*, La Fabrique, 오윤성 옮김(2008), 『감성의 분할: 미학과 정치』, 도서출판 b.

수록한 글의 출전

제1부

· 국어교육에서 문식성의 개념과 지향

「한국에서의 문식성(Literacy) 교육의 반성과 전망」, 『국어교육연구』 36, 2015.

· 국어교육의 융복합적 특성과 문식성

「국어교육의 융복합적 특성과 문식성」, 『국어교육학연구』 52-1, 2018.

· 지구 언어 생태계의 변화와 (한)국어교육

「지구 언어 생태계의 변화와 (한)국어교육의 미래」, 『국어교육』 163, 2018.

제2부

· 한국어교육에서 다문화교육과 문식성

「다문화 사회의 문식성 신장을 위한 한국어교육의 전략: 문학교육의 관점을 중심으로」, 『새국어교육』 94, 2013.

· 다중언어문화 한국어 학습자의 문식성

「다중언어문화 한국어 학습자의 문식성 교육」, 『국어교육연구』 42, 2018.

· 포스트 휴먼 시대의 한국어교육

「포스트 휴먼 시대의 한국어교육: 그 현재와 미래」, 『국어교육연구』 46, 2020.

제3부

· 문학 문식성의 본질과 특성

「문학 문식성의 본질, 그 가능성을 위하여: 문화, 창의성, 정의를 중심으로」, 『문학교육학』 51, 2016.

· 시 교육에서 학습 독자의 경험과 정의

「시 교육에서 학습 독자의 경험과 정의에 관한 연구」, 『국어교육연구』 39, 2017.

· 시 감상에서 독자의 해석과 정서

새로 집필한 논문.

· 근대 시인들의 근대성 실천과 체험

「근대 시인의 근대성 실천 양상에 대한 연구」, 『선청어문』 43, 2019.

찾아보기

ㄱ

가족 공동체 231
감성의 분할 186
감정(feeling) 45, 171
감정이입(感情移入) 179, 202, 209, 235
객관적 상관물(objective correlative) 207
거리두기 193
결핍(deprivation)의 관점 96
결혼 이민자 80
경험 178
고급문화 165
고전(classic) 162
고전문학 교육 19
고향 상실 229
공유된 지식(shared knowledge) 17
관(官)주도형 83
관도지기(貫道之器) 236
구성주의 관점 185
구성주의적 감상 단계 214
국가 상실 229
국어교육 16
그람시(A. Gramsci) 25
근접발달영역(ZPD, Zone of Proximal Development) 187
기능 담론(skills discourse) 55
기능적 문식성(functional literacy) 15, 29, 57, 88, 157
기술적인 것(technical stuff) 42

ㄴ

내러티브 연구 152
내면화(內面化) 172, 179, 195
내재적인 관점 207
내적 대화 189
노명완 16
노벨(M. Knobel) 15
뉴 런던그룹(The New London Group) 119, 58, 143
뉴노멀(New Normal) 137

ㄷ

다다이즘(dadaism) 220
다문화 관련 문학 작품 97
다문화 모자이크(mosaic) 정책 127
다문화 문식성(multicultural literacy) 20, 91, 95
다문화 정책 108
다문화(multiculture) 75
다문화가정 99
다문화교육 현장 103

다문화교육(MCE, multicultural education) 20, 63, 76, 81
다문화주의(multiculturalism) 63, 75, 144
다성성(多聲性) 212
다원주의(多元主義) 140, 236
다중문식성 교육 130
다중문식성(multiliteracy) 58, 65, 118, 143
다중양식(multimodal) 118
다중언어문화 문식성 121
다중언어문화 문식성 교육 130
다중언어문화(multilingual culture, multilingual and multicultural) 교육 116
단일민족국가 83
단일언어문화(monolingual culture) 교육 116
단편 서사시 226
담론(談論, discourse) 75, 165, 191, 220
대안 문화(代案文化, alternative culture) 142
대중문학 44, 162
대중문화 18, 69, 123, 162, 165, 216
대중문화 상품 97
대항문화(對抗文化, counter culture) 142
대화주의 187
대화주의 관점 189
대화주의 문학 181
도구(tool) 교과 37
도구적(道具的) 특성 91
독자반응이론 181
독자의 경험 209
동시대 너머 151
동화(同化, assimilation, 동일시) 76, 98, 172, 179, 202
디아스포라(diaspora) 82
디지털 문식성(digital literacy) 21, 125
딜타이(W. Dilthey) 181, 186, 190

ㄹ

랑그(langue)의 시어 232
랑시에르(J. Rancière) 186, 220
랜선(lan線) 여행 145
랭크셔(C. Lankshear) 15
로봇(robot) 138
르네상스(Renaissance) 140
리얼리즘 236
리얼리즘 시 221, 224

ㅁ

마르크스(K. Marx) 139
마르크시즘 226
매스미디어(mass media) 131
매체 문식성(media literacy) 15, 29, 88
멀티미디어 160
면대면(面對面, face to face) 145
모더니즘 226, 236
모자이크(mosaic) 다문화 정책 76, 144
문맹 퇴치 56
문맹(文盲, illiteracy) 14
문식 환경 159
문식성(文識性) 13, 86

문제제기식 교육 25
문학 갈래 197
문학 교사 192
문학 능력 173
문학 문식성(literary literacy) 21, 40, 122, 127, 157, 164
문학 텍스트 173
문학 텍스트와 관계 맺기(engage) 182
문학 토론 196
문학교육의 특수성 46
문학능력(literary competence) 47
문학의 생활화 216
문학적 담론(literary discourse) 55
문학적 상상력 47
문해력(文解力) 13, 86
문화 기술지 152
문화 상품 40, 42
문화 연구(cultural studies) 18, 166
문화(culture) 교과 37
문화(文化, culture) 75
문화적 157
문화적 문식성(cultural literacy) 15, 29, 57, 88, 117, 125, 127, 167
문화적 평등주의 141
물성(物性) 220
물아일체(物我一體) 171
물질문명 218
미국의 시민권 운동 78
미디어 문식성 58, 117, 125
미적 지평(地平, prospect) 186
민족주의 237
민주주의 94, 121
민중문화 165

ㅂ

바슐라르(G. Bachelard) 169
바튼(D. Barton) 55
바흐친(M. M. Bahktin) 187
박영목 16
박인기 18
박팔양 221
배경지식(schema) 191, 194, 203
백석(白石) 231
밴드(Band) 42
뱅스(J. A. Banks) 84, 94
베이컨(F. Bacon) 140
벤야민(W. Benjamin) 137
복합 양식 문식성(multimodal literacy) 59, 121
복합양식(multimodal) 21
북간도 206
브라운(H. D. Brown) 68
브루너(J. S. Bruner) 187
블로그(blog) 42
비계(飛階, scaffolding) 187
비고츠키(L. S. Vygotsky) 187
비교문학 98
비대면의 가상공간 145
비판교육 이론 15
비판적 문식성(critical literacy) 15, 29, 88,

117, 125
비판적 사고교육 62
비판적 읽기 27, 62
빅 데이터(big data) 138
빈 공간 201
빠롤(parole) 232

ㅅ

사고방식(mindset) 42
사물 인터넷(internet of things) 138
4차 산업혁명(The Fourth Industrial Revolution) 35, 48, 53, 115
사회계층(social class) 77
사회적 구성주의 187
사회정의(social justice) 17, 59, 89, 94, 121, 143, 166
상상력(imagination) 38, 168, 215
상호문화 160, 175
상호문화교육 65, 124, 144
상호문화적(intercultural) 98, 105
상호문화주의(interculturalism) 64, 127, 144, 148
상호텍스트성(intertextuality) 203
상호텍스트적 212
새터민 82
샐러드 그릇(salad bowl) 정책 76
샐러드 볼(salad bowl) 정책 144
생비자(生費者, prosumer) 43
생태계(生態系, ecology) 53
생태학(生態學, ecology) 30, 132
생활 외국어(survival foreign language) 101
서사적 총체성의 객관성 225
서술시 233
설득 텍스트 173
성(gender) 77
성인 문식성(adult's literacy) 30
성인 학습자 129
세계 교육(World Education) 56
세계시민교육 97
세계화(globalization) 53, 115, 138
세방화(glocalization) 54, 138
송경동 194
수용미학 181
순혈주의 정책 81
『시경(詩經)』 203
시적 주체 208
시적 체험 231
시적 화자 208
신문식성(new literacy) 36, 41, 58, 65, 122, 143
실천 운동 84
실천(praxis) 59, 107
실행 연구 152
심층 면담 152

ㅇ

액션에이드(ActionAid) 56
언어적 상상력 47
「언어학습 교수 평가를 위한 유럽공통 참조기준」 106

언택트 145
업무 한국어(business Korean) 101
엥겔스(F. Engels) 139
여진족 79
영국 버밍엄(Birmingham) 학파 166
예술(art) 교과 38
5C 91, 131, 146
오장환 221
외국어교육의 맥락 90
외국어로서(as a foreign language) 95
외국어로서의 한국어교육 100
외재적 접근 방법 207
용광로(melting pot) 정책 76, 144
유기체(有機體) 30, 201
유네스코 세종대왕 문해상 60
유네스코(UNESCO) 55, 87, 117
유럽 평의회(Council of Europe, CoE) 54, 79, 106
유목적 주체(nomadic subjects) 136
유튜브(YouTube) 42
윤동주 205, 209
윤리적 책임 164
융복합적인 교과 38
이념적인 교과 38
이미지즘 230
이상 221
이주 노동장 80
이중 언어교육(bilingual education) 100
2015년 개정 교육과정 85
이해교육 60
이화(異化) 98, 172, 179
인간학 49
인공지능(AI, artificial intelligence) 35, 138
인본주의(人本主義, humanism) 218, 237
인스타그램(Instagram) 42
인지과학(認知科學, cognitive science) 53, 123
인지적 능력 179
인지주의적 이해 단계 185, 214
일상 언어(first language spoken at home) 101
일제 강점기 237
임화 221

ㅈ

자국어교육 67
자국어교육의 맥락 90
자국어로서의 국어교육 100
작품(work) 170
장애(disabilities) 77
전경화 184
전망(展望, perspective) 225
전인교육(全人教育) 40
전통문화 18, 44, 131, 164, 165, 167, 174
정경교융(情景交融) 171
정보 전달 텍스트 173
정서(情緒, emotion) 45, 170
정서적 공감 235
정서적 문식성(emotional literacy) 46, 183

정서적 텍스트 61
정의(情意, affect) 45, 157, 178, 197, 219
정의(情意)적인 능력 148, 171, 179
정의적 문식성 21
정전(正典, canon) 44, 162, 191, 212
정지용(鄭芝溶) 221, 226
정현선 23
정혜승 22
제 2언어로서(as a second language) 95
제2문화 정체성 145
제2언어로서의 한국어교육 100
〈조선문학가동맹〉 226, 230
종적 대화 189
중의적(衆意的) 215
지(J. P. Gee) 41, 58
지루(H. Giroux) 25, 90, 120
지역화(localization) 54, 115, 138
진보적인 교육관 93, 120
질적 연구 방법 152

ㅊ

차이(difference)의 관점 96
창의력(creativity) 38
창의성 158, 168
창의적 157
체감(體感) 195
체험 180
추체험(追體驗, Nacherleben) 219
취업목적 한국어교육 147

ㅋ

카카오톡(KakaoTalk) 42
카프(KAPF) 221
케이건(J. Kagan) 183
KSL 한국어 교재 105
KSL(Korean as a second language) 104
코민테른 226
COVID-19 137, 145
코시안(Kosian) 81
콜리지(S. T. Coleridge) 169

ㅌ

타자(他者) 219
탐구 학습 196
트위터(twitter) 42
특수목적 한국어교육 126, 147

ㅍ

페이스북(Facebook) 42
평생교육 66, 104
포스트 휴머니즘 150
포스트 휴먼 136, 149
포스트식민주의(postcolonialism) 137
표현교육 29, 60
프락시스(praxis) 25, 28
프레이리(P. Freire) 15, 25, 41, 56, 89, 120
플랫폼(platform) 43, 137

ㅎ

하위문화(subculture) 118

하위주체(subaltern) 224
학문목적 한국어교육 147
학습 내용(what) 128
학습 독자 178, 190, 192, 195, 216
학습 독자의 경험 192, 197
학습 목적(why) 128
학습 방법(how) 128
학습자(who) 128
(한)국어교육 57, 90, 139
한국어교육에서 문학교육 147
한국어교육의 내용 102
한국학과 연계(連繫, connections) 146
해방 정국 230
해석의 무정부주의 203
허구(fiction)의 세계 236
허쉬(E. D. Hirsch Jr.) 26, 89, 166
헤게모니(hegemony) 25
현실문화 18, 44, 69, 116, 131, 164, 165, 167, 174
호미 바바(Homi K. Bhabha) 137
횡적 대화 189
효용론의 맥락 207
후원자(patron) 236